拉流斗霸

尋找大豹社事件隘勇線與餘族

高俊宏 著

Llyung Topa

獻給本書調查與撰寫四年間過世的受訪者：

瓦旦・堂嘎（林昭明，角板山）
雅素・樂信（黃阿桃，志繼部落）
張兩才（金敏老礦工）
尤嘉慶（有木里前里長）

　　泰雅族人無法想像存在著這種辛苦,從零開始、細心調查泰雅遺址,以文字及實際行動,一步一腳印地走訪泰雅長輩,雖然長輩們都沒有機會讀書,但都有豐富的口述與記憶,是珍貴的瑰寶。山林的生活非常單純,部落的生活也非常簡單,甚至與外界隔離,身為泰雅族人,非常感謝俊宏教授及所有的工作人員。

——雅幼・依馬信(黃秀珠,大豹群後裔、新北市部落大學編織課程講師)

　　隘勇線對俊宏來說,有著神奇的召喚。它被隱沒在荒煙蔓草間,因為俊宏多年的努力,那條在世代中被拉扯的軸線,可以從昔日的壓迫隔離到一個重新連結的線索。我知道俊宏是帶著使命的,記得有一次訪問俊宏關於大豹社的故事,半小時的錄音,居然被存成了十七個小時的檔案,更怪的是,那檔案什麼聲音都聽不見,他曾經跟我說,祖靈一直跟著他。雖然我聽不見祖靈的聲音,但是我相信這本書的完成,一定可以對祖靈有所交代。

——范欽慧(台灣聲景協會擔任理事長、國立教育廣播電台「自然筆記」製作主持人、國立臺北藝術大學兼任講師)

藝術家高俊宏，臺灣知名行動藝術創作者。這一次他身體力行，跨領域進行原住民研究，「行動」觸角深入新北市山區，特別針對三峽大豹溪流域消失的泰雅族，挖掘出一段塵封往事。

事實上，三峽在清末開山撫番就是一個熱區。首任巡撫劉銘傳在臺灣建省後，調派大量軍隊前往當地，美其名是招撫泰雅族，實際上是入侵族群領域，攫取豐富的森林資源。由於泰雅族英勇抵抗，使得清軍在此勝少敗多。到了日治初期，漢人武裝抗日大抵被鎮壓下去，於是從1900年後總督府開始把注意力集中在「理番」事務。三峽泰雅族自清末就不屈服於統治者，此刻日本殖民者當然先以他們為征討對象。這場戰爭直到1907年才結束，最後的結果就是「滅社」，使得三峽再也不是泰雅族的故鄉。

學者高俊宏透過無數次田野調查與口述訪談，在既有成果的基礎上考察出數條隘勇線。其中最大的貢獻在於發掘大豹群較大部落四社，以及較小部落十五社，不啻為泰雅族研究做出重要的貢獻。加上作者文筆流暢，寫作如行雲流水，實為值得細讀、深思的好書。
——許毓良（輔仁大學歷史學系副教授、《光緒十四年（1888）臺灣內山番社地輿全圖所見的新北山區：一段清末開山撫番的歷史追尋》作者）

2016年藝術家高俊宏以《群島藝術三面鏡》獲金鼎獎，但他無忌憚自批說，那些書寫援引太多西方理論，他正在寫的是身體走出的東西。約莫一年後，我們讀到《橫斷記》，談親身走尋出來的隘勇線與大豹社，再來是眼前這本「找線」、「找人」的《拉流斗霸》，以身體走寫、每一筆都愈發動人，直到「在地」和「本土」都不足以形容的山林／靈之書，唯同時作為議題與理念的「原民」足以相

契。

——蔡佩桂（國立高雄師範大學跨領域藝術研究所副教授兼所長）

目次

第一部：前線

必然是，因為鬼魂的緣故
——關於拉流斗霸的政治行動

顧玉玲（國立臺北藝術大學人文學院助理教授，
北捷潛水夫症工人戰友團召集人）

鬼河・遺骨・向過往借火

　　翻閱大豹溪流域的山林書寫，鬼影幢幢。那些來自祖靈的啟示、鬼河的暗影、死亡的禁忌、人為的毀損，像一道伏流，貫穿整個找線與找人的歷程。未來近在眼前，過往不斷復返，亡者的靈魂徘徊原鄉，徒勞無功地以不尋常的干擾，中斷人們日常生活的步驟。那徒勞，仿如諾蘭電影「星際效應」裡，無故掉落的書本、失常故障的鬧鐘、不明堆積的塵沙……這些來自更高維度的訊息，無非是為了與現世溝通，提醒更大的危機就要來了。但受限於時空界線，碌碌營生的人們多半不察，輕忽掉頭而去。只有意識到重要性的人才會停下來花力氣。

　　高俊宏是那個不懈怠花力氣的人。他被失語者、戰敗者、遭滅

者的鬼魂召喚進山林，以行動重構集體記憶，將被淹滅的事實從歷史餘燼中翻攪出土。這個且戰且走、經常歧出迷途的政治行動，與其說是走入歷史，不如說是向過往借火，照見當下秩序的殘酷不仁。

2015年，高俊宏一口氣出版了「群島藝術三面鏡」的系列三書：諸眾、小說與陀螺，批判日益文創化、商品化的藝術發展，以廢墟行動回應，在荒地、礦坑、廢棄工廠等失能之地，進行空間勞動與創作。彼時，高俊宏已然有所感悟：「有時候我覺得，當山川、精靈、神、靈魂們通通不說話的時候，其實正在進行著徹底而激烈的表達。只是我們總是不懂吧。」（小說，2015：218）他被那激烈的沈默所震動，密集地重返山野，踏查隘勇線古道與舊部落。

2018年《橫斷記：臺灣山林戰爭、帝國與影像》，記錄了高俊宏在大豹、眠腦、歸崙、大雪四地的穿梭探究，提出日本帝國殖民至國民黨戒嚴體制整整一百多年來，對原住民傳統領域的入侵、治理、買賣，傷痕累累。在大豹的相關敘事中，亡魂、遺骨、鬼河、溺斃、奪命石、死亡谷、受傷的動物等意象依附著大豹溪，他感受到「冥冥中一股力量」推動他往前探尋（橫斷記，2018：22）。這些宛如通靈、附身的力量，對應著一連串人為開發與過度整治：掠奪式的伐木經濟，燒林再造林的錯誤政策，毀壞大自然自我修復的能力，造成生態災難。大豹溪流域，飄浮著枉死的鬼魂、人與獸的鬼魂、山林的鬼魂，見證受創的大自然。他們從來不曾離去。

鬼魂仍在，他們既是戰爭亡者，也是祖靈，徘徊不去，守護家園，他們引領著、催促著、驅動著高俊宏及其他倖存者，投入大豹社事件的調查，在漫蕪山徑間走踏隘勇線的遺跡，循線記錄帝國與資本聯手入侵的多重殖民史。山野間的故居已遭資本強權毀壞，祖先骨骸不知所終，離散的後裔們只能到舊部落抓一把大豹溪流域之

土，包覆在紅巾內替代先人，放進有姓有名的骨灰罈裡，暫置於三峽湊河路臨時搭建的鐵皮屋內。2018年志繼公墓落成，部落耆老及返鄉年輕人向祖靈獻花，接力將上百個骨灰罈移往新厝，這些大豹戰士們總算在戰亡一百多年後，有了安葬之地。而記錄遷墓儀式的過程，正是高俊宏被部落接納的起點，彷彿祖靈引渡，跨越族群與地域隔離的鴻溝。

2020年的《拉流斗霸：尋找大豹社事件隘勇線與餘族》，可以說是高俊宏回饋給大豹群的初步調查記錄，以答謝祖靈回應了他在三峽萬善堂的祈願，不時在關鍵時刻以「靈隨現象」引領，庇護他一路往山林裡愈尋愈深，在這個沒路找路、有跡尋線的過程裡，漸漸形成了複數的隊伍，集結各方資源與人力，向過往借火，與鬼魂對話。

找線・找人・保衛家園之戰

「尋找」作為全書的關鍵字，可想見就是一連串不辭艱苦、多所迷途的動態敘事，交錯連結多重視角，今昔參照。

本書的結構分為上下部。第一部「前線」，以找線為軸，幾經歧出、迴路、迷失、蹉跎，找出隘勇線的遺址，佐以繪圖、相片、古地圖，建構暗黑遺產的具體訴求；第二部「後裔」，循線找人，側面描述大豹人的失語、警戒、挫敗，也特寫白色恐怖下的「臺灣蓬萊民族自救鬥爭青年同盟」、女性視角的紡織錘線與泰雅古調、山地部落醫療巡診等族人主體行動。

1906年大豹群遭滅社後，原居地遭殖民帝國掠奪，轉讓給三井財團作為伐木、製腦的經濟用地。二戰結束，台灣農林公司接手種

茶、開發，逐步私有化，至新世紀低價賣出，改建私人宮廟、別墅、樂園等現代化休閒設施。百年來的創傷歷史，唯有徒步踏查，才能從沿線殘留的高壓電礙子、陶碗、碎玻璃、酒瓶作為證物，釐清長達二十五公里的大豹社隘勇線，勾勒日本殖民主以隘路、隘寮、壕溝、木柵、掩堡、地雷、電氣網所建構的包圍性軍事設備，殲滅大豹群。

找線途中，歷史遺跡現身，當代破壞也無所遁形：水泥鋪建的產業道路、擄鴿集團的據點、保麗龍工廠的違章建築、冒煙的廢水池、違法整地的挖土機、首富家眷墓園……山野中的人為破壞，怵目驚心，令人不安。這不安也成為行動的起點，促成「劉海蟾」行動藝術，入山又出山以傳遞山林受創的現況，並向媒體揭露官商勾結的濫墾事件。這些因踏查而溢出的反抗行動，可以說是「尋找」的內建程式：壓迫並非停留在歷史，也貫穿當下。無法不介入。

從找線到找人，高俊宏自陳對大豹人的遷徙與分布尚只是「簡介」，猶待深入追溯與探索。整個二十世紀的前半葉，大豹人承載著祖先被當作「蕃害」全面滅除的創傷，被迫隱去身分，一再遷移；殖民主將泰雅獵人馴化為農民以方便管理，也便於資本主義市場經濟的引入，獲取商業利益。世紀下半葉，臺灣被納入世界冷戰結構的反共前線，山地反抗者受白色恐怖血腥鎮壓，文化主體與民族自信失落，部落青年長期失意與失業，因酗酒而飽受肝病痛風之苦。一百多年來，大豹人的離散、壓抑、噤聲，部落生活空間的封閉與悶，貧困世襲化，族人失去與祖靈、山林的聯繫，失去狩獵共享的生活模式，從市場邏輯的弱肉強食一再敗下陣來。

再現大豹社事件，除了身體力行的找線找人，還仰賴其他的記錄工具：相片、紀錄片、素描，以及舊地圖、報紙、公文、陳情書

等檔案數位化工程。藉著多方史料拼湊，我們彷彿目睹了大豹戰士以小搏大的英勇奮戰：他們精於射擊，也熟稔切割、包圍戰略，使用牽制、佯攻等戰法，攻擊前必先偵查敵人虛實，交戰時以裸身增加隱蔽性，擅用地形林相掩護。他們的炮火有限，故不濫射，發揮獵人精神，靜待敵人自壕溝現身，突擊貫穿敵人喉嚨，立即轉移陣地。這些細節描述，無非是在說明，大豹獵人們敏捷、勇敢、就地取材、有謀有守地捍衛家園，同時間，部落裡的女性負責後方籌備糧食、看護傷患、收刮敵人敗走時的物資，鄰近的有木、金敏、詩朗等大豹群也紛紛參戰，集體反抗至最後。相較之下，日警子彈供應充足，在大豹溪流域至少設立二十餘處的砲兵陣地，地雷鐵條網，高壓電網及地雷等，這無疑是一場軍火極度不對稱的戰役。

敘事無非是因果關係的聯想。高俊宏以大豹人的視角改寫歷史，以「保衛家園的總體戰」（頁43）為大豹社事件定性，留下在地史觀。真實是無以再現的，只能承認有限的條件下，嘗試揭露、逼近。田野行動以個人記憶與集體歷史相互詰問，主客游移易位，反思如鏡如刀。

行動・連結・重建緣故關係

這不是高俊宏第一次再現大豹，卻無疑是他在書寫策略上最接近，或力圖接近史實的考據之作。找線找人，有憑有據，口述錄像，史料可考，做足了人類學家的田野調查、歷史學家的檔案收集，還有社運工作的蹲點組織，與官方斡旋、協商，形成對抗性的政治行動。高俊宏的尋訪並非孤立事件，同時間還有許多行動者逐漸聚集了一支隊伍，他以及同行者收集了Topa、斗霸、大豹的命名來源及

其意涵，以行腳畫出從湊合十八洞天到木熊空的大豹溪流域，但保留未來修訂的可能，既要求資料的可信度，也徵求族人介入的主體性。

日本理蕃戰爭的核心是搶奪樟腦利益，國民政府來臺後接收殖民主的產權與林山伐木利益，冷戰結構下的經濟開發與反共恐怖治理，殖民帝國與資本主義商業市場的結合，百年來的殺戮與迫害幾乎是一致的。《橫斷記》留下初訪的線索，史料閱讀的摘記，行走踏查的田野記錄，但更多是作者映照生命經驗。書中且發下宏願：「找出隘勇線遺址，與原委會林務局文化部文資部門會商，希望能以『歷史步道』的保存規格來看待殖民者所興築的隘勇線，並且有朝一日能將這段歷史踏查的結果，交給大豹社遺族，共同探索這段無名的歷史。」（橫斷記，2018：42）書出版後，現任霞雲里里長哈勇·酉狩主動與高俊宏聯絡，從找線到找人的路，總算連結起來了。

到了2020年，我們看到《拉流斗霸：尋找大豹社事件隘勇線與餘族》，已然記載著哈勇里長探索古道的文化尋根行動、要求大豹溪流域的山野建立紀念園區、討論列出大豹社祖先姓名的反抗紀念碑、催動「重新上山狩獵」學習泰雅獵人技藝行動、籌備大豹社群協會等，從原本的山林文史踏查，已朝向大豹社原住民的土地轉型正義，要求林務局或國有財產局歸還傳統領域，探討的重點，已然轉向生態、人權與山林的共存。

跟著高俊宏走入山林，沿途或是闊葉林篩落光影，或是觀音座蓮蕨森林，有時是整個「溺水」的森林，有時則向內收縮、閉合通道，更多是無窮無盡的五節芒叢，必須一步一刀砍路走。灰頭土臉的尋路者，仍帶有都市人的慌張，讀者尾隨他揮舞山刀劈開道路、在暴

雨中躲進樹洞、遭藤蔓間的蜂巢高速撞擊、驚遇山豬覓食……每一幕都挑戰著人與自然的生份、不適。對照書末隨著大豹群重返祖居地，獵人文化與山林的共享，善用風向、方位、光照、分岔點、山稜走向、植物傾倒的面向作出判斷，隨森林呼吸，沈靜進入祖靈的世界，這一段旅程才有了完整的註解。

　　隘勇線戰役後，大豹群被驅離四散，後經三井允許，部分族人回到流域的原住地生活，稱之為「緣故地」。至1923年，因耕地不足大豹人再次遷離家園，文獻上記錄三井還在角板山發放搬遷費，作為切斷大豹群與土地的「緣故關係」。高俊宏探究大豹社的滅亡，卻催生了後裔的集結，重建緣故關係。若沒有緣故，沒有連結，才是真的的滅亡。

　　大豹溪流域是祖靈與後裔的緣故地，被大豹祖靈召喚的各式研究、調查、集結、行動，如梭如織，將人與人之間、與土地之間、與萬物之間的千絲萬履，編織成網，連結緣故關係，通向祖靈之路。拿回傳統領域，傳承狩獵文化，不是增加資產，而是重歸緣故地。當泰雅女子重新以苧麻揉線織布，當泰雅獵人重返山林在寂靜中與祖靈共振，時間像捲尺般倒轉延伸，相互攀連，今昔對話。我們終於聽懂了鬼魂在說些什麼。

傅琪貽
（政治大學民族系兼任教授、臺灣日本綜合研究所研究員）

　　我認識俊宏是在四年前，一同到大豹溪流域的忠魂碑踏查時。上山前，他從車上搬出鐮刀並換上黑色長雨鞋。雨鞋上附著些黏土，他說是為了今天要帶我上山所以昨天先來砍竹草清路，部分崩塌的登山道也加以修補，好讓我容易走山路。原來臺灣的山丘長滿竹草、生長快速，阻止人類輕易接近。俊宏邊爬邊揮鐮刀開路，樣子就像在山上工作的勞動者或巡山人般得心應手且動作很起勁。一路上他介紹著山丘的特色、植物、土質及景觀，我內心又喜又驚，認為我怎麼那麼幸運能認識這麼好的男生。的確，在我任教或研究環境中，都不曾遇過如此熟悉山林、知識豐富的同伴。俊宏給我的第一印象如此親切純真，讓我好感動。

　　終於爬到竹林中的忠魂碑時，俊宏拿出捲尺開始測量碑石的大小與周邊環境，又拿相機拍攝需要的畫面，邊作業邊說明與討論。我們準備把它保存下來以及推薦列入新北市文化資產之一。這是大豹社戰役中重要戰場遺跡，從後殖民觀點來看，是泰雅族被壓迫殲滅的歷史證據。我發現俊宏細致的研究心，對現場遺留下來的任何蛛絲馬跡，都不放過，不厭其煩地思索與找尋證據。這種為了求真

而努力下工夫的態度，與我習以為常的所謂「田野調查」，完全不同。有了清楚的問題意識，才有如此認真的工作過程和成績。

我很高興遇到一位好伙伴，一同攜手完成大豹社事件與大豹社土地轉型正義的研究。年輕的俊宏有很多優點，研究的工具也很齊全完備，同時兼顧文字與影像記錄，更難能可貴的是，俊宏對臺灣原住民充滿了關愛，甚至說他有贖罪感。臺灣是原住民的臺灣，卻遭受幾百年被殖民統治的苦難。為了彌補內心的愧疚感，俊宏願意挺身而出、積極加入研究大豹社的行列。他擅長訪問和記錄，從山林與泰雅族的口述等角度，去思索大豹社的過去與現在及未來。我們從他的書中不難發現，俊宏對大豹社泰雅族持續追蹤，並留下記錄，讓大眾知道族人不滅的歷史，以及其毅力與魄力。

因此，不管日方留下來的檔案資料內容如何，俊宏採信當地人口述傳下來的事實真相，以及親自上山踏查隘勇線所獲得的體驗與證據。踏查百年前日方遺留的隘勇線，雖為以實物證實泰雅族所遭受的苦難，但路途遙遙艱辛；俊宏願意客觀理智分析三峽、烏來至復興區一帶的山林史，為今後願意投入地方史的研究者，提供了最好的楷模。當然，要超越俊宏的研究成果，不但檔案史料要熟悉，還要擁有各種科技儀器運作的能力，更重要的是內心裡關愛弱勢者的史觀。我在俊宏的身上，找不到他的個人私心，他只是一心一意地想要完成並記錄在歷史上被疏離且弱勢的一群大豹社人的心願，因為歷史並不只是英雄人物的歷史。

經由俊宏的行動與付出，我感受到；我們身為文史研究工作者，對臺灣社會發展所能盡的一己之力。我們更期待不久的將來泰雅族人自己撰寫自己的歷史，像俊宏這般充滿正義感的漢人，積極參與山林研究，與族人並肩作戰，已然開創原住民史的新一頁。

航向原住民族歷史的彼岸

高金素梅（原住民族立法委員）

　　三百多年前，臺灣島上的泰雅族從現在的南投地區沿著中央山脈往北、往東遷移。

　　一百一十多年前，在大豹社這片泰雅族土地上，發生了長達十六年、驚天動地的抗日戰爭，大豹社的泰雅原居地是這場戰爭的先鋒戰場。

　　擁有現代化武器的日本軍隊，在「大豹社戰役」的頭兩年吃盡苦頭，敗戰連連。之後，受挫的日軍設置了「插角隘勇監督所」監控大豹社。我在2016年走訪這個遺址，如今只剩三顆大樹，當時的「插角派出所」所長告訴我，地方耆老說，當年派駐「插角派出所」的四名日籍警察，曾在一夜之間人頭不見，被大豹戰士出草了。歷史，是如此有張力！

　　幾天之後，我走訪了日軍忠魂碑的現場，下山時遇見當年樟腦業工人「腦丁」的後代。他說，山下路邊的小廟「萬善堂」，就是當年大豹戰士戰死後遺體集中安葬的無名塚！萬善堂旁邊有一座

橋，上面刻名「湊合橋」，應該是「廟雖小，湊合著用吧！」的意思。歷史……，是如此痛苦地紮根在地！

1900年的大豹社是一千多人的大部落，抵抗日軍到1906年，只剩不到四十戶。抗日……，我們的犧牲是如此的慘烈。

2016年6月14日，我用傅琪貽教授研究有成的這段歷史，在立法院為原住民族殖民歷史的轉型正義做了總質詢，我以日本殖民者當年在三峽建造的忠魂碑為例，痛切地質問：如果為了掠奪樟腦資源、以武力血洗大豹社的日本軍警是「忠魂」，那浴血捍衛土地的大豹社戰士豈不變成「奸匪」？我們原住民族的歷史主體性在哪裡？屬於我們的轉型正義呢？

我和傅琪貽教授以及泰雅族耆老登上了三峽忠魂碑所在的那一天，原本荒煙漫草的現場已經經過一番整頓。透過傅老師的介紹，我才認識當天清理現場、滿腳泥濘的高俊宏先生。透過之後的探討與交流，我發現俊宏原來是一位對原住民歷史用力很深的學者。他不僅蒐集口述、比對史料，繪製地圖，還實地勘查，仔細丈量，拍攝影像，清理道路。俊宏想做的顯然不止於歷史考證，我想他還希望透過歷史現場的巡禮，重建人們對原住民族抵抗歷史的敬意！這必須是對原住民族歷史深懷熱情的人，才能辦到。高先生嚴謹的治史態度，讓我印象深刻。

我們原住民族的歷史，幾百年來被擱淺在殖民征服者的歷史港灣邊，變成了他們襯托自身文明的布景和道具。今後，我們必須斬斷那條屈辱的栓繩，讓我們集體記憶的航船，衝破殖民者用謎離、矛盾、竄改和「挖掘」所羅織的風浪，重回氣象萬千的歷史大海，循著我們祖先曾經傷感、痛苦、絕望和恐懼生活的航線，找到鼓舞原住民族生命力、那堅決和強韌的抵抗靈藥。

哈勇・酉狩（楊米豐，霞雲里里長）

　　記得大概在國小一年級的年紀，隨著我爺爺帶同部落兩名青年，青年各騎乘野狼機車載著我跟爺爺，由霞雲部落沿著成福道路（現為桃119縣道）再轉往新北113道路前往有木大豹溪（大概是在滿月圓森林遊樂區前一公里處）。當時該道路是軍事管制戰備道路，不能隨意進入。我們一夥人是極為小心地前行，到大豹溪時大約是上午九時左右。到達目的地時我們以傳統毒藤之方式抓魚及射魚，漁獲有兩個竹簍那麼多，一直到下午三點左右才結束。當要離開時爺爺站在河床的大石頭遙望著山頭，口中念念有詞，當時我真的不知道爺爺到底在幹嘛及在念什麼！依稀記得爺爺轉身後對我用族語說：「這是我們的家園，很久以前了！」看著爺爺在拭淚，牽著我的手說：「不能忘記這裡！」之後再也沒有機會回去大豹溪，也不知道爺爺所云為何……

　　國中、高中時期，多次前往大豹溪射魚，一樣跟俊宏教授想的相同，這麼美的山，這麼多的魚，這裡怎麼沒有原住民居住？在那時期從來沒有人或族人跟我們說過大豹歷史過程，我父親也未曾跟我說我是大豹人或大豹的沿革，大豹話題在部落是禁忌也是畏懼不

能說的！現今耆老在討論大豹時也是小心翼翼地說。到底是什麼傷害還是壓力使得這「大豹」消失在部落裡！多少次部落長者前往大豹卻是偷偷摸摸的前去，過去有多少前去大豹的耆老或族人被軍方或林務局巡守員抓到，以違警法罰裁處拘留三日，回去是一個痛，討論是一個怕！「大豹」是鄉愁還是無奈！卻是無法解開的。

許多的牽連冥冥中都已注定安排好了，在我從警時，在板橋市海山分局任職，板橋沒山沒海怎麼稱「海山」呢？這是第一個疑問。後來高金素梅委員重返大豹忠魂碑之情事，也映入心坎，對此事又是第二個疑問：為何高金委員要去那裡？這又是代表何事？嗣後離開警職返回部落服務，無意間與俊宏牽連到。在這之前完全不知道自己是大豹人。由俊宏引領進入大豹的領域及認知、回想。似乎有一股力量牽引著我回大豹，去瞭解大豹，去解開這個禁忌的鎖，一下子湧入許多有關大豹的資訊及人物，也看到長輩期待我能為大豹盡心盡力！

好幾次自己入山打獵，在古戰場裡關掉頭燈，靜靜地感覺，慢慢地聆聽，彷彿聽到了口簧琴的間奏，眼前似乎看到大豹勇士在奔跑，眼睛卻是凝視著我，告訴我他要帶領著我一樣，在告訴我大豹沒有死，他還是繼續留在大豹人的血液裡，我們還要繼續奮戰，戰出我們自己的史實，還給大豹人一個正義。

在這感謝高俊宏教授、傅琪貽教授，更感謝高金素梅委員及林日龍局長的努力，還有許多默默為大豹付出的天使，是您們的努力讓大豹重見天日，是您們解開這個部落的禁忌！

我是現任霞雲里里長楊米豐，哈勇・酉狩是我的名，我的先祖來自大豹有木部落，有木是我的家園及故居。

作者序

牛欄其實不是攔著一群臺灣牛，牛欄其實是清末的「隘勇線」，隘勇線內就是我的祖父輩。我後來才知道我的祖父輩在漢人眼裡不過是道道地地的臺灣牛，我卻明白我的族人更像是沉穩或者狂野不羈的山林之風，風吹野草自然要偃下。這使得日本人在此架設通電鐵絲網，我因此在此經常不期而遇族人倉皇緊張通過鐵絲網的形貌，族人稱此地為 "Siong"，意思是「快速通過」。

——瓦歷斯‧諾幹[1]

《拉流斗霸》（*llyung Topa*，大豹溪流域的泰雅語）[2]，記載了一個看似毫無邏輯、卻意外發生了強烈關聯的行動過程：由「線」找「人」。第一部〈前線〉，記載了2016年到2020年之間，探索北臺灣大豹社事件相關的隘勇線遺址的過程；第二部〈後裔〉，則是關於尋找百年前即已「滅亡」的大豹社後裔之路。

「隘勇線」在清領時期一般稱為土牛、土溝、紅線、牛欄……，是一種相對靜態、模糊的「漢番」交界線。到了1902年日本殖民初期的南庄事件後，隘勇線轉由警察本署接手管理，日本開始推動所

謂的「隘勇線前進」（入侵）的運動，成為後續「理蕃」的重要方法，也是實踐1895年10月份日令第26條《官有林野及樟腦製造業取締規則》的手段。[3]該法條是針對臺灣山野全面的「林業處置」，宣稱沒有文字地契的山野土地通通轉為官有地，造成原住民土地流失至今，也是當下臺灣森林資本化與後現代化的最初「法源基礎」，可以視為臺灣森林殖民史的母法。與清代靜態的狀況不同，當時的隘勇線轉變為動態，具侵略性，是包圍、分割、進逼與殲滅原住民的軍事設施。由隘路、隘寮、壕溝、木柵、掩堡、地雷、電氣網（高壓電網）、醫療所、酒保（福利社）、通訊設施等組成，猶如臺灣山裡的萬里長城。

1900年到1907年間，日本透過隘勇線逐步進逼，摧毀了原居於新北市三峽區大豹溪流域的泰雅族大豹社。伊能嘉矩在1906年《理蕃誌稿》〈桃園廳大豹社方面隘勇線前進〉一文中，以「滅亡」二字記載了其結局。

與上述大豹社事件相關的隘勇線，主要分布在今日新北市三峽區的大豹溪流域，一直到新店、烏來，乃至於桃園復興區，以及宜蘭大同鄉的山上。其中包含了三角湧隘勇線、獅子頭山隘勇線、雞罩山（崙尾寮）隘勇線、加九嶺隘勇線、白石按山隘勇線、屈尺叭哩沙橫斷線（隘勇線）、大豹方面隘勇線、插天山隘勇線等，總長上百公里。

我的背景是當代藝術學門，擅長創作和當代藝術理論研究。之所以會捲入隘勇線的「文史調查」，可以說是意外，或者是冥冥中的牽引吧。四、五年來反覆入山，並非為了「運動」、「踏青」，也更無意於所謂的「攻頂」。唯一專注的，只在於調查！調查！調查！毛澤東「沒有調查權，就沒有發言權」之說，在此具有一定的

啟示。大豹社事件隘勇線的調查，以及對這些殘酷的暗黑遺址的釐清，能夠讓大豹社的滅社有更具體的實證，也是後續找回失散各地的族人、與國家談判的重要「資料」。調查是重新塑造空間感知的過程，不僅只是關乎文史的工作，如果能把相關的書寫、裝置以及（類）紀錄片的生產包含在內，如此的調查將更能延伸出所謂的社會性的藝術行動。

因此，這些年來我在山裡從事隘勇線踏查的原則，除了盡可能全程實地探勘以外，還希望秉持嚴格的心態，反覆驗證，不放過細節、不浮濫定義。一旦認定為隘勇線的現場，便以GPS定位，以拍照、手繪的方式記錄。為求詳盡，每一條隘勇線都經歷過多次探索。例如三峽的白石按山（鹿窟尖、白雞山系）就進行了大概十多次搜山，那裡有多少草，哪裡有幾塊石，我大概都有概念。回到平地以後，再帶著「客觀的」資訊以及腦中餘留的山林遺址的印象，探訪附近的地方耆老，並對照相關的歷史圖資、文獻，做進一步的比對。如此下來，平均一條隘勇線前後差不多要用二到三年的時間，不斷往返、慢慢思索。調查期間，我不只是帶著筆記本、GPS與捲尺上山，也經常帶著攝影機、電池與GoPro在身上，除了踏查「隘勇線」以外，腦中也醞釀著影像的記錄與構思，以及書寫與創作的思索。

就隘勇線調查而言，本書的重點僅在於「找線」，並沒有將重點放在過多的「分析」上。例如，隘勇線上出現的各式各樣酒瓶與藥罐等文物，究竟反應了當時製酒業以及藥業如何的樣貌？或者，日殖時期的隘勇線前進，對於當代臺灣山林發展有什麼樣的影響？這些議題確實都很龐大，也很誘人，然而，就算僅是試圖全面找出大豹隘勇線的精確位置，已經不啻一件大工程了。況且，在多數的情況下，我是僅憑個人之力獨自上山探索。其中不少路段，例如獅

子頭山隘勇線下平廣坑的路段、加九嶺隘勇線往烏來信賢的方向，因為部分路跡不明而難以辨認；又如三角湧隘勇線在接近大芬林、高銃櫃一帶，在相距一個河谷處出現了平行的另一條隘勇線——究竟那些無法到達的路，是什麼樣子？那些重複交錯的隘線，彼此之間的關係為何？目前還都未解。再者，大豹社事件隘勇線有不少路線分布在一千公尺以上的中級山裡，探勘期間，瞬息劇變的自然條件更成為嚴苛的挑戰。蜂、蟲、螞蝗、蚊、蛇類的近身，是經常有的；中級山濕冷的雨、霧、霜、霰……，冷僻而消失的山徑、驚天動地的山林暴雨、多變的路況以及崩塌的地形，更增添了全面找線的困難度。基於上述的理由，我還是將目標先放在「找線」就好了。

　　就質性而言，大豹社事件的隘勇線前進，應說是日本國族主義下的「領土」擴張？還是財閥（ざいばつ）的資本主義擴張？本書的觀點比較接近後者。

　　坂本雅子以中日戰爭為例，提出：與其說日本對外侵略是「民族主義」的擴張，或是各種政治勢力的權力鬥爭結果，不如說是一場以資本主義與企業活動為本質的戰爭，而三井物產在其中，扮演著關鍵性的角色。[4]毫無疑問地，為了獲取樟腦與相關山林資源，大豹社淪為三井合名會社通往世界級企業的「跳板」。三井經由包括大豹社在內的領地與轄下的各個茶場，種植出臺灣史上第一個具有「品牌化」（Branding）思維的產品：日東紅茶，以之與老牌大英帝國的立頓紅茶競逐世界市場。也因如此，大豹群在保衛自己家園的同時，也被迫捲入了二十世紀企業全球化的戰場，並因此而「滅亡」。從這個角度來說，大豹社事件無疑是二十世紀初的世界史——或至少是對抗東亞帝國與資本主義史的一部分，而這正是隘勇線調查的意義所在。

作者序

本書的第二部〈後裔〉，則是記載了「找人」的過程。在尋找隘勇線的過程中，我一直有一個直覺——一如相信一座山的背面依然有另一座山一般——在「滅亡」之後，大豹社後裔一定還存在於某處。直到有一天，我將隘勇線的「田野」過程放在網路上，希望引發進一步的討論，此舉竟意外引來大豹社後裔在網路上的回應。這讓我驚覺，原來大豹社後裔確實還存在，後來更發現，他們大多數還居住在緊鄰著大豹溪流域的復興區山地一帶。

從那個時候起，「隘勇線調查」成為我進入大豹社後裔部落的第一張通行證。縱使大豹社後裔大多數不見得聽過「隘勇線」三字，甚至有人誤解那是運送木材的「流籠線」，或者以為是山裡的電線。但是，藉由詢問大豹社事件相關的問題，讓我能夠以一介外人的身分，進入泰雅族的生活圈，拜訪每一個人的生命史，而山上的泰雅人也接納了我。

歷史的創傷過程，造成了今日大豹社的「分斷化」（segmented），整體的認同被打散了，目前主要剩下以「家氏族」（clan commune）為主的認同觀。因此，將隱匿各地的大豹人找出來，將有助於重新建立族群認同的敘述。在這個過程中，我曾前往角板山，訪問大豹社樂信・瓦旦家族的部分後裔，包括：瓦旦・堂嘎（林昭明）老先生、多密・堂嘎（林富美）、現任桃園市原民局長鐵怒・諾幹（林日龍），泰雅醫生的哈勇・烏頌的後代，繼承父親行醫的雅威・哈勇（高揚威），以及前桃園縣副縣長布奚・哈勇（高揚昇）。之後，隨著「大豹社後裔訪問計畫」啟動，更有機會前往後山的霞雲里（包含志繼、佳志、庫志、優霞雲等部落），接觸到另一群大豹社後裔，他們是：志繼部落的侯林・馬信（黃永輝）、莫奈・拉林（黃新國）、黃林美惠、雅幼伊・馬信（黃秀珠）、尤幹・達雅賀（楊崇德），以及

佳志部落——同時也是大豹社最老的耆老尤敏·樂信（宗民雄）、霞雲村的酉狩·馬賴（楊耀祖）、霞雲里長哈勇·酉狩（楊米豐），居住在庫志村的耆老mama瓦旦與mama阿華，[5]住在基國派部落的鐵木·樂信（王金財）與瓦旦·樂信（黃肇宏）、住在下溪口部落的樂信·達亞（林德桃）……。雖然這些大豹社後裔，每個人的一生都各自分歧、複雜到無法以三言兩語簡單帶過，然而他們的共同之處，卻也在於承擔了上一輩戰爭的苦痛與分離。霞雲里哈勇里長曾提及：

當日人侵入大豹時，其目的在樟腦及山林資源，但其對待是以姦、淫、燒、殺、擄、掠之方式，對付原住民。日人所經之處，雞、犬升天，燒殺殆盡，姦淫部落婦女，使受辱之婦女受盡屈辱，而逕自走入現滿月圓內之大板根大樹上上吊。

哈勇的口述揭露了隘勇線戰爭極為殘酷而悲傷的一面，也顯示出必須由保衛家園、「不自由，毋寧死！」的角度來理解大豹社事件中族人反抗的原因。這也突顯了日本在隘勇線前進的文獻裡，所不可能呈現出來的面貌。在「沒有文字」的原住民社會裡，怎麼樣藉由口述（口傳）來彰顯自己的歷史？這也是本書在隘勇線研究中，必須暫時仰賴日本文獻作為調查基礎的不足之處。因此，在本書後半部的〈後裔〉，總括而言從「線」到「人」的過程，對我的衝擊是不小的。或者應該說，直接揭露了自己過去對於「臺灣主體性」認同的盲點，竟是那般標準的福佬沙文主義。原住民朋友帶給我的衝擊是關乎自我認同的巨大衝擊。無論在主體性的理論上，或在一般的生活經驗上，都是如此。未來或許有一天，「原民」這個概念

酉狩・馬賴（上）、尤敏・樂信（下）

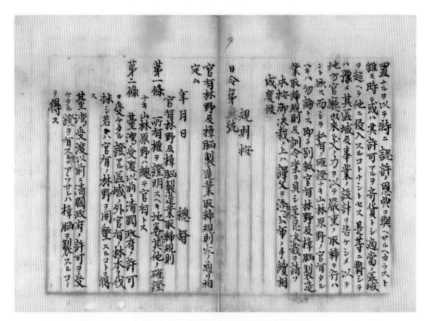

1895年10月份日令第二十六條《官有林野及樟腦製造業取締規則》

將轉化為一種哲學行動與思想準則，比起「本土」的概念，我認為前者更具流通性，也更有可能性。

最後交代一下本書的體裁。我試著以「書寫」來處理這本書，而不是文史調查與研究報告，原因之一是，「調查報告」我已在2018年初步完成了，但現階段僅限於部落後裔間傳閱。其二，「書寫」能夠允許我更大程度地描述自己踏查的過程。山林隘勇線的調查，是極具身體性的經驗，而餘族的追尋則是另一個扣人心弦的心理震盪過程，「書寫」給了我對於這二者更大的描述空間。然而，本書依然引述了大量的文獻資料，其中若有理解與判斷錯誤之處，責任皆在於我個人。

作者序

感謝傅琪貽老師、顧玉玲老師與大豹群後裔哈勇・酉狩（楊米豐），慷慨提供序文。感謝高金素梅辦公室對於大豹群後裔在轉型正義上提供實質的協助。最後感謝大豹群的後裔，以及曾經協助參與隘勇線調查的夥伴們。

註釋

1. 瓦歷斯・諾幹，《番人之眼》，臺北：晨星，2012，頁120。
2. 大豹社後裔樂信・達亞（林德桃）指出，「拉流斗霸」（llyung Topa）是過去大豹人對大豹溪流域的稱呼。llyung是泰雅族對較大河流的稱呼，「貢」（gong）則是指小溪流。在泰雅族的古老規訓裡，只能在llyung裡面捕魚，gong裡面不能捕魚，只能護漁，以保持生態平衡。泰雅族也以「流域」當作部落（Qutux）的生活空間界定，因此，Qutux Llyung是泛指流域部落的意思。除了llyung Topa以外，大漢溪流域的北大料崁前山群，稱為 llyung Msbtunux，南澳方面則稱為llyung Klesan。泰雅族裔學者官大偉指出，原住民傳統領域的概念具有「擬國族」的意義，「流域」則是泰雅族這樣的擬國族的空間範圍。
3. 「官有林野及樟腦製造業取締規則」（1895年10月24日），〈明治二十八年甲種永久保存第八卷〉，《臺灣總督府檔案》，國史館臺灣文獻館，典藏號：00000008001。
4. 坂本雅子著，徐曼翻譯，《財閥與帝國主義：三井物產在中國》，北京：社會科學文獻出版社，2011，頁1。她認為，三井物產是日本財閥的核心力量，1876年三井物產創立之後，隔年就進入了上海，比日本國旗還要早一年進入中國。
5. Mama是泰雅語對於伯父的尊稱。

一、關於拉流斗霸

本書的書名「拉流斗霸」（llyung Topa），指的是共同生活在大豹溪流域的共同體。泰雅族社會生活圈的分類與分層，與河流之間有密切關聯，空間範圍由小而大依序為 niqan-qalang-q'yunan-qutux llyung。以下是基於泰雅族學者官大偉的〈原住民生態知識與流域治理：以泰雅族 Mrqwang 群之人河關係為例〉一文所做的延伸探討。

（1）niqan：niqan 為「共食團」，也有「牲團」之意，其意義比較接近於 ngasal（家）但更複雜也更延伸。黑帶‧巴彥認為，niqan 是泰雅族唯一比較接近社會組織的團契，為因應「難以克服的重大事件」時之依靠，也是唯一沒有因為時代改變而留存至今的文化。[1]

（2）qalang：一般的翻譯為「部落」，是居住在同一空間裡的諸個 niqan，遵守共同的 gaga 之意。然而，「社」是清帝國以及日本對於原住民群聚的用語，而「部落」等用語也是近代漢文的產物，

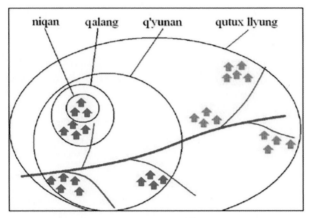

niqan   qalang   q'yunan   qutux llyung

從 niqan-qalang-q'yunan 到 qutux llyung [6]

泰雅族相對的說法是 qulang，基本上是鄰家的意思，兩戶相鄰稱為 mtqulang。[2]但是 qulang 的含義並非一致的，散居的幾戶可以稱為 qulang，而具有犧牲、狩獵、與地域意識之一體性等，具有一定的「社會」概念的團體，也稱為 qulang。[3]

（3）q'yunan：指的是同一部落的耕地或者獵場。

（4）qutux llyung：qutux 為泰雅語的「一」、「共同」之意。qutux llyung 指的是一起共享一條河流資源的人，其範圍超過耕地或者獵場。qutux llyung 由數個 qalang 組成。[4]泰雅族是以「流域」作為生活共同體的邊界，基於上述的分層原則，llyung Topa（拉流斗霸）為大豹溪的泰雅語，是一個 qutux llyung，也可以指為生活在大豹溪的「大豹群」共同體。此外，也有如馬淵東一在〈山地高砂族的地理知識與社會、政治組織〉（1941）文中所述，從 qutux llyung 又細分出了 qutux gong，[5]也就是從大支流共同體劃分出各個小支流共同體的分法，限於篇幅之故，在此不深入討論。

二、關於大豹社事件隘勇線的名稱問題

大豹社事件期間相關的隘勇線，在文獻上時常出現名稱不一的現象。為求敘述上的統一，本文之隘勇線的暫定名稱與解釋如下，名稱採用的原則，以一般文獻所使用的稱呼為主，或者以隘勇線發生的「戰役地」、「關鍵地」為考量：

（1）1900年三角湧隘勇線（一般記載如此）。

（2）1903年獅子頭山隘勇線（一般記載如此，但《臺北州理蕃誌〔舊宜蘭廳〕》記載「獅頭山隘勇線」、鄭安晞記載「獅子頭山、平廣坑隘勇線」、《臺灣日日新報》記載「獅仔頭山隘勇線」、「獅頭山隘勇線」，本文採用「獅子頭山隘勇線」，是依獅子頭山的現稱）。

（3）1904年雞罩山（崙尾寮）隘勇線（鄭安晞記載「雞（頭）罩山推進隘勇線」，本文加上崙尾寮，是因為該隘線前進時在該地發生激烈衝突）。

（4）1904年加九嶺隘勇線（一般記載如此）。

（5）1905年屈尺叭哩沙橫斷隘勇線〔《臺北州理蕃誌（舊宜蘭廳）》記載「叭哩沙、屈尺之間橫貫隘勇線」、鄭安晞記載「深坑、宜蘭橫貫隘勇線」、「屈尺、叭哩沙隘勇線」〕。

（6）1905年白石按山隘勇線（鄭安晞記載「雞（頭）罩山推進隘勇線」，本文採「白石按山隘勇線」，是以此次隘勇線發生之主戰場來命名）。

（7）1906年大豹方面隘勇線（鄭安晞記載「加九嶺、熊空山、大豹方面隘勇線」、《臺灣日日新報》記載「桃園館內隘線」，《臺灣日日新報》記載「桃園隘線前進」、「三角湧隘線前進」）。

（8）1907年插天山隘勇線（一般記載如此）。

三、關於「頭目」、「土目」的名稱問題

此外，「頭目」是日本殖民政府給予原住民的稱謂，用來遂行總督府的命令。根據大豹社後裔、前考試委員伊凡・諾幹表示，泰雅族本身也沒有頭目，每一個血親團體有一位mrhuw（馬拉呼，領袖或血親長老之意），然後由各血親團體共推一個qulang mrhuw。本文為了整體閱讀的考量，雖保持社、部落與領袖等用字遣詞，然而，這些漢字用語仍無法表示上述泰雅語的意涵，特此說明。

四、關於隘勇線的認定原則

1904年臺灣總督府的〈隘勇線設置規程〉裡，明定了隘勇線機關的位階，依序為隘勇監督所、隘勇監督分遣所與隘寮。[7]而隘勇線上的硬體工程，以隘寮、隘路與「副防禦」三項為主。其中，副防禦設施包含了地雷、鐵條網（通電與不通電皆有）、木柵、掩堡與探照燈。另外，除了上述種種設施以外，並依情況而定，設置砲台、酒保（福利社）、炊事場、醫務所、伐木場、柴油發電廠、炭窯、汲水場、展望臺等設施[8]。換句話說，隘勇線是一種「帶狀的防禦設施」[9]，在一條線的周遭數十公尺內，都可能存在著大量的遺址與訊息。

本文之隘勇線遺址認定，如有不確定者，皆以「判斷為」、「疑似」等標註。由於諸多條件的限制，無法每一個疑似的點、區域，都做地毯式的探查。這幾年來的隘勇線調查，大體上依據以下的準

則：

（1）一般性檔案的比對（日殖時期的地圖、廳管轄圖、隘勇線前進的文字記載）。

（2）特殊性檔案的比對（日殖時期的礦業許可、樟樹墾殖許可等公文附圖）。

（3）現場判斷：諸如是否有隘寮的土凹（低胸牆）遺址，是否有高壓電礙子酒瓶、玻璃瓶碎片、碗片等文物。稜線上是否突然出現人為的大平台，是否出現人造的路基砌石、駁坎或階梯，次生林裡是否突然出現單株老木，樹上是否有礙子，路徑上是否出現平整的老斷木。

（4）遺址的分布是否具有系統性（如線性的分布），遺址的出現是否具有合理性（如避風、易於取水，或者位在山頭等戰略要地），遺址與遺址之間是否具備關聯性（如幾個土凹遺址後會出現一個大平台，此即為隘寮與隘勇分遣所之間的關係）。

另外，就隘寮與隘線的型態而言，可參考日殖時期的文獻，如《隘勇線作業心得》的規範等來判斷：

第一條、隘路應設於便利警戒、防備及運糧之地，途中若有險阻之地，則設複道。

第二條、隘路之寬度為一間（約1.8公尺）以上，並在陡陂利用附近的木石做成階梯。

第三條、隘勇線上之樹木盡量留存，作為掩蔽通行及避暑之用。

第四條、隘勇線上之雜叢應清除，以利運動。

第五條、隘勇線外約一百公尺內之竹、木及雜叢應清除，以防蕃人潛伏。

第六條、隘勇線附近之地物應儘量清除，以免被蕃人利用。

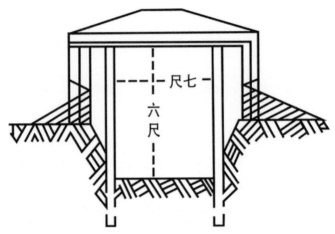

尺七

六尺

大豹社事件相關隘勇線上，常見的土凹式隘寮遺址剖面構造。梅澤柾，
《蕃地作業軌範》，1919（周心瑀重描）

第七條、隘勇線內約五十公尺內，準用第五條、第六條之規定，
竹、木及雜叢亦應清除，以防蕃人潛伏。

註釋

1. 黑帶・巴彥，《泰雅人生活型態探源：一個泰雅人的現身說法》，新竹：新竹
   縣文化局，2002，頁30。
2. 臺灣總督府臨時臺灣舊慣調查會，《蕃族調查報告書》，第一卷：泰雅族。中
   央研究院民族學研究所編譯，臺北：2007，頁232。
3. 同上註。
4. 官大偉，〈原住民生態知識與流域治理：以泰雅族 Mrqwang 群之人河關係為
   例〉，《地理學報》，臺北：臺灣大學，2013，頁85。
5. Gong 是泰雅語「支流」的意思。
6. 圖片引自官大偉，〈原住民生態知識與流域治理：以泰雅族 Mrqwang 群之人河

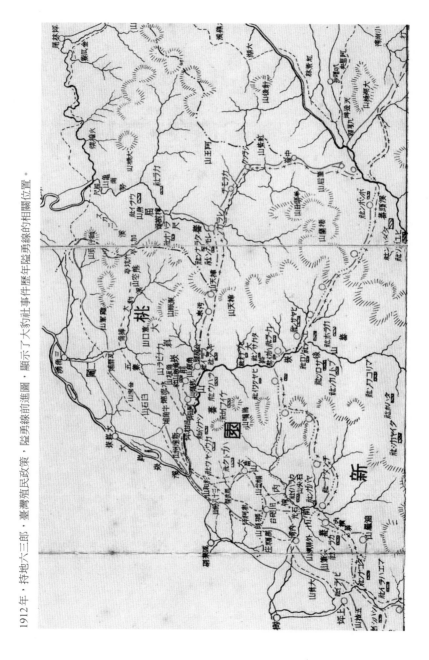

1912年，持地六三郎，臺灣殖民政策，隘勇線前進圖，顯示了丁豹猊事件歷年隘勇線的相關位置。

相關詞彙與原則

關係為例〉,《地理學報》,臺北:臺灣大學,2013,頁85。

7. 伊能嘉矩,《理蕃誌稿》,頁349-350。

8. 林一宏、王惠君,〈從隘勇線到駐在所:日治時期李崠山地區理蕃設施之變遷〉,《臺灣史研究》第十四卷第一期,2007,頁88。

9. 同上註,頁80。

第一部
前線

清晨，來到烏來的福山村，也就是1905年屈尺叭哩沙隘勇線的北方起點。順著如今已是熱門的哈盆越嶺古道，約莫九點，抵達步道里程三公里處的卡拉木基隘勇監督所遺址，酒瓶與高壓電隘子的碎片，照例像歷史的信物一般靜靜地躺在草叢裡。我已經不想記錄這些日本人所留下來的東西了，因為這是第三次走到這裡，沿途該記錄的也都差不多了。此行的目的地是穿越遙遠的哈盆營地，看能不能抵達之後，再往前推個兩、三公里，接上宜蘭方面的中嶺越嶺古道。

　　此時，天色開始轉陰。眼前的森林像是被繪圖軟體處理過了一般，亮度瞬間暗了幾格，雨在幾分鐘之後就降下來了。一開始，這片被稱為是「臺灣的亞馬遜雨林」的濃密林冠，還勉強可以承接住絲絲的細雨，不久以後就整個潰敗了。暴雨傾瀉而下，這下子還真的是走在「雨林」裡了。一股作氣往前衝，過了波露溪、露門溪以後，來到了7.5公里處的哈盆溪過溪點。這個時候，溪水暴漲，混濁的哈盆溪像憤怒的野獸般發出轟隆隆巨響，警告著人們不要不自量力。面對眼前發狂的溪流，無奈之下只好撤退。

雨後，哈盆越嶺古道（屈尺叭哩沙隘勇線）上的鳥巢蕨森林

　　然而，雨像千萬的追兵般，緊隨在後，不斷地擊壞、進逼。因為受不了渾身的濕潾，再加上山路有崩塌的危險，我只好將自己連同身上沈重的重裝背包，硬是塞入路邊的一個大樹洞裡，學習動物捲曲身體，一方面保持溫度不至於流失，二方面這樣做也確實能夠增加安全感。雨，透過樹洞的空隙滴滴答答地流入，身上的螞蝗以U字型的姿勢爬過。我早已不會對螞蝗感到驚慌了，倒是對於不斷滲入的水滴，感到有點惱怒，也對樹洞外那拚死命一般下的大雨感到焦慮。雨會不會就這樣一直下，幾十公尺外的哈盆溪會不會暴漲淹上來，百年前在隘線上的人們如何度過這樣的雨？就在這樣的胡思亂想中，腦袋漸漸感到昏沉，遂打起了盹來。

　　過了一陣子，也許有一個世紀那麼長吧，忽然醒來。此時，外

面的雨已經停了，陽光照耀在水氣蒸騰的原始闊葉林，乍看之下，就像剛剛舉辦過一場熱鬧的祭典一般。環伺周遭的森林，碩大的樹身就像一群通天巨人般，上面垂掛著一串串巨大的鳥巢蕨，遠看則像祭典裡面，一顆顆獻祭的人頭。

　　近年來的隘勇線尋找，在出入山林之間，類似上述的雨中避難的狀況，可以說是屢見不鮮了。山包容著外來的人類，並獻出瑰麗的奇景給人們，可是山也會毫不留情地，置莽撞者於死地。如是，我的大豹社事件隘勇線探索，範圍涵蓋臺灣北部的山區，沿途充滿著奇異的經驗。而這一切，還是得從盤旋於三峽淺山，1900年的三角湧隘勇線談起。

淺山，三角湧隘勇線（1900）

　　臺北近郊的淺山，總是有一種說不出來的混雜感，樹、雜草與淡淡的檳榔花香裡，混雜著好年冬、巴拉刈與有機磷農藥的味道。三峽橫溪一帶的淺山就給人這種感覺。這裡既屬於城市，又屬於自然。北一一〇道路上交錯著農用發財車與時髦的重機，山區的產業道路像蜘蛛網一般，通往廢棄的礦坑、墳場、檳榔園與工寮。與世無爭的聚落旁，總會有一片碧螺春茶園。那是過去三井合名會社的茶場。

　　如果再加上淺山昔日的原漢鬥爭，血與淚，那麼淺山的空氣，簡直可以讓人聞出一股鹹味了。

　　事實上，三峽橫溪谷地一直到過分水崙以東的新店安坑通谷，自清領時期，就是典型的漢番交界帶；南邊的山野，長期以來存在著一條隱匿、點狀而幾經更迭的隘勇線，名為三角湧隘勇線。因此，這一帶的地名依然殘留著不少屬於交界地帶的記憶。例如，溪北地區的望族林家，過去稱為「竹圍內的林厝」，第五代林德旺在日殖時期還曾因為擔任過隘勇而獲得勳章。[1]但是，「歷史」總是優勝一方的書寫。橫溪以南的山野，也曾經是泰雅族大豹社的社域。這是一支被認為已經「滅亡」的泰雅族。1915年日本《番族習慣調查報

橫溪的成福橋

告》裡這樣記載著：

　　又在三角湧支流之地域曾構成 mng'ciq（大豹蕃）一群，但是已
絕滅。[2]

　　大豹社在這個區域的活動，從來都是被忽略的，或者被認為是
「作亂」，而被歸納在「番（蕃）害」的視野裡。例如，《三峽鎮志》
提及：「乾隆初年，泉州人林姓者移住溪南開闢。當時四周山地為『番
人』盤踞，時常出擾。」[3]《諸羅縣志》的〈雜記志〉裡記載：「擺
接附近，內山野蕃所出沒。」其中「番人」與「野蕃」指的應該都
是大豹人。

　　橫溪是昔日大豹社活動的北界。大豹社的生活空間雖然集中在
大豹溪與五寮溪流域，然而獵場與種植地的區域卻廣達三峽的大埔、

橫溪與新店的平廣坑。而橫溪可以說是大豹社的北界，其中一個重要的原因在於，橫溪北岸的成福附近，有一個由一位婦女所主持的交易所，據稱大豹人相當敬重這位漢人婦女，並稱她的住處為 ngasal yaya（媽媽的家）。因此，活動（或出草）的範圍很少越過成福以北的內坡山—媽祖山—長壽山稜線。[4]

儘管處於交界帶，日殖初期橫溪一帶的大豹人與漢人之間的關係並不差，文獻記載：「又有小暗坑、九鬮等地庄民與大稻埕震和街陳有諒等四名商議，擬陳情標購山林，故與大豹社蕃人締結合約，以致該地方之民蕃關係稍趨。」[5]也因此，當時插角大豹社的領袖瓦旦・燮促（Watan Syat）原本想要在橫溪大寮地一帶，在相當接近漢人生活圈的地點，設立第十四個部落，並開始種植經濟作物大菁，預計將獲取的費用，一部分用來支助在獅子頭山一帶游擊的漢人反抗軍，以鞏固雙方的攻守同盟關係。[6]由於那一帶的山崙造型酷似豹子的尾巴，故當時新的聚落預計稱為 Ngungu Kli（豹尾）。[7]

在1904年雞罩山（崙尾寮）推進隘勇線的規畫裡，日本計畫從大豹溪左岸的瓦厝埔平原出發，經由雞景山（今日的雞罩山）、崙尾寮，接到熊空山、竹坑山方面的隘勇線，[8]從既有的三角湧隘勇線往南壓迫大豹群。由於這條隘勇線等於侵入了大豹群的 Ngungu Kli 新部落，因此，日本部隊從大寮地集結出發以後，便在崙尾寮一帶招致激烈的反擊，最後大豹群擊退了日本的侵略部隊，並俘虜了日方的七珊（70mm）山砲一門。

事實上，早在同治九年（1870）的《淡水廳志》即已記載：橫坑一帶設有暗坑仔隘（隘丁十一名）、橫溪南北隘（隘丁五名）與三角湧十三天隘（隘丁十名）。1900年6到8月，北部泰雅族為了反抗日本的樟腦砍伐，四處襲擊隘寮。應接不暇的戰事，使得當時

淺山，三角湧隘勇線（1900）

上：隘勇敲擊「警筶」（警報器）的形象（攝於宜蘭縣冬山鄉新寮村）；下：1904年日本於三峽蚋尾寮被大豹社奪取七珊山砲的文獻記錄，〈台湾総督府ヘ貸与の山砲一門亡失の件〉（圖片來源：日本防衛省防衛研究所）

的第四任臺灣總督兒玉源太郎決定改採「封鎖」政策，嚴禁平地人與泰雅族交易食鹽與鐵器，並在山腰地帶派遣軍隊重點封鎖，增強既有的隘勇線。其中，特別編派了四十人駐紮於三角湧，負責十六寮經十三添到金面山一帶的隘勇線。[9]從這時候開始，三角湧隘勇線登上了臺灣森林殖民史的舞台。

　　1904年發生衝突的大寮地，是三角湧隘勇線重要的中繼點。事實上，這條隘勇線就像一尾蟄伏於郊山的青蛇，從新店、三峽交界的十六寮起，依著山勢與河谷，向西蜿蜒，經過今日的楠興橋（楠子橋）、松腳湖直抵大寮地。從大寮地往西，隘線大致上從竹崙茶場往東北的靈隱寺（濟公廟）方向走，爬上了二寮坑、七寮坪，下竹坑溪谷，過頭吊橋、二吊橋以後，再往今日的紫微社區、祖眉坑山（230M）上山，[10]然後直轉南下，過紫微坑與粗坑，順著今日的「環大臺北天際線」山稜一路綿延，從阿四坑下山，通過十三添與打鐵坑靠山一帶，過大豹溪經瓦厝埔，一路通往大溪方向的金面山系，總長達到二、三十公里。

　　三角湧線是大豹社事件相關的隘勇線裡，距離漢人的生活空間最近的一條。其年代上溯於清朝，是少數在清領時期設立，在日殖時期仍大致沿用的隘線。[11]

　　由於三角湧隘勇線設立的時間較早，相關的史料不多。但是，從日殖時期的1898年《二萬分之一臺灣堡圖》、1903年《內灣蘇澳間蕃地豫察圖》[12]、1905年《十萬分之一臺灣堡圖》、1916年《臺灣蕃地地形圖》，以及臺灣總督府發給三井合名會社的幾張公文附圖，日本防衛省防衛研究所的檔案裡，還是可以發現清楚的資料。其中，最詳細的是防衛省與1906年繪製的〈台湾総督府生蕃討伐に関する件〉。另外，在1903年《內灣蘇澳間蕃地豫察圖》中「屈尺」

淺山，三角湧隘勇線（1900）

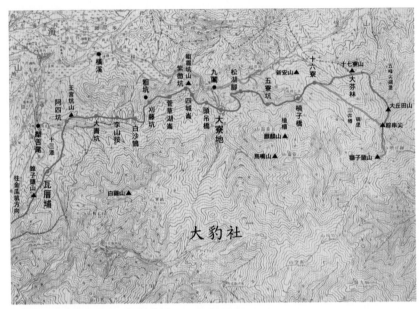

1900年三角湧隘勇線（底圖：五萬分之一臺灣蕃地地形圖，1914年）

一圖裡，[13] 也標示了安坑、橫坑到十三添大致的隘勇據點的分布，
由東向西依序有：十六寮、六股仔、十三寮、九寮腳、楠仔橋（隘
勇監督所）、九寮腳、大墓后、五寮坑、鳳尾尖、松湖腳、三寮坑、
石牌寮、大寮地（隘勇監督所）、二寮坑、七寮坪、頭吊橋、二吊橋、
四城崙、紫微坑、刈藤坑、菅草湖崙、白沙鵠、銃櫃尖、李山按、
粗坑、中坑、大青坑、阿四坑、瓦厝埔（隘勇監督所）等。另外，
在1898年《二萬分之一臺灣堡圖》上面，在漢蕃交界處的界線上，
也有小型的方塊，暗示出清領時期隘寮的位置，也可以作為參考。
此外，在1909年〈陳嘉猷樟樹造林ノ為官有地無償貸付ノ件〉裡，
可以看到圖面上以紅線標示的「舊隘線」，此即為三角湧隘勇線西
段的位置。從這裡也可以看到土地開發往往是以隘勇線為界，再次

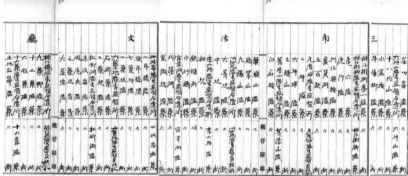

上：三角湧隘勇線十六寮到白沙鵠段，底圖：1906年〈台湾総督府生蕃討伐に関する件〉（圖片來源：日本防衛省防衛研究所）。下：〈桃仔園廳下隘勇監督所以下名稱改稱ノ件同廳長報告〉（1904年8月26日），上面顯示了三角湧隘勇線的隘勇機關。

淺山，三角湧隘勇線（1900）

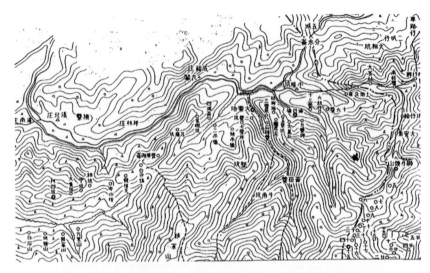

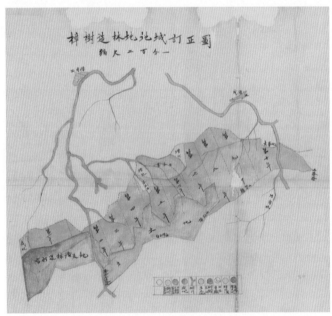

上：《內灣蘇澳間蕃地豫察圖》裡標示了三角湧隘勇線相關路線與隘寮的位置

下：〈陳嘉猷樟樹造林ノ為官有地無償貸付ノ件〉（圖片來源：國史館臺灣文獻館）

驗證了隘勇線與土地資本利益之間的關係。

大寮地以西：白沙鵠隘勇分遣所

　　然而，歷史圖面的核對是一回事，現場探勘則又是另一回事了。前面提過，由於三角湧隘勇線時代較久，路線漫長，清國與日本的路線，犬牙交錯，很容易產生混淆。再加上，隘線長達二十多公里，面對漫長而充滿未知的山路，我決定以大寮（昔日的大寮地）為中間點，往東、西兩段分別探勘。

　　今日的大寮，過去曾是三角湧隘勇線的中心點，1900年設有大寮地隘勇監督所；但是由於聚落的發展，昔日監督所的位置已經難以辨認了。根據《臺灣蕃地地形圖》上的位置，昔日的大寮地隘勇監督所，應該在今天的皇后鎮森林遊憩區附近，但目前已經沒有任何跡象可尋。

　　在台灣農林公司大寮茶場前開雜貨店的耆老表示，竹崙路上面有一間違章的傢俱工廠，對面即為過去的日本派出所。按照邏輯來說，其前身可能是大寮地隘勇監督所。順著耆老的指示，我來到已成廢墟的派出所，外觀看起來的確有幾分日本風，但是大門掛著一塊永慶房屋的看板，上面大大一個「售」字。這就讓人感到「是在哈囉」了，誰能夠賣一間派出所廢墟？從一旁的窗戶偷偷爬進去，內部不僅蔓藤攀生，每走一步都得擔心有沒有蛇竄出，心裡覺得大概找不到答案，遂匆匆撤出。

　　2016年，三角湧隘勇線大寮地以西段的探勘，我都是從犁舌尾的正義吊橋對面，白雞路十號民宅旁的小路上山。順著王公坑山往東，山路順著瘦稜前進，一路上上下下頗為折騰。從沿線的登山布

三角湧隘勇線大寮地以西段

條可以得知，剛好前一陣子藍天隊曾除草開路過；幸虧如此，否則這段被芒草、刺藤所掩蓋著的行程，肯定更為惱人。由於稜線左右的地形陡峭，加上歷史地圖的套疊，幾乎可以確認「環大臺北天際線」稜線大體上是過去的隘路。但是由於年代久遠，稜線上的構造物大多土崩風化，除了沿路巨石上有明顯、人為的階梯刻痕，以及幾個疑似隘寮遺址的小平地以外，無法有更進一步的發現。

　　由於這段隘勇線的遺跡並不明顯，因此常常得要往左右兩邊的森林延伸探索，也很容易遇到尷尬的情況。例如有一次，從地圖上定位了一個叫做李山按隘寮的位置，實際到了現場，卻一片茫然，只好冒險下切稜線擴大搜尋。在穿越可恨的、割人的五節芒叢後，居然不知不覺地走入了一整片的觀音座蓮蕨森林。這些一人高的巨蕨，從圓球的根基處，環狀展開它的大葉，飢渴地擷取森林中稀疏

的陽光。巨型的觀音座蓮蕨，殊勝的樣子簡直如同佛光普照，令人感覺誤入了某個神祕宗教團體的法會現場。在砍殺無數的巨蕨之後，最後好不容易衝出了森林，我居然闖入了某個製造保麗龍的違章工廠後門！不禁打從心底佩服：臺灣的違章工廠可以把廠房蓋在連專業登山客也難以抵達的地方。眼前幾個工人在不知用途的冒煙水池旁來回走動，為了不被當成小偷抓到，「被消失」在冒煙的水池裡，只好貓著身體躲在殘存的觀音座蓮蕨叢裡，悄悄地撤回原本的稜線。

　　類似上述荒謬的調查歷程，可以說層出不窮。三角湧隘勇線大寮地以西段，較為明顯的應該是在白砂鴣隘勇分遣所的可能位置。該處位於王公坑山以東稜線約一公里，現場撥開重重的雜草與野蕨，可以發現清楚的人為平台，四周還留有清楚的人為石砌駁坎，以為鞏固，長度約十五到二十公尺，寬度六到八公尺左右。1905年白石按山隘勇線便銜接到了這裡，可想而知白砂鴣隘寮在當時的重要性。

　　1903年《漢文臺灣日日新報》的報導裡，更指出白砂鴣與附近的隘勇據點曾經發生過疑似大豹人出草的事件，顯示當時的情勢仍屬緊張：

　　明治三十六年（1903）7月3日間，有疑為大豹社蕃人，約十五名襲擊大寮地監督所的白沙鴣隘寮，彼此皆無傷亡。不到幾天後，7月7日，有阿四坑隘勇監督所轄內的粗坑隘寮隘勇鄭鑫能，攜帶文書由大寮地派出所往阿四坑隘勇監督所，在中坑隘寮與大菁坑隘寮途中，遭受三十多名蕃人襲擊，幸有附近隘寮應援，免於被馘首。八月起，接連發生好幾起隘勇被馘首的事件。12月，在大寮地也發生了蕃人數名，集體出草。[14]

淺山，三角湧隘勇線（1900）

除了白砂鵲以外，銃櫃尖、李山按、粗坑、中坑、大青坑等隘寮，應該都在王公坑山的稜線上。但是，或許是長期的林相演替所致，目前都沒有明確的隘線跡證。而紫微坑、刘藤坑、菅草湖崙等隘寮位置，更可以說是芒海一片：或者被私人用鐵皮圍成了菜園，或者枯木怪藤橫生，基本上連路都沒有；不然就是山寮猛犬盤據，什麼時候會闖進人家在野外聚賭製毒的工寮，沒有人知道。上述幾個點，也都無法確認位置了。

不過，值得附帶一提的是王公坑山下的犁舌尾。這個聚落位於打鐵坑溪與三峽河的匯聚處，地勢上類似於「舌頭」的形狀，因此而名之。犁舌尾至今還保留了小巧而古樸的老街與古厝。在〈桃園廳蕃地白石鞍坪大旗尾官有原野豫約開墾設計圖〉裡，[15]可以發現，三角湧隘勇線在阿四坑隘勇分遣所往南下山，劃過了犁舌尾以北的打鐵坑。這裡是過去大豹人出草的必經途徑，文獻記載：「按打鐵坑，係當大豹蕃出草之要路。」[16] 1870年《淡水廳志》記載「三角湧十三天隘」，[17]指的就是設置在犁舌尾附近十三添平原的「民隘」。

過去基於「以番制番」的理由，清國將這一帶分配給龜崙、南崁、坑仔等三個平埔族社，用來「堵」住大豹群的出草。《三峽鎮志》還記載1803年犁舌尾的墾荒者陳亮因為遭到「番害」，兒子陳世俊賣地為父親辦後事的情節，顯見這裡與大豹群之間的「緊密關係」。如今，走在這個古樸風貌的老街上，仍然可以感受到特殊的建築與規劃。因此，犁舌尾老街的型態似乎有「防番」的設計。聚落裡分布著幾口水井，繞著水井周遭則是幾經翻修過的屋宇，推想這種獨立供水以及區塊防衛的聚落形式，是因應所謂的「番害」所衍生出來的。

王公坑山以東約一公里，疑似白沙鵠隘勇分遣所遺址（照片與素描）

淺山，三角湧隘勇線（1900）

犁舌尾聚落裡的水井之一

紫微坑

> 三角湧附近之紫微坑，於本月中旬，不知何處生番殺害六人。
>
> ——劉銘傳奏折，1885

三角湧隘勇線的大寮地以西段，另一個至今猶存的隘勇遺址，就位於祖眉坑山上。核對1903年《內灣蘇澳間蕃地豫察圖》，初步判斷應該是紫微坑隘寮。2017年，我從紫微路139號公車站牌對面的產業道路進入粗坑山區，準備一登祖眉坑山。「粗坑」二字，常見於臺灣的淺山，據說是用來形容那些土壤裡充滿粗糙石礫，難以「討賺」的山谷；而我對粗坑兩字的印象，居然是味覺上的苦澀。順著古樹濃蔭的產業道路前進，途經一座陰鬱小巧、用來祭祀無後

女性的姑娘廟（孤娘廟）。廟體保留了陰廟常有的簡易三面壁構造，小小的奉桌擺放著胭脂、口紅與梳妝鏡，左右廟柱用水泥刻劃著「不談古今事、庇佑往來人」等字，我的心中一陣陰風撫過。

後續，可能是心理作祟，一直覺得身後有不明的能量緊隨著。經過一個轉彎，眼前突然出現一頂口吐紅舌、白眉鈴鐺眼的金獅面具，心臟不夠大的人還真會被嚇死。定睛一看，原來那是人們刻意擺在危險的岔路口，用來提醒駕駛人的「道具」。心裡阿彌陀佛了一陣子。不久，走到了濃密樹蔭所覆蓋的產業道路，忽然間，白晝的天變成暗暝的夜。這時候，身邊出現了一堆怪東西胡亂飛舞，原來是一隻一隻的蜜蜂從路旁電線桿裡鑽了出來，數量之多讓人誤以為走進了一座巨型的蜂巢內部。也不敢揮手驅趕，也不能停下腳步，只好以S型的步伐醉漢般快速通過。原來這是粗坑的特殊景觀，蜂農會利用電線桿中空的特點來養蜂，不禁令人覺得這真是一處奇幻的山野。接著，從康姓墓園右轉產業道路，小心翼翼地繞過一群狂吠的家狗，遂抵達了登山口。從這裡上山，大約十來分鐘便可以抵達祖眉坑山頂了。

海拔235公尺的山頂雖然不高，卻相當險峻，足以鳥瞰紫薇坑與大半個橫溪流域，頗有一夫當關之勢，不啻為設隘的好地點。雖然經歷百年，山頂周遭仍然可以看到當初用來鞏固山頭的石砌駁坎，剛好圍成一圈。附近還可以發現山脊上被挖出一大塊平地，周遭也有石砌駁坎，整體判斷起來，應該是隘勇遺址沒錯。然而，為何僅剩下地基，而不見上面的建築物？大抵因為當時的隘寮多由夯土泥塊所構成，日久自然風化。田原委人子記述了該時期隘線上的隘寮構造，也描寫了隘線上警備的狀況，可供參考：

淺山，三角湧隘勇線（1900）

上：粗坑產業道路上的金獅面具；下：祖眉坑山山頂，周遭有一圈石砌物，判斷為三角湧隘勇線紫微隘寮的一部分。

新竹管內至深坑管內，齊全体之隘寮線，現已結構完成，而地方廳所屬之區域，亦復連絡無間。然其結構芝土壁四面，皆以土塊積成，雖有鋒銳小銃彈擊之，不至貫徹也，且夜間警備手段，另飼野犬以防不測，固所謂毫無遺憾矣。[18]

大寮地以東：麒麟山周遭

如果說，三角湧隘勇線西段讓人感到荒涼與稀微，那麼，從大寮地以東的部分，則隘路清楚且石砌的隘勇遺址頗多，遺址之具體，令人感到振奮。例如大寮地東北方向約一公里的麒麟山（415公尺）便是。

麒麟山本身就是臺北近郊的一座奇山，旱地拔蔥般佇立在橫溪谷地。今日要上麒麟山，必須從安坑建安路上的萬善堂岔路右下，抵達一間供奉著廣澤尊王的保安宮後，麒麟渾厚的山體便近在眼前。

由於山勢陡峭加上長年雲霧繚繞，每次走在峰迴路轉的山徑上，腦中常常浮現高行健《靈山》裡千山朦朧、萬里無垠的山景。在那本小說裡，得了絕症的主人翁希望利用有生之年壯遊中國的山野，心想應該是生命的最後旅程。最後活著回到北京以後他說了句：「我其實什麼也不明白，什麼也不懂，就是這樣。」這大概也是我自己入山尋找隘勇線的寫照吧。

目前，山徑沿途仍然存留著一座清楚的石砌遺址，以粗略的人字形石砌而成，看起來以前應該是一座堅固的建築物。現場還可以找到玻璃碎片以及粗燒的鬆軟陶片，透露出前人生活的痕跡。山下保安宮的解說牌管這裡叫做「槍櫃」。然而，這槍櫃石寮究竟是清國或者日本蓋的，當地人說不清楚，我也弄不明白。再往前行，山

淺山，三角湧隘勇線（1900）

麒麟山上的隘路

路蟒蛇一般纏繞著麒麟山體，約莫二十分鐘以後又有一處類似的石砌與平台遺址，判斷也是早期隘勇的駐點。而在登頂麒麟山前，有一條右轉岔路可以通往竹崙山，[19]由此前進，可以續探鳥嘴尖。這座山，有可能是《內灣蘇澳間蕃地豫察圖》裡的鳳尾尖隘寮。[20]

　　另一個金色陽光的午后，我再次登上麒麟山，預備前往鳥嘴尖一探。斑斕的光線穿越淺山的闊葉林，如水波粼粼般疊印在落葉的山徑，使人有一種縱身歐洲森林的錯覺。我想起法國的「外光派」，想起大學時期在國立藝術學院圖書館翻閱印象派畫冊，看到莫內的《撐傘的女人》時，感受到那畫中的光線所帶給人的悸動。也想起多年前在法國馬內鄉間駐村的那段期間，為了要到鄰近的諾龍城補給食物，常常都得騎著單車穿越一片枯葉滿地的老森林，而眼前往鳥嘴尖的山路，就有這種味道。

就這樣邊走邊想，詩一般的山徑居然硬生生接上了蒼白的水泥產業道路。這種在山窮水盡的山頂都能還能接到產業道路的現象，真可以說是另類的「臺灣奇蹟」。原來鳥嘴尖一帶的山野，已經有不少地方被開墾為農園或者寺廟，產業道路表面上是為了繁榮所謂的「里山」經濟，照顧這些開墾的農人，可是事實上，卻成為地方政治人物與工程包商上下其手的鮮美肥肉，導致產業道路供過於求地蔓延在淺山地帶。

　　順著鮮少人用的產業道路，途經一處廢棄的，丟棄著鳥網、水壺與色情雜誌的擄鴿集團據點，來到了鳥嘴尖。這裡地勢高聳，往前可以鳥瞰整個三峽的安坑山區，抬頭則天空有著馬內畫中的雲彩，風像來自於法國諾龍森林般清涼，然而，附近有挖土機正在整地，準備闢成高經濟價值的薑園。由於必屬違法開墾，為了避免正面衝突，我捨棄山路，小心翼翼地鑽入旁邊的芒叢，經過一陣「砍殺」之後，好不容易摸上了鳥嘴尖。反覆除草尋覓，卻發現空無一物。

十六寮

　　除了麒麟山之外，位於三峽建安路的楠興橋聚落上方，隱密的森林裡也藏匿一座石砌隘勇線遺址。由日本的《二萬分之一臺灣堡圖》觀之，小聚落有可能是過去楠仔橋隘勇監督所在地。詢問世居於當地的林姓老茶農，轉述他父親的記憶，佐證了這裡過去曾經有日本的部隊駐紮。唯由日本防衛省防衛研究所的〈台湾総督府生蕃討伐に関する件〉地圖上看來，監督所的位置則比較接近長城溪對面的廣澤尊王保安宮附近的老聚落，詳細位置還有待後續查證。

　　順著楠興橋聚落一旁的山路往上爬，穿越一片茶園，十多分鐘

淺山，三角湧隘勇線（1900）

後來到一處密林裡的石砌構造物。回程時又遇到另一位茶農，順口一問，他說那叫做「槍櫃崙」，從日本時期就有。雖然清領時期曾經在附近設有「暗坑仔隘」，[21] 但是參考在〈臺灣堡圖〉上的位置，「暗坑仔隘」是在建安國小西南方兩百公尺的大厝坑一帶，[22] 距離「槍櫃崙」超過一公里。由歷史地圖與現場地勢看來，我比較傾向認為，這座石砌槍櫃屬於日本楠仔橋隘勇監督所的附屬設施之一。

除此之外，東段三角湧隘勇線的另一個重要的據點是十六寮。在王世慶的〈臺灣隘制考〉裡記載，三角湧隘勇線是以十六寮為起點，往南延伸至十三添到金面山。[23] 十六寮在1906年《臺灣日日新報》的大豹社「隘勇線前進」圖裡還被特別標示出來，顯示其重要性。[24]

由於這個地名目前已經在大多數的地圖上消失了，因此這幾年來，只要到三峽的建安路一帶，都會問附近的耆老「十六寮在哪裡？」所得到的回答差不多都是「很遠」、「很深山」。超過兩年，「十六寮」這三個字時不時地徘徊腦中，困惑到有一次在橫溪尋找十六寮時，差一點把車開到警察局「報案協尋」。一直到2020年初，經由樹林文史工作者鄭至翔先生的指點，找來了國史館的《臺灣地名辭書卷16：臺北縣（上）》一書，裡面記載著十六寮的位置在「建安國小東方約一公里之山頭」，核對起來，與自己這兩年來的判斷吻合！[25] 綜合文獻的記載，加上先前數次的現場探勘，可以確認，十六寮是在新安山—小暗坑（或稱安坑山）—粽串尖的稜線上，一座標高389 M的山頭（暫稱為389高地）。

如今要到十六寮，最快的方式是從建安路「大華嚴寺、金華園」旁邊的產業道路順勢而上。由於少有人跡，這條產業道路的邊坡，被人偷倒了許多工業垃圾或者事業廢棄物，空氣中隱約飄著難聞的

燒塑膠味。從水泥產業道路的終點，可以接上新安山—小暗坑—粽串尖的稜線步道。就在小暗坑山西南方向約莫六百公尺的距離，就是389高地了。目前高地上的隘勇線遺址僅剩下散落的石砌矮牆，隱約可以看出呈現方形的構造。矮牆長、寬各約十公尺，後方似乎還有一個倉庫（槍櫃？），種種跡象可以清楚感覺是個大型遺址。而這裡的山勢獨立，北通新店安坑方面，南望橫溪山野，不啻為一重要據點。

事實上，新安山—小暗坑—粽串尖稜上的隘勇線遺址不只一處。從十六寮再往前約七百公尺，又有一座石砌碉堡，路旁還可以發現一支水泥的三井椿，證實了隘勇線與三井合名會社之間的密切關係。十六寮北方與十七寮山之間的河谷地，在1903年9月日本的報導裡，還曾經記載了五十多位大豹人在此出草與放火燒房子的過程：

當蕃人襲來之際，是夜將近一時，各戶皆已就寢，突然從西南方道路，無數蕃人，囂然喊聲，衝來圍住。被害地附近各戶，除被害者二戶而外，餘皆由警察嚴重慎守，故不能達其目的。其被害者一則七百六十五番戶劉朝同、六番戶王何。該二戶被其闖入，家人全部概為馘首，家屋亦為之一炬而爐，然後引退。當蕃人襲來之路上，拋棄蕃槍二，火把材料無數。且被害處附近，亦有無數足跡，今以是觀之，始知蕃人約有五十餘名，自大豹社方面，潛行於三角湧支廳管內十六寮并十七寮之中間之溪底而出草云。[26]

上述報導，提到了當時住在谷地上的劉朝同與王和兩戶，因為距離警察防守的據點較遠，而全家遭到馘首。文獻中的包圍與放火，除了顯示出泰雅族的出草方式，也證實了安坑一帶在過去是所謂大

淺山，三角湧隘勇線（1900）

上：麒麟山路上的「槍櫃」遺址（素描）；下：楠興橋聚落上方的「槍櫃崙」遺址

豹群「蕃害」的區域。至於安坑附近的頭城、二城、三城、三城湖、四城、五城、公館崙、柴埕等地名，以及附近許多古老的土地伯公廟，是不是都跟大豹群的出草有關？值得後續一探。

上述的十七寮、十六寮之間的山谷，今日正是北102鄉道（安坑路45-64號的農路）。這是一條傍著竹崙溪支流的小路，路邊現在有「火金姑茶」、「螢火蟲花園」等休憩區，古名「柑仔腳」。從這裡往北，可以爬上十七寮山。

在新安山─小暗坑─粽串尖調查得差不多以後，過了一段時間，我決定前往位於安坑的十七寮山一探。主要是被「寮」字所吸引──知道那是古隘寮的所在地，同時也希望能夠找出十七寮與十六寮之間的相對關係。

那天，順著北102鄉道的小路前進，經過火金姑茶與螢火蟲花園，可能也經過百年前劉朝同與王和全家被馘首的現場，來到了柏油路底。下車步行約五分鐘後，眼前迎來一處有鐵門的左轉岔路。翻過鐵門，再十分鐘以後來到一處墳山，幾座張姓大墳錯落於山野間，特別顯眼。據說往北不遠處的安坑三坑湖一帶，有「生廖死張」的習俗，活時姓廖，死後姓張，不知道這座張姓墳山與此是否相關。大膽地走過其中一座大型的張墓前亭，穿過後面的墳山，在無路的蕨海中揮刀開路，約莫十分鐘後就可以登上十七寮山（450 M）。

此山又稱柑仔腳山，東南距離十六寮約一千一百公尺。山頂上不但有相當完整的正方形石砌堡壘（可能也是槍櫃）、疑似儲水或廁所的凹槽，一旁還有一大片明顯的土窪，長約十公尺而寬約五公尺。想必這邊過去也是一座大型的隘勇線據點。對比相關的地圖，有可能是大芬林隘勇分遣所的所在地。為了記錄遺址的尺寸與地形，當天在清除十七寮山堡壘的雜草藤蔓時，我的胸口忽然被一個小型

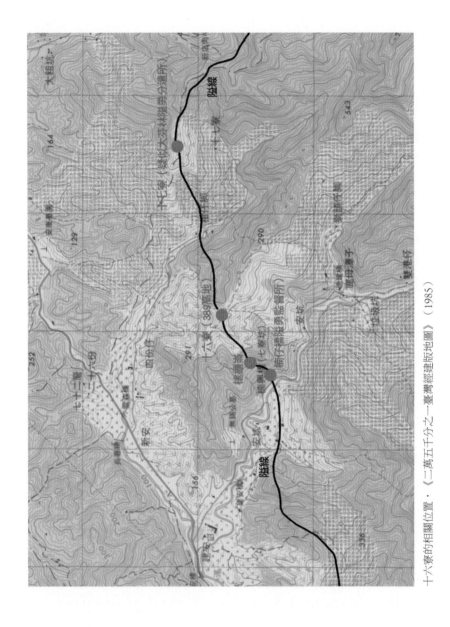

十六寮的相關位置，《二萬五千分之一臺灣經建版地圖》（1985）

物體高速撞擊。有如遭到神風特攻隊的攻擊一樣,撞擊處隨即感到火燒般灼痛,原來除草時驚動了藤蔓間的蜂巢。為了避免被叮得體無完膚,只好悻悻然離去。

帶著蜂吻的痛楚,繼續從十七寮山往西南,順著稜線往大丘田山的方向走。不出五分鐘就會抵達一個明顯的山坳,該處可以發現明顯的方圓形凹槽,由大小與形狀看來,判斷也是一處隘寮所在地的土凹遺址。旁邊有一個被山友命名為「地洞」的地底裂隙,洞的深處不斷湧上沁涼的地氣,一尾青竹絲攀附在岩壁上等待獵物。繼續往大丘田山的方向前進,在二叭子植物園上方的五峰尖一帶,也有一個石砌碉堡。由於附近早期就有「隘寮坑」的古地名,[27]因此判斷是清領時期的隘勇線遺址。

綜合起來,由於橫溪到安坑一帶的三角湧隘勇線遺址,是呈現網狀的分布,而非「一條線」式的,估計有些是1903年由獅子頭山的隘勇線前進所衍生出來的前進支線。而大寮地東段出現不少的石砌碉堡,其原因為何?是否顯示出這一帶與原住民的衝突更加劇烈?這些問題都值得後續推敲。

須永的旅程

1906年《臺灣日日新報》所刊載的〈須永旅團長巡視蕃界〉一文,[28]以軍事勘查記錄的方式,為三角湧隘勇線沿途風貌提供了寶貴的描述,在此值得摘錄。當年,須永為了正在進行的「滅社」戰役——大豹方面隘勇線前進之所需,從白石按山隘勇分遣所往紫微坑、橫溪、獅子頭山的方向,進行了一趟勘查之旅,也間接證實了1900年設立的三角湧隘勇線,一直到1906年仍然大部分之運作著。

淺山,三角湧隘勇線(1900)

標高389 M的十六寮隘勇線遺址（實景與素描）

十六寮西南七百公尺的三井樁

與須永同行的是第一旅團的砲兵隊長武田氏，因此這趟旅程與軍隊
（特別是砲隊）預計投入大豹社戰役，有很大的關係。其中，從白
石按山下白沙鵠分遣所，一路到獅子頭山的路段描述如下：

　　至十時瀨白砂鵠之溪泉，殆如蘇生者然。自是隘線悉為軍隊的，
有本部小哨、下士哨、四人哨等，一循敵前警戒法。在菅草湖崙開
行廚，起程未幾，俄然降雨，蓋是日全無風起，暑酷無限，好雨濡身，
頓有涼氣之感。然山路泥濘滑足，步步維艱，一行大惱。在四城崙
小憩。至午後五時過，乃抵大寮地，該處之屋宇，原充為蕃產物交
換所，其後為隘勇監督所。在前進部面隘線中之最低地，道通成福
庄，其供給物品，有橫溪之便利。十日午前七時。自大寮地起程，
經過石碑寮間道，至楠仔橋一宿……十一日午前七時，自該處啟程，

淺山，三角湧隘勇線（1900）

經小暗坑，出土地公崙，登所謂無情之故，至第五隘寮。於此處用過午餐，若翹首北望，則臺北地方之平野，如在眼前。再向獅子頭山，山道漸險，越過俗所謂鞍掛峠，繞進岩角，一行如入獅子之口中。行出背面。過斷崖上之棧道。至抵海拔三千尺之獅子頭山，已午後二時三十分前後。[29]

文中，須永從福元山隘勇監督所下山以後，[30]沿路所經過的隘線，推測大抵上是從今日的660高地往下，[31]經過廢棄的裕峰煤礦事務所之後，順著目前的舊台車道下抵達最底部的行修宮一帶，再接上對面的白沙鵠隘寮（三角湧隘勇線）。文中的「瀨白沙鵠之溪泉」，指的是今日白雞山登山步道旁的野溪。到了白沙鵠山系（「環大臺北天際線」）以後，須永先在菅草湖崙用餐，後來又因為大雨而在四城崙休息。[32]當天晚上，則夜宿於大寮地。文中記載著當時的大寮地隘勇監督所，更早之前是蕃產交換所。

隔天，從大寮地出發，經過「石碑藔間道」來到了楠仔橋夜宿。又翌日，從楠仔橋出發後經過小暗坑，再「出土地公崙，登所謂無情之故，至第五隘藔」，上述的地名與位置，目前多半無法確定，但是應該在前述的十七寮─大丘田山系的山腹與稜線上，這裡是橫溪谷地通往獅子頭山的山徑。另外，「再向獅子頭山，山道漸險，越過俗所謂鞍掛峠，繞進岩角，一行如入獅子之口中。」就比較容易確認，「鞍掛峠」應為今日的獅子頭山下的觀獅坪，平常遊客如織，而如同獅口的「岩角」，應為今日正面登獅子頭山前峰入口處的岩洞口。

十七寮山上的隘勇線遺址（實景與素描）

淺山，三角湧隘勇線（1900）

上：十七寮山附近的隘寮遺址（土凹經過清理）；下：五峰尖一帶的石砌隘勇線遺址

註釋

1. 摘自《三峽鎮志》網路電子書。

2. 臺灣總督府臨時臺灣舊習慣調查會，《番族習慣調查報告》（第一卷：泰雅族），原著出版於1915年。中研院於1996年翻譯整理，臺北：中央研究院民族學研究所，頁241。

3. 同註1。

4. 傅琪貽、高俊宏，〈大豹社事件〉，行政院原住民委員會研究案，2017，頁17。

5. 王學新編，《日治時期臺北桃園地區原住民史料彙編之一：理蕃政策》，臺北：國史館臺灣文獻館，2011，頁141。

6. 傅琪貽，《泰雅族大豹群（mncaq）抵抗史》，2017，頁20。

7. 伯托・堂嘎（林昭光）、瓦旦・堂嘎（林昭明）口述。

8. 崙尾寮又稱崙母寮、崙尾寮山或崙仔尾山，清領時期漢人在崙尾高地搭設瞭望草寮，用以監視大豹社。根據地圖文獻的綜合判斷，崙尾寮位於今日的插角往大寮的插角產業道路分水嶺處。

9. 同註6，頁32。

10. 祖眉坑山的山頂，判斷為昔日三角湧隘勇線的紫微隘寮。

11. 1895年日本接管臺灣以後，清帝國時期的隘線大多廢棄，僅存臺中方面的官隘，及三角湧、苗栗地區之少數民隘，仍持續使用。

12. 《內灣蘇澳間蕃地豫察圖》共計八張，地圖分別的名稱為〈坪林尾〉、〈宜蘭〉、〈叭哩沙〉、〈屈尺〉、〈大豹社〉、〈天送埤〉、〈大嵙崁〉、〈內灣〉，繪製的區域基本上由東而西，圍繞著新竹以北的泰雅族領域，這套圖繪製於臺灣總督府民政部，警察本署蕃務掛成立以後的四個月（1903年8月），與理蕃的策略有深厚的關係。鄭安晞與黃清琦在相關著作中提及：「從當時殖民官員持地六三郎（1912）所撰寫的《臺灣殖民政策》一書中，可知明治三十五年（1902）隘勇線開始推進，而當年推進的主要地區，也大致與本套圖的範圍相符合。」鄭安晞、黃清琦，〈1903年《內灣蘇澳間蕃地豫察圖》之研究〉，《區域與社會發展研究》第七期，臺中：國立臺中教育大學，2016，頁101-128。

13. 〈屈尺〉一圖的範圍是從深坑、新店沿著安坑到三峽橫溪一帶的山區，顯示了三角湧隘勇線的十六寮—楠仔橋—大寮地—四城崙—菅草湖崙—白砂鵠—阿四坑等位置。

14. 鄭安晞，〈日治時期蕃地隘勇線的推進與變遷（1895—1920）〉，國立政治大

淺山，三角湧隘勇線（1900）

學民族學系博士論文，2011，頁150。

15. 〈桃園廳蕃地白石鞍坪大旗尾官有原野豫約開墾設計圖〉，三角湧附近隘勇線
　　參考圖，中研院臺史館「臺灣總督府公文類纂」。

16. 〈討伐後之大豹社蕃〉，《漢文臺灣日日新報》，1905.9.20。

17. 王世慶，〈臺灣隘制考〉，《清代臺灣社會與經濟》，臺北：聯經，1994，頁
　　380。

18. 田原委人子，〈隘勇線小誌〉，《蕃界》（三），臺北：生蕃研究會，1913，
　　頁144。

19. 又稱為六寮崙山。

20. 鳳尾尖隘寮隸屬於松腳湖隘勇監督分遣所，上為大寮地隘勇監督所。資料來源：
　　〈桃仔園廳下隘勇監督所以下名稱改稱ノ件同廳長報告〉，《臺灣總督府檔案》，
　　1904.8.26。

21. 同註17。

22. 臨時臺灣土地調查局，〈臺灣堡圖〉，1926。

23. 王世慶，〈臺灣隘制考〉，《清代臺灣社會經濟》，臺北：聯經，1994，頁
　　388。

24. 〈隘勇線前進〉，《漢文臺灣日日新報》，1906.9.18。

25. 林聖欽等著，《臺灣地名辭書卷16：臺北縣（上）》，臺北：國史館，2013，
　　頁877。

26. 〈獅子頭山山下蕃害報導〉，《漢文臺灣日日新報》，1903.9.3。

27. 參考「新店老地名故事館」特展網頁。

28. 須永武義（須永旅團長），埼玉縣人，乙未戰爭期間任近衛師團第二聯隊聯隊
　　長，大豹社隘勇線推進期間任臺灣守備隊混成第一旅團長，下轄東京的步兵第
　　一聯隊、仙台的步兵第二聯隊以及騎兵、砲兵、工兵中隊各一。資料來源：「サ
　　クラタロウ」網站。

29. 〈須永旅團長巡視蕃界〉，《漢文臺灣日日新報》，1906.9.4。

30. 根據推估，福元山隘勇監督所的所在地，應該位於一個暫名為660高地之處，
　　相關推論詳見後續的「白石按山」一節之分析。

31. 〈須永旅團長巡視蕃界〉一文提到的「下該山（按：福元山）背面急坂，左右
　　皆有斷崖，恰如行於馬背，後者若躓於道，則塊石轉下，而拂前者之足」，660
　　高地往白雞的方向，確實有如上的描述的急坂，以及左右臨斷崖的馬背地形。

32. 1903年《內灣蘇澳間蕃地豫察圖》顯示，四城崙位於坡地上，推估在今日的紫
　　新社區一帶。

警察化：獅子頭山隘勇線（1903）

　　景尾支廳管內銃櫃隘勇監督員詰所，勤務巡查濱田丑太郎，於客月廿六日之夜時際，當直認得前畔大豹社方面之蕃地，向獅仔頭山火光五、六點進行而來，覺嚴重，警戒處以外生蕃有將出草形勢。翌二十七日午前七時率隘勇七名，往偵察之至獅仔頭山西南約五、六丁之蕃地，見該處有一個茅屋，潛行約二十間位之處，熟視屋內蕃人計十五、六名方共休憩。遂指揮所率之隘勇一齊加以射擊，彼亦應敵戰鬥約二十分暴際。彼等始即退走，我隊尚再進擊，乃因樹木鬱蒼，彼等逃森林中，遂竟失其踪跡。惟見彼休憩之所並森林之附近，痕留鮮血淋漓，可想蕃人之中確有三、四名傷者，而其所遺物品則有毛瑟銃一、村田銃一、蕃刀二、網袋五、鍋一、白米約二升等數項云。[1]

　　獅子頭山山腳一帶，自古以來為「漢番」交界處，清領時期的墾民即蓋了用來強化「防番」、上面還設有槍口的銃樓。[2] 上述1902年的「蕃情」報導中，日方在獅子頭山山腳突擊了大豹方面而來的原住民，擊傷數名，並擄獲了毛瑟槍與村田步槍等，顯示三角湧隘勇線自設置以來，獅子頭山一帶仍是大豹群與日本的衝突熱區。

新店獅子頭山，山頭右後方為獅子頭山隘勇監督所的所在地。

　　從大策略方面而言，1902年南庄事件以後，隘勇線首度納入總督府的警察本署管理。1903年3月，臺灣總督府在持地六三郎的建議之下，確認了「南撫北威」的「理蕃」謀略。[3]一方面掃蕩濁水溪以北的泰雅族，二方面安撫南方的布農族、排灣族等，並且主張更積極地以警察來管制山地，這一構想被當時的兒玉總督所接受。在此大方針下，隘勇線成為國家所要積極建設的目標。而其中，首當其衝的就是被列為北泰雅族「兇蕃」的大豹群。

　　一開始，日方關於大豹社隘勇線前進的大致構想，是以東、西兩路夾擊為謀略，預備一舉橫斷大豹群北方的山脈。計畫中，東路由深坑廳發動獅子頭山隘勇線前進，西路則由桃園廳發動白石山隘勇線前進，[4]劍指大豹群。當時的總督府賀來倉太蕃務掛長（股長）還為此親赴前線的「蕃界」視察。其中，獅子頭山隘勇線的前進，

既可以實現前一年（1902），總督府預先同意臺灣採腦拓殖合資會社在平廣坑砍伐樟腦的允諾，[5]如此下來，又可以切斷大豹群與屈尺群之間的姻親路：紅河谷越嶺古道，[6]可謂一舉數得。

森丑之助在1910年〈蕃社地名考（二）〉裡，記載了獅子頭山的泰雅名為Piyasal Maray，[7]過去大豹群便透過山上的漢人集團進行對外交易，[8]加上當時的北部漢人抗日軍簡大獅藏匿於此，[9]種種因素更加深了日方征討的意圖。

1903年2月1日到7月20日，日方動員警部補五人、巡查五十七人、巡查補五人、隘勇兩百人，加上其他應援的巡查二十人，前後發動了三波的隘勇線推進。[10]攻克獅子頭山以後，部隊繼續往竹坑山與加九嶺推進，過鹿阿坪（羅料坪）往平廣坑的方向前進，全長23.5公里。今日，根據新店當地的耆老口述，隘勇線在加九嶺一帶北折稜線，往腦寮坪、向天湖至四結寮的方向前進，最後出到平廣口的龜山。[11]隘線前進期間，日方更動用了山砲砲擊獅子頭山，森丑記載：「當時這裡交戰的砲聲隆隆，臺北市街也聽得到聲響。」[12]在大豹群的激烈反擊下，造成日方負傷巡查三人，八位隘勇遭到馘首，另有三位隘勇負傷。[13]另外，當年五月的一則報導，說明了當時獅子頭山已經腦寮林立，一位大豹人在獅子頭山戰役中奪警槍，因為拒絕歸還而被當場砍頭的驚駭事件：

文山堡深坑廳下，新店支廳管內獅子頭山附近之處，腦寮林立，深山窮谷，儼然繁盛之區。蓋該處生蕃久已投誠矣，二、三日前有大豹社蕃人六名，潛伏路旁草莽間，似欲截殺人形狀。適製腦人眾皆警官同行，先已遠遠望見，及至近前，諸蕃竟皆立拍手，即示其無懷異志也。時警官見其手有持警察用銃者，並烙印號，因問銃從

警察化：獅子頭山隘勇線（1903）

何來，答謂前日獅子頭山戰役，警察被蕃人擊死而得，警官命當奉還此銃，該蕃不肯，警官拔刀砍去，立倒，割其首，聞係頭。[14]

　　獅子頭山隘勇線是日本實施「隘勇線專勤化」的實驗地，沿線配置有「武儒兜曳欲砲」（ブロドウェル山砲）與臼砲各一門，[15]大大提高了山野的宰制力。隘勇線研究者林一宏博士指出，1903年4月4日起，總督府將蕃人與蕃地事務撥給總督府的警察單位負責，翌年即發布「隘勇線設置規程」、「蕃地警察職務規程」，將殖民地臺灣的隘勇線帶往警察化、專勤化、科技化的境界：

　　（按：該時期）隘勇線以隘路為骨幹，在山稜上覓地闢建監督所、分遣所、隘寮等據點，配置警部至隘勇等各級警察，並架設有線電話為主要通信設備，逐級指揮、層層節制，配合掩堡、鐵條網、地雷等副防禦設施，密集地組構成線型、據點化、層級化，而且類似軍隊組織之防衛線。急造而成的寮舍建築物與副防禦等設施，大多使用闢建隘路時取得的木、竹、土、石、草、藤等建材，是應急、粗糙、非專業的臨時性建築物，也因為就地取材之便，建材未經養護而耐久性不佳。[16]

獅山行

　　追賊窮搜山又山，烏獅高嶺最難攀。忽看炮焰漲前嶺，知是前軍戰塞關。[17]

　　上面這首1909年沼口半仙的詩文中，顯示了獅子頭山的地勢險

80

獅子頭山隘勇線（底圖：五萬分之一臺灣蕃地地形圖，1914年）

警察化：獅子頭山隘勇線（1903）

惡，也描述了1903年隘線前進的砲火景象。其中的「前嶺」，指的是獅子頭山前鋒，也就是一般人印象中那座孤絕獨立的山嶺；至於「追賊窮搜山又山」，字義上指的是「土匪」，而非「凶蕃」原住民。可見獅子頭山附近除了大豹群以外，日本對於土匪相信也感到芒刺在背。

　　由於進行調查隘勇線的緣故，大概每個學期，我都會帶著臺北藝術大學研究所課堂上的學生上一次隘勇線，希望讓學生有機會前往那些他們平時不太容易、或者不一定太有勇氣去的地方，親自感受一下什麼是隘勇線。而獅子頭山主峰海拔858公尺，已經是北臺灣著名的一等三角點。交通便利之外，由於過去文史學家吳智慶老師等人的努力，山上的隘勇線遺址大多已經被盤點過了，民國九十五年公告為縣定古蹟。上面記有石寮、土匪洞、水井、戰壕、槍堡、老樟樹、防蕃碑等，很適合做戶外教學的場所，至少對於身為老師的我來說，讓豐富的遺址群本身來說話，確實可以節省不少力氣。

　　2019年我就帶了一批學生上山。一群人從新店捷運站坐免費的接駁巴士，順著新潭路來到了獅子頭山腳下，通往觀獅坪方面的登山口。然後，就是一連串的「事故」。剛出發約半個小時，學生C首先體力不支，大距離落隊且開始嘔吐，經過的山友看到也停下來幫忙刮痧，直到體力恢復以後遂自行返家。然後是L，平衡感不佳、大學時期才敢自己走下樓梯的L。行前我一再保證，這趟獅子頭山之行「就像走在平地上一樣」，確實我對獅子頭山的印象是如此。不過在過了觀獅坪，轉上往菁礜池古道的路上，山路稍微起伏，L還是無法克服這樣的路況，於是由另一名學生P陪著她先行撤退了。

　　好不容易過了昔日用來浸泡大菁的菁礜池遺址後，準備正式登獅子頭山。此時，天氣開始變化，濃重的白霧襲來，眼前的路變得

迷茫且虛幻。學生 I 與 H 因為山下有事而選擇後撤，最後卻在下產業道路的途中迷了路，靠著山下的友人開車上來才得以解圍。最後抵達三角點的時候，一行人已經所剩無幾。下山途中，山雨既濕又冷，殘兵敗將走在回程的菁礐池古道上，前方居然出現了嚇嚇嚇的叫聲，一驚之下，才意識到，那是不遠的草叢裡有山豬正在刨食的聲音。由於山路狹隘，必須正面迎擊。我轉身告訴學生，一旦山豬不爽衝過來，大家都不要猶豫，有樹爬樹、有上坡往上坡爬，跑的時候盡量以 S 型前進。將學生保持在一定的安全距離以後，我開始使用最不得已的方法：敲石擊樹、製造噪音並慢慢前進，心中略感抱歉地趕走了正在覓食的山豬，也解除了一場危機。回到工作室以後，腦中不斷浮現前陣子才看到的，新店廣興一帶發生山豬刺死曬衣服婦女的新聞，順手節錄了一段：

　　警方追查，劉婦住在新店廣興路一處五樓公寓的二樓，因建物貼山興建，山坡可直通她家陽台；上月27日上午九時，劉婦在陽臺幫兒子曬衣服，山豬沿著山坡闖進陽臺，劉婦一時緊張拿掃帚驅趕，受到威脅的山豬，竟抓狂狠撞她的左後腰，劉婦倒地後仍遭持續攻擊，腰部以下至左小腿都遭獠牙連續穿刺，痛得大叫，樓上鄰居聞聲查探，只見劉婦倒臥陽臺，手邊有一支掃帚，腰、腿鮮血直流，急電119。[18]

土匪洞、石寮與防蕃碑

　　至於獅子頭山的遺址方面，獅尾一帶分布著好幾個山坑，其中以大、小土匪洞最為著名。據說，大土匪洞還是抗日軍綁票勒索山

警察化：獅子頭山隘勇線（1903）

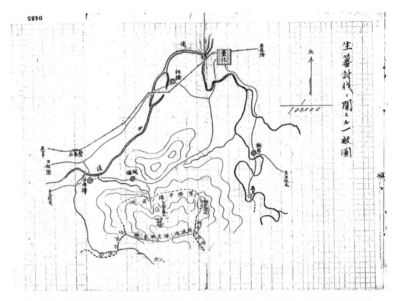

上：獅子頭山隘勇線與周遭的相關位置，本圖為1906年大豹方面隘勇線前進時期，軍隊預計進駐的大豹社北方區域。（〈台湾総督府生蕃討伐に関する件〉，圖片來源：日本防衛省防衛研究所）；下：獅子頭山頂的隘勇線（上方為往竹坑山的方向）

下人家的肉票拘禁處。在過去探勘期間，我曾經試著帶頭燈往小土匪洞裡面探索，雖然走到一半就因為擔憂缺氧而後撤，但是，從小土匪洞可以發現，龐大的山體內部似乎有互通的洞窟。根據目測，黑暗的洞窟內應該可以藏納百餘人，而且還不算太過潮濕。因此，當初裡面「躲藏土匪」的可能性是存在的。

而所有遺址當中，量體最大的，該屬「石寮」遺址，座落在獅子頭山的西南山腳（俗稱「獅尾」）。石寮的位置剛好可以利用山體來避開東北季風，是非常合理的隘寮設置邏輯。如果對照森丑之助的描述：「當時在山頂所築起的前進隊本部，是耗資鉅資建成的巨大石屋。」[19] 可以驗證這裡是當初的隘勇前進隊本部。石寮的窗口有著外寬內窄、易守難攻的設計，大門的入口前方還橫插了一片石牆，阻礙敵人進入屋內，煞費苦心的設計，也讓人感受到當時「防蕃」的緊張感。除了石寮以外，整座獅子頭山最引人注意的，應該就屬佇立於山頂稜線上，由當時深坑廳長丹野英清所立的「獅仔頭山防蕃碑」。碑文記載了當時隘勇線前進的過程：

獅仔頭嶺以南平廣坑一帶之地曾兇蕃狩獵之區，而民人輒難入也。明治三十五年十二月，臺灣樟腦拓殖合資會社得允准始製腦於此，官因議定擴張隘勇線保護之。乃明年2月1日起工。爾來披榛莽、倒巨樹、越高嶺、跨深谷，線狀蜿蜒恰如長蛇，延亙六里。以7月20日竣工。此間，董事者深坑廳警務課長永田綱明、景尾支廳長雨田勇之進，其他警部補五人、巡查五十七人、巡查補五人、隘勇兩百人、他廳應援巡查二十人。閱日一百七十餐，宿於風雨瘴癘，日侵來往於崎嶇，蕃害屢迫，終能得成。

警察化：獅子頭山隘勇線（1903）

防蕃碑的碑文裡並未說明，上面的「蕃」字，指的其實就是大豹群。而碑體為什麼立在以「土匪」為主要交戰對象的獅子頭山上？我想，這個位置可以南望竹坑山和加九嶺的大豹社域，立碑除了宣揚獅子頭山的佔領以外，應該有向南眺望與鎮壓的意思。事實上，過去三角湧平地與大豹溪流域之間，因為重山阻隔，要前往大豹群領域，除了從大溪的虎豹坑進入以外，並無其他通路。[20] 相對來說，距離較遠的獅子頭山成為當時大豹群重要的對外交易口，大豹人也保護著山上的漢人，並稱他們為 tufei（土匪），彼此之間存在著類似於泰雅族之間攻守同盟關係。獅子頭山被攻陷了以後，「土匪」轉進到了廣闊的大豹溪流域。根據大豹社後裔林昭明口述，老一輩還曾經在獅子頭山一個名為「嘎度」（Kato）的山洞裡，看過許多白骨，可以想像當時戰鬥之慘烈。

據說，當時在山上的漢人反抗軍是以鏡子的反射為信號，與山下的人聯繫。[21] 實際來到獅子頭山下的廣興聚落，村子裡的信仰中心—長福巖的廟祝告訴我，聚落下方的新店溪畔，清領時期以來就有好幾個渡口，廣興下方就有一個。這裡位於獅子頭山的南邊，地理位置相對隱密，對岸又有一條山路通過後寮、二寮而直上獅子頭山，推測應該就是日殖時期聚首山上的漢人物資補給的通道。當地的口述文獻指出，平廣路上面有一個隘寮，是隘勇調配的指揮所，由那裡可以通後寮與二寮。[22] 廣興聚落面對湖光粼粼的直潭堰，翠山碧湖之間，擁有一幅世外桃源的景象。聚落中心的長福巖設立於1863年。廟前的石刻沿革記載著：

曾有原住民來襲，直趨祖師廟，幼童聞聲躲入廟內，原住民卻遍尋無人，大怒下在祖師爺下顎砍一刀，並在神案砍上四、五刀而

去，結果走出廟門不遠即遭庄內壯丁射擊，或死或傷。原住民因而對其極為懼怕，稱其為魔鬼。此類神蹟極多，流傳不已。

上文中，將清水祖師神像的下巴削掉一塊的「禍首」，極有可能就是大豹群。蓋因平廣坑早期為大豹人出草的範圍，1903年文獻即記載：「在屈尺方面平廣坑桶后溪等，所有蕃害，多屬大豹社蕃人之所為。」[23]此外，廣興聚落的構造也有可能與「防蕃」有關。除了地處高丘，易守難攻以外，聚落裡面彎曲狹窄的巷道更增添了敵人入侵的難度，這讓人很自然地想到了十三添的犁舌尾。另一個傳說則更為駭人聽聞。據說廣興一帶過去是漢、原雙方「尬生死」（臺語：拚生死）之地，故稱為「甲（尬）場」，當時的居民如果抓到原住民的話，會在此施行絞刑，故稱為「絞場」，[24]原漢衝突之劇烈，可知一二。

竹坑山（竹獅段）

從獅子頭山往南，經南獅子頭山到竹坑山的稜線，總計4.5公里，全都屬於1903年獅子頭山隘勇線。這段山稜，上下起伏約六百公尺，走起來並不輕鬆。但是，沿途幾乎每一個凸起的山頭都有疑似隘寮的遺址，密集之程度令人感到震撼。

這一段隘線我暫時稱之為「獅竹段」。幾年下來，偶爾獨行、或者有幸結伴，前後經過六、七次的探勘，由於距離相對遙遠，每一次探勘都是一番工夫。期間，我們大多是從三峽建安路底的鹿母潭直行，接上通往垃圾坑的產業道路，過了簡易自來水站後不久，登山口就位於左手邊。從這裡要垂直爬升三百公尺，才能抵達獅竹

警察化：獅子頭山隘勇線（1903）

上：獅子頭山防蕃碑；下：石寮，1903年獅子頭山隘勇線前進隊指揮部，推測也是後來的獅子頭山隘勇監督所所在地。

大土匪洞

段隘線。加上回程，一來一往要四個小時，真正能在隘線現場踏查的時間，一天最多僅有四、五個小時。

兩年來的探索，我們前後發現、清理、測繪了一個大型的砌石平台，以及十三個疑似隘寮的土凹遺址。日本在這一帶設置隘勇線據點的位置非常精巧，往往選擇在稜線上瞭望極佳、易守難攻的險峻山頭，或者可以避東北季風，或者隱匿於山背而不易被發現。有些隘寮還將山腹挖成大型的啞鈴型凹槽，像極了越戰電影裡越共的祕密基地，判斷可能是當時的隘勇分遣所。

由於竹獅段遺址都具有合理化、系統化與一致化的現象，在現場調查時，這點常常讓人感到毛骨悚然。這種系統性的分布，似乎有著林一宏所提及的，獅子頭山隘勇線警察化、專勤化、科技化的特徵。根據估算，這段隘勇線平均隔兩百多公尺即設一據點，如果

警察化：獅子頭山隘勇線（1903）

依照往後總督府蕃務本署的相關規定，那麼這裡據點的密度，可以算得上是第一等級的「危險」地帶。[25]

「竹獅段」隘勇線遺址的清理

此外，竹坑山北方約七百多公尺的稜線山路旁，有一塊大型的隱密空地，陰暗的林間還存藏著一座淺水塘，可能供應了當初隘勇線的水源。根據山下在建安國小前開設雜貨店的耆老表示，建安路的前身，還是過去日本補給獅子頭山隘勇線的舊路。至於海拔935公尺的竹坑山頭，目前留有不少的遺址，有疑似隘寮基地的土凹兩處，掩堡一處以及一處口字形特殊凹槽的遺址，推測這裡就是1906年大豹方面隘勇線前進期間，位於東線的深坑廳前進隊本部，因此日方稱竹坑山頂是「前進隊之二百零三高地」[26]。據報導，大豹人曾經數度突擊這個前進隊本部，造成日方十數人死傷，山頂當時還立有陣亡的玉水巡查的墓標，[27] 文獻記載：

深坑前進部隊，以竹坑山附近為本據，自十一日以來（按：1906年），其前面時有蕃人猛擊，然前進部隊，毫不屈撓，盡力欲擊退之，至去十三日午前十時左右，在伐採隊駐屯地，又有蕃人來襲，因立與接戰，未幾，即得擊退之，在此交戰之時，有巡查山崎幸作氏戰死。又是日午後一時三十分前後，山內景尾支廳長，及雨田坪林尾支廳長，率巡查隘勇，將往駐屯地。途次，在本部與駐屯地間，新設第一分遣所附近，約與二十名蕃人衝突，交戰中，在同二時前後，山內支廳長，齊藤巡查，及人夫一名，相繼負傷。

竹獅段隘勇遺址

　　後續，隘線往東南方的加九嶺的方向延伸，下到熊空溪與平廣溪的分水鞍部後，再爬上加九嶺。這段約莫兩公里的路上，一樣存在著不少隘寮遺址；例如人造的石階，以及L型的不明用途的大型土凹，甚至能夠找到日本酒瓶的碎片。上述種種遺址與文物顯示，1903年獅子頭山隘勇線在空間分布上，確實頗具明顯的機制化（institutionalized）特徵。

加九嶺

深坑廳下加九嶺線第十號隘寮，隘勇某甲本月（按：1906年7月）

警察化：獅子頭山隘勇線（1903）

14日，于第二號隘勇監督分遣所交通途上，其地距第九號隘寮西北方約百米突。不意時有兇蕃數名，潛伏線外，既見某甲，一齊射擊。隘勇大驚，大聲求援，向第二分遣所而逃。無何為蕃彈所中，不幸途被馘首。[28]

加九嶺（997 M）又稱為江南腳山。泰雅語為 Hluhiy Yahu Sqyuniy，[29]據說也與閩南語的「咬狗嶺」發音有關。[30]嶺頂的加九嶺隘勇監督所是當初獅子頭山隘勇線的中繼大站，相當於三角湧隘勇線的大寮地，顯示當時日本人的隘勇線有設中繼大站的作法。這個監督所範圍遼闊，連同附屬隘寮，推估佔地綿延約有六、七百公尺，從加九嶺到下平廣坑與紅河谷的十字鞍部，都是當時加九嶺隘勇監督所的轄區。而上述的十字鞍部，大豹人稱為 Quri Takai（「很高的鞍部」之意）[31]，也是過去大豹群與屈尺群的姻親路（現在稱為「紅河谷越嶺古道」）的中繼點。目前，十字鞍部旁邊的草叢裡，還隱藏著一座隘寮土凹遺址，附近可以找到日本酒瓶與碗片。

今日，如果從三峽方面登加九嶺，有新路與古道兩個選項。新路的走法，是過熊空橋後直上產業道路，在一處登山口右轉，順著山脊爬上接近垂直五百公尺（相當於一座臺北101的高度），才能抵達加九嶺。古道（紅河谷越嶺古道）則是逆著熊空溪谷往上走，途中要像兩棲生物一般來回渡河，時而跳躍於巨礫河床，時而涉入凜冽的熊空溪。每個過溪點，都可以看到泰雅獵人的疊石記號。因為在今天，這裡仍是大豹群後裔的狩獵之處。

熊空溪的河床非常迷人，穿行其間，猶如進入了1871年攝影師約翰・湯姆生所拍攝的荖濃溪場景，流露出這座島嶼洪荒且原始的氣息。河床上，受到大水沖刷的巨木遺骸遍布。在潮濕腐爛的木幹

竹坑山頂附近，疑似深坑廳本部的口字型凹槽遺址。

警察化：獅子頭山隘勇線（1903）

下，很容易會發現晶瑩剔透的盤膠耳冒出，像是吸取枯木最後的精華一般。另外，還有美味的野生毛木耳，繁花一般綻放在奇醜無比的腐木上。在隘勇線的調查期間，我常常流連於熊空溪的河床，猴模猴樣地跳鑽在枯木之間，採集成片的毛木耳回去熬煮「紅棗木耳湯」。而這樣的過程，竟成為忘卻世事的儀式了。

　　古道來回於熊空溪，約莫一個多小時的步行之後，忽然在一處不顯眼的山坳處直線上山，攀升近四百公尺，途中會經過一根總督府殖產局礦務課所立的第741號基石。穿越一片龐大的柳杉人工林，爬到最高之處，就是十字鞍部的Quri Takai了。抵達鞍部以後，風勢很明顯地轉強，來自於東北方太平洋的高空氣流毫不留情地灌來。從這裡左轉，稜線穿越鋪滿山毛櫸枯葉的加九嶺山巒，好有一份日本高山的氣息。沿途已經可以發現為數不少的日本酒瓶、土灰色陶片、碗片與不明用途的玻璃罐，還有小型的礙子（可能是電話線用）。有的暴露在外，受風吹雨淋超過百年；有的埋在淺淺的土裡，需要一點運氣才能找到，這些都是隘勇線所存在的證據。續行，翻越兩座山頭，約莫四十分鐘以後，即可抵達加九嶺。

　　1903年獅子頭山隘勇線前進過程中，日本對於加久嶺的佔領，可以說是一次直接突入大豹群生活空間的舉動——距離大豹群耆老口中，熊空橋一帶的「最後的部落」僅約兩千公尺，[32]迫使可能原居於附近的加九嶺小社，被迫撤往烏來，隘勇線的興建，也使得屈尺群與大豹群之間的姻親路從此被切斷。[33]直到今天，居住在烏來桶壁部落（Tampya，忠治村）的泰雅族年輕人，仍聽過以前耆老講：這條路是通往「斗霸」（Topa）的。未來有一天，必得要將這條泰雅古道「重走」出來。

　　由於上述的古道路線需要來回於熊空溪，一旦遇到下雨，便容

易溪水暴漲，是一條較危險的路線。而另外一次，我與攝影師小L、主編S走了完全逆反的新路（安全路），預計通過熊空橋繼續接上產業道路。在步行約二十分鐘以後爬上了產業道路的高點，在一處綁滿登山布條的土路入口右轉上山，預計抵達加九嶺以後，再從十字鞍部下熊空溪河床，回到原登山口。記得那天料峭春寒，彷彿還在新春期間，我們約在三峽恩主公的公車站牌集合出發，遠方的北大特區隱隱傳來沉悶的鞭炮聲。逆著晨光穿越過十三添平原，接上不知道走了幾百次的大豹溪沿河北114道路，黎明中來到了熊空橋。從這裡起登以後，由於預感到當天路途的遙遠，一行人如湘南趕屍一般急行於上坡的土路，穿黃藤過斷崖。林間大抵無聲，唯一聽見的是自己心跳強烈地跳動著，以及偶爾遠方山羌的「靠」、「靠」、「靠」聲。

　　約莫中午抵達了加九嶺以後，山雨霏霏，下得嶺頂一片慘白。我們就著滴滴答答的冰水囫圇吞棗用了午餐，然後繼續趕路。那天不知道為什麼，東北季風特別強，沿途又不斷因為酒瓶與遺址的發現而停下來拍攝，這麼耽誤再耽誤，一行人抵達十字鞍部時已經快要傍晚了。從這裡下熊空溪谷，大概還要兩個小時吧。一行人再度亡命於山野，順著土路瘋狂下切。沒想到在快要抵達熊空溪谷時迷了路，闖入黑暗的森林。

　　我們就著微弱的頭燈勉強照明，揮刀開路，滑倒再爬起。基本上，人陷在如此這般令人窒息的森林裡，如果要具體說出一種感覺的話，比較像「溺水」，在山上溺水。經過約莫一個小時以後，差不多像是從山裡滾出來一樣，終於抵達了熊空溪谷。然而，眼前還有兩公里多的河床路要走，包含中間的幾度過溪。暗夜的熊空溪，白日時的那種洪荒感已經消失了，變成足以噬人的野獸。我們小心

警察化：獅子頭山隘勇線（1903）

翼翼，辨認河床上稀薄的布條以及很不明顯的獵人石堆，瞎子摸河，直到晚上九點才走回熊空橋的登山口，感覺獲得了重生。

總而言之，加九嶺是一個規模不小的遺址群，單單從1904年深坑廳的資料可以看出，當時的監督所下轄三個分遣所，以及十九個隘寮。[34]保守估計，包含監督所的警部在內，當時山上至少有五十人以上駐守，是一個綿延好幾座山頭的大型「防禦帶」。與此同時，文獻上留下了不少「蕃害」的報導，其中以1905年到1906年的記載最多：

（一）深坑廳管內加九嶺隘勇監督所，有隘勇張五賽及林良九兩人，本月（1905年12月）18日午八時頃。相隨至加九嶺第二分遣所，于第二分遣所及第九隘寮之間，突被兇蕃狙擊。張五賽遂于當場遭其馘首，銃器彈藥亦被掠奪。獨林良九尚不至遇害，惟左腕至胸部負貫透之傷耳，當此銃聲起，同監督所及第二分遣所聞之。忽率巡查隘勇等馳赴當場，加以射擊，蕃人始退，向線外遠走。[35]

（二）（1906年）2月7日午前七時，深坑廳管內加九嶺線，第二七隘寮方面，突然發砲聲。同線在勤之王水巡查，率隘勇伍長以下四名，出赴現場，果見我隘勇與蕃人相衝突，射擊中同線廿九隘寮隘勇一名，被其射擊，自右肩貫通左胸部，受其重傷。[36]

（三）至本月（1906年4月）26日午前8時30分，加九嶺線第四分遣所方面，突然有兩三發銃聲。巡察及隘勇十名，編成一隊，急馳赴應援，抵現場查之，乃第四分遣所隘勇許容，出門作業，忽於第二十七隘寮與第二十八隘寮中間，有蕃人潛伏於棚外森林內，○○襲來，許容腰部受貫通銃創二傷，幸無性命之虞。[37]

加九嶺隘勇監督所轄下的各單位，〈深坑廳訓令第三號隘勇監督所分遣所及ヒ隘寮ノ名稱擔任區域ニ關スル件〉，1905.3.16（圖片來源：《臺灣總督府檔案》，國史館臺灣文獻館）

警察化：獅子頭山隘勇線（1903）

加九嶺隘勇監督所遺址的素描

上：加九嶺隘勇監督所的碗片文物；下：加九嶺隘勇監督所遺址

警察化：獅子頭山隘勇線（1903）

上述的「蕃害」報導之所以集中在1905到1906年，原因之一可能是當時大豹人對外進出的白石按山已經遭到佔領，希望打通舊有的大豹─屈尺的姻親路所為。總之，1903年加九嶺的佔領，除了逼進到大豹群的後門，並切斷大豹─屈尺姻親路外，日方更可以利用這裡作為戰略中繼站，為往後的東進烏來山區，以及南進有木的熊空山（一百甲山）做準備。

　　翌年（1904），為了進一步切斷位於「嘎度」（Kado）的漢人反抗軍與大豹群之間的聯繫，[38]並進一步擴張山裡的樟樹資源，日本對大豹群進行了堅壁清野的包圍策略。當時，日方預計從獅子頭山隘勇線本線，延伸出一條通往今日烏來信賢村的隘勇線，一般稱為加九嶺隘勇線。路線是從深坑廳部隊本部的鹿阿坪出發，上抵加九嶺稜線以後繼續往南，最終在今日樟樹溪的源頭鞍部一帶左轉下切，抵達山下的拉哮隘勇監督所（今日烏來的信賢村），最終再北折通往龜山，連結到了1903年的隘勇線。

　　剛開始，因為過去的文獻資料有所偏差，讓我誤以為這條隘勇線是從加九嶺稜線岔往拔刀爾山（居拔山），最後才下到信賢。有鑑於此，2018年初春，我試著從烏來的信賢出發，順著羅岸產業道路上山，在保慶宮停好車以後，開始徒步往美鹿山南峰、拔刀爾山的方向搜索。當時，天上還下著雨。據傳拔刀爾山路是螞蝗的「重災區」，因此心裡已有所準備。

　　然而，沿途的山路清晰好走，看得出這條美鹿山南峰─拔刀爾山是熱門的路線。但也因此，山徑兩側一直沒有發現任何隘勇線的跡象。直到拔刀爾山頂，上面更是白霧茫茫、野草覆頂，實在沒有什麼人為挖掘的痕跡。續行，過拔刀爾山往加九嶺的方向前進，由於這段山路已經很少人走了，山徑陡峭而凶險，走在其上，疾風與

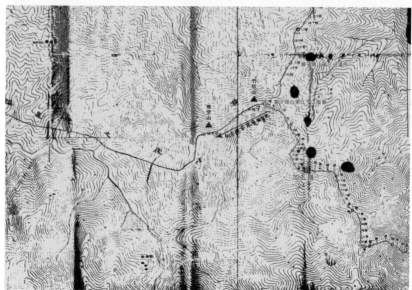

上：加九嶺第十四隘寮遺址（對照〈台湾総督府生蕃討伐に関する件〉一圖）
下：獅子頭山隘勇線的加九嶺隘勇監督所與附近的分遣所、隘寮的位置圖，〈台湾総督府
生蕃討伐に関する件〉（圖片來源：日本防衛省防衛研究所）

警察化：獅子頭山隘勇線（1903）

1907年〈深坑廳管轄圖〉中加九嶺隘勇線的位置

信賢村樟樹溪上的大樟樹，日本宮內廳書陵部（圖片來源：《臺灣寫真帖第九十四號》）

山霧覆蓋，宛如世界末日。因顧及生命安全，只好撤退。

　　大約過了兩年以後，有一天我突然想到，反過來從加九嶺方面一探，也許找到通往信賢的1904年舊隘路。那次來到熟悉的加九嶺，順著山稜不停前進，約莫一個多小時後抵達往拔刀爾山的岔路處，這裡還是可以找到一些日本酒瓶與小型電話礙子。一直到離加九嶺約3.5公里遠的樟樹溪上游的大鞍部（1115M），都還有酒瓶的分布，顯示昔日的隘線一直拉到這麼遠的距離。再加上後來找到唯一一張顯示加九嶺隘勇線走向的1907年〈深坑廳管轄圖〉，得以完全確認，當初隘勇線的走向並非從加九嶺走拔刀爾山下信賢，而是由樟樹溪上游的大鞍部，沿著樟樹溪右岸下到信賢部落。然而，這段路現在已經無路可走了，可能只剩下獵徑而已。

警察化：獅子頭山隘勇線（1903）

日本宮內廳的一張照片，記錄了當時樟樹溪一個叫ケル的地方，有一株巨大樟樹，樹前站了七位日本警察。推估起來，這棵大樟樹大概要二十個人才能環抱起來。這樣尺寸的老樟樹在今天的臺灣幾乎是不可能見到的。甚至在1905年開通屈尺叭里沙橫斷線時，日人高橋榮治還在樟樹溪發現純度頗高的金礦，[39]顯示出了當地山林資源之富饒。

註釋

1. 〈大豹社蕃〉，《漢文臺灣日日新報》，1902.10.4。
2. 參考「新店老地名故事館」特展網頁。
3. 傅琪貽，《泰雅族大豹群（mncaq）抵抗史》，2017，頁18。
4. 同上註，頁19-20。白石山位於大豹社域的西端，今日三峽大溪交界的金面山系上。
5. 傅琪貽、高俊宏，〈大豹社事件〉，行政院原住民委員會研究案，2017，頁34。此區的山野大概有16平方公里。
6. 摘自：《三峽鎮志》網路版。
7. 森丑之助，〈蕃社地名考（二）〉，1910。摘自鄭安晞、許維真譯注，《烏來的山與人》，臺北：玉山，2009，頁54。文中泰雅地名由Alow Hola老師修訂。但是根據2020年採訪忠治部落的黑流・鐵木（林英鳳）耆老的口述，Piyasal Maray指的是今日的廣興山頭聚落。
8. 傅琪貽、高俊宏，〈大豹社事件〉，行政院原住民委員會研究案，2017，頁33。
9. 森丑之助，〈蕃社地名考（二）〉，1910。摘自鄭安晞、許維真譯注，《烏來的山與人》，臺北：玉山，2009，頁48。
10. 鄭安晞，〈日治時期蕃地隘勇線的推進與變遷（1895-1920）〉，國立政治大學民族學系博士論文，2011，頁152。
11. 參考「新店老地名故事館」特展網頁。其中，「鹿阿坪」這個地名在今日的地圖已經消失。有可能是新店平廣路一段瑞興宮對面，201巷進去的平廣溪右岸的山野。該地現在稱為羅料坪，為閩南語「腦寮坪」的發音。上方稜線菜刀崙

山—向天湖山稜線上，有一個被山友稱為「羅料坪十字鞍部」之處。

12. 同註9。

13. 傅琪貽，《大嵙崁流域北泰雅族抗日事件始末》，行政院國家科技委員會專題研究計畫，2010，頁36。

14. 〈大豹社蕃〉，《漢文臺灣日日新報》，1903.5.21

15. 「武儒兜曳欲砲」有可能是六十公分口徑的「布魯德威爾山砲」（Broadwell mountain gun），該款山砲曾在美國內戰期間短暫生產，為德製的後膛砲。

16. 林一宏，〈從「開山撫番」到「理蕃」：樟腦產業與隘勇線的演變〉，《臺灣博物季刊》107期，臺北：國立臺灣博物館，2010，頁18-25。

17. 〈明治三十八年討蕃軍中有作四首〉，《臺灣日日新報》，1909.5.28。作者為沼口半仙。此文寫於大豹方面隘勇線前進後兩年，為大豹社事件中，日方所留下的少數「詩文」。

18. 徐聖倫，〈山豬闖新店民宅刺死曬衣婦〉，自由時報，2013.11.6。

19. 摘自鄭安晞、許維真譯注，《烏來的山與人》，臺北：玉山，2009，頁48。

20. 林炯任口述，三峽，2018。

21. 傅琪貽口述，臺北，2017。

22. 摘自「新店老地名故事館」特展網頁。平廣路一段88巷一帶，過去名為「大寮」，耆老口中的「隘勇調配指揮處」指的應該就是這裡。

23. 〈生擒蕃酋〉，《漢文臺灣日日新報》，1909.5.28。

24. 摘自「新店老地名故事館」特展網頁。

25. 依照臺灣總督府民政部蕃務本署《理蕃概要》（1913）的規範，隘勇線上的隘寮配置分為三個等級：一等危險區大約每兩百多公尺即設一隘寮，二等區每三百多公尺、三等區則要將近一千公尺才設一個隘寮。目前為止，就現存的大豹社事件隘勇遺址而言，以這類小型的土凹遺址為最多。這些夯土凹槽規律性地分布在路路左右的制高點，具有系統性、規律性的特徵，因此，大抵上可以確認是隘寮的地基。特別的是，土凹遺址通常挖入地面大約一公尺左右，周遭環繞著堆高的夯土牆，下雨的時候積水不會流入。一般來說的尺寸大多在二點五到四點五公尺正方，出口寬約八十公分。在有些疑似監督分遣所的遺址上，則可見到較大型、形狀較複雜的土凹。

26. 〈總督巡視蕃界（中）〉，《漢文臺灣日日新報》，1906.10.14。二百零三高地是位於中國旅順的戰略要地。1904年日俄戰爭中，雙方在此發生惡戰，日方在短時間內即陣亡上萬人。二百零三高地戰役後期，日方的指揮官即為後來的

警察化：獅子頭山隘勇線（1903）

臺灣第四任總督，兒玉源太郎。

27. 〈隘線前進狀況：擊退敵蕃〉，《漢文臺灣日日新報》，1906.9.14。其中記載了1906年9月11日與12日，竹坑山深坑廳前進隊基地遭到大豹群前後三次的襲擊。

28. 〈蕃害兩誌〉，《漢文臺灣日日新報》，1906.7.28。

29. 同註9。

30. 摘自：「臺灣原住民資訊網」。

31. 尤敏‧樂信（宗民雄）口述，2017年，佳志。Quri Takai 這個地名，至今仍廣泛流傳於大豹社老一輩的後裔口中，是大豹社傳統領域裡面，相當重要的地名。

32. 阿華‧阿貴（陳忠華）口述，庫志，2020。

33. 傅琪貽、高俊宏，〈大豹社事件〉，行政院原住民委員會研究案，2017，頁37。惟加九嶺小社究竟在哪裡，已經無法確認，但是考量到部落取水的問題，合理的判斷是位於十字鞍部往烏來紅河谷的方向。

34. 參考〈深坑廳廳訓第八號隘勇監督所等及名稱區域表〉，1904.4.29，圖片來源：《臺灣總督府檔案》，國史館臺灣文獻館。

35. 〈加九嶺蕃害〉，《漢文臺灣日日新報》，1906.12.21。

36. 〈蕃害三件〉，《漢文臺灣日日新報》，1906.2.13。

37. 〈加九嶺蕃情〉，《漢文臺灣日日新報》，1906.4.29。

38. 傅琪貽、高俊宏，〈大豹社事件〉，行政院原住民委員會研究案，2017，頁37。

39. 〈新隘線內之金礦〉，《漢文臺灣日日新報》，1905.11.14。

二〇三高地，白石按山隘勇線
（1905）

　　桃園廳三角湧支廳管內大豹社生蕃，去十五日企圖反抗，舉社蕃來襲插角製腦地新設隘勇線，爾來連作頑　抵抗。本報已屢揭載之，討伐隊以二十二日天未明，佔領白石按山，恰似在旅順奪得二百三高地，足以制彼等之死命，實屬重要地點。[1]

　　2018年，我受邀參加三峽李梅樹美術館的聯展，當時館內正同步展出李梅樹先生一幅名為《遠眺大豹山》的油畫，筆觸充滿了外光派的速寫精神，流露出當時的山野氣息。畫面中央的深邃遠山應該是北插天山系，右方鋸齒狀山稜則是著名的五寮尖，而橫亙在畫面左邊、堅硬如盾牌般的灰藍色山脈，就是被日本形容為「二百三高地」的白石按山了。[2]猶記當時在畫廊裡看到《大豹山》時，好像有一股電流貫破腦門，因為白石按山可以說是整個大豹社隘勇線調查中，最令人魂縈夢牽的一座山。

李梅樹，《遠眺大豹山》，22 x 33 cm，大約繪於1930年代（李梅樹紀念館提供）

失敗的雞罩山（崙尾寮）隘勇線前進

在1905年白石按山隘勇線推進的前一年，日本曾嘗試以大豹溪畔的內瓦厝埔隘勇分遣所為起點，往東越過雞罩山、崙尾寮、熊空山到竹坑山，連接到獅子頭山隘勇線，以實現最早橫斷大豹群北方山野的大戰略。文獻稱此為雞罩山（崙尾寮）隘勇線前進（或內瓦厝埔隘勇線）。[3] 1904年4月，日方在大寮地設立隘勇監督員詰所，用以集中人員與物資。5月，以大寮地為前進基地，將七珊山砲運往南方的崙尾寮高地，[4] 準備將這裡轉為另一個隘勇線前進的中繼大站，用來箝制大豹群，在軍事上具有「突出部」的意義。

然而，這次的行動由於直接破壞大豹群Ngungu Kli新部落的預

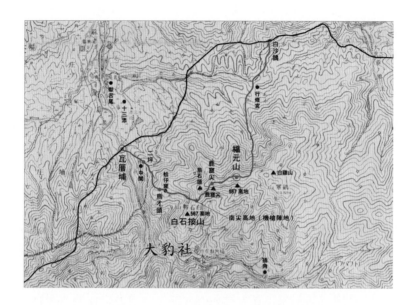

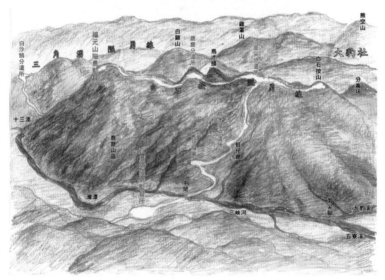

上：白石按山隘勇線（底圖：五萬分之一臺灣蕃地地形圖，1914年）
下：白石按山隘勇線相關位置

二〇三高地，白石按山隘勇線（1905）

定地，並突入原有的大豹群領域，因此遭到激烈的反擊。文獻記載：
「因為大豹社則進行激烈的抵抗，兩天前，桃園廳三角湧支部暫時
中止了施工並將搜索小隊撤退。」[5]抵抗的過程中，不僅日方巡查以
下十多人受傷，連帶的山砲也在崙尾寮的山頂被大豹人所擄獲。為
此，臺灣總督府內務大臣還做了一份對陸軍的山砲遺失報告，為丟
砲一事留下了證據。[6]

二坪與烏才頭的戰鬥

雞罩山（崙尾寮）隘勇線前進失敗了以後，1905年，日方改在
大豹群北方設立防「蕃」橫斷線，[7]試圖封鎖大豹群與橫溪漢人之間
的交易。該年5月以來，在大豹人的允許下，日方從瓦厝埔平原（今
日大豹溪畔的大埔路20鄰一帶平原）跨過大豹溪，[8]經過三峽鹿窟
山區的二坪、烏才頭，在插角設置隘寮及製腦地，[9]並開拓新的隘勇
線用來做為保護。兩百多位隘丁在靠近白石按山一帶的山區劈樟結
腦。[10]其中，陳國治手下的腦丁民壯深入了插角、煙園坪與烏才頭
一帶，總共運出腦油三百多斤。文獻還記載，其所運出的腦油結晶
「腦質極潔白」，屬於上品。[11]然而，種種得寸進尺的進逼行為，
在在引起大豹人的疑慮，並開始對隘勇線進行反擊。1905年7月13
日的報導如下：

三角湧支廳管內新隘線，插角隘勇監督分遣所詰隘勇鄭水波與
外一名，本月九日下午一點二拾分，為運搬糧食，至同分遣所西方
第四隘寮附近途中，忽被埋伏之兇蕃十一、二猛，一齊發砲射擊喊
殺連天，勢甚兇（兇）暴，奈眾寡不敵，難以對抗，隨射中前記隘

勇鄭水波（二十九年）之左手股。彈自外射入，一貫而通。[12]

　　後續，大豹人又發動了三到四次出草，日本方面共計巡查一名、隘勇一名以及腦丁三名被馘首。7月14日，族人以「舉全社服武裝」之姿，嚴正地要求日方撤退。[13]在遭到拒絕之後，大豹群於7月15日主動發動攻擊，並在鹿窟山區的二坪與烏才頭點燃了第一波戰火。期間，大豹群甚至從白石按山上發射大砲攻擊，日本的報導如此記載著：

　　　警察隊與蕃人，在烏才頭分遣所附近，正相對峙，蕃人似據白
　　石按山下，時開大砲，度其大砲，必係舊式者。[14]

　　日方的部署是以瓦厝埔為「討伐隊」本部，渡大豹溪以後，以鹿窟山區下的二坪山丘做為第一陣地，[15]以上方一公里多的烏才頭隘勇分遣所為第二陣地，總共配置了三門七珊山砲。根據統計，1905年全臺灣蕃界警備機關的七珊山砲合計才十八門，[16]其中三門便擺在二坪與烏才頭，顯見這裡在當時的緊張程度。同時，日方還在二坪與烏才頭之間部署了兩個隘寮，以作為彼此間的聯繫。從15日到17日，大豹群兵分二路，一路由白石按山而下，一路從大豹溪谷仰攻，相當有謀略地集中攻擊勢單力薄的中間兩個隘寮，意圖「斷絕兩陣地間之連絡」[17]。面對攻擊，日方則從二坪與烏才頭發射榴散彈（榴霰彈）反擊。這種帶有許多微小子彈的砲彈在大豹戰士頭頂不斷地爆裂，造成了不少的損傷。[18]

　　17、18日，烏才頭隘勇分遣所遭到強烈的攻擊，大豹人以「勢似必欲攻陷而後已」的氣魄，進攻駐守該地的八十多位警察。由於

二〇三高地，白石按山隘勇線（1905）

這場戰鬥雙方距離太近，導致日方的山砲與步槍皆無法施展開來，只能以肉搏互戰。最後還是在日方動用其他的討伐隊員，從烏才頭分遣所旁邊的斷崖扔擲炸藥，「爆燃齊發」之下才擊退了大豹群。[19]就這樣，連續數天大豹戰士的攻擊，雖然日方保住了烏才頭與二坪，但是整個過程已經使日本感到驚悚：

> 雖然，彼等其因此三日間猛烈來襲，不能遂達其主旨，竟每蒙擊退，而悟出此方面為不利乎。或以數回擊退，而意氣沮喪乎，乃似專集主力於白石按山，靜窺討伐隊之運動。夫大豹蕃之標悍，夙為世人所知，當此回來襲，彼等之中，亦有為便於馳走奮闘，而赤身裸體，向我陣地肉薄而來，不肯遂退者。觀此回此來襲，彼等如何猛烈，可想而知矣。[20]

二坪與烏才頭的戰鬥過程中，文獻記載了大豹人「間向我陣地逼來」、「以最猛烈勢力」[21]、「以獅奮勇之勢」[22]來襲，說明了這個過程是如何地激烈，以及大豹群奪回這裡的決心。同時，文獻也記載了大豹群熟稔切割、包圍的戰略，並且「常向防備較薄地點乘隙攻擊」[23]，顯示頗具有戰場謀略。此外，7月20日清晨，日方別働隊埋伏在烏才頭下方的溪豁間射殺了一位大豹人，而當要收拾屍體的時候，卻見七、八位大豹人反攻，意圖奪回屍體。根據《番族慣習調查報告書》的記載，泰雅人認為將戰死者留給敵人是一種恥辱，因此會盡力奪回屍體。事後，由於日方激烈的反擊，屍體不得已仍然留在原處，現場還遺留了後膛槍與皮袋各一具，一位名為江乞食的隘勇還拔刀割下了這具屍體的首級。[24]

討伐大豹社戰報

警察隊與番

人。在烏才頭分遣所附近。正相對峙。番人似據白石按山下。時開大砲。度其大砲。必係舊式者。際此炎熱如燬。而警察隊毫不遜巡士氣益振。(二十一日午後三時在瓦厝坑特派員電話)

●警察隊奮擊番人　我警察隊。昨夜十一時。分第一第二兩部隊。在坪隘寮整列陣勢。通過烏才頭。直迫之。目的地點之白石按山。本日午前五時。實見占領。我隊無一人死傷。同時即整備山砲。至午前八時。向大豹社射擊。總土目瓦董奈毛伊家。一時發火。昨夜所計畫之事。各能如意。我士氣大振。(二十二日午前十一時在瓦厝坑之特派員電話)

大豹社族人發砲的記載
(〈討伐大豹社戰報〉,
《漢文臺灣日日新報》
1905.7.23)

尋找烏才頭

回到今天的三峽鹿窟山區（烏才頭所在地），當年的戰場如今已是寧靜的山村。現在的居民大多是大豹社事件之後移駐屯墾的漢人後代。照理說，在如此封閉的山坳裡，「地名」應該不會那麼快在人的腦海裡消失，然而經過許多次的現場探問，居然沒有人聽過「烏才頭」這三個字。

一開始我認為，當初日本的隘路，是從鹿窟山區偏北的添福山上去，因此烏才頭分遣所應該在添福山下方的某處。綜合一般的登山圖看來，添福山確實有一條山路由這裡上到鹿窟尖。實際走一趟，

二〇三高地，白石按山隘勇線（1905）

從瓦厝埔平原遠眺白石按山脈

位於北110線上的天福道院旁邊，有一條往北的小路。進入以後，經過龐大的公墓群後，登山口就在一個「曹墓」旁邊了。往上走，經過有著殖產局圖根三角補點的添福山以後，猜想此處大抵上久未有人行走了，前方山路淒淒茫茫，身後又夾雜著龐大的墓群，在天色漸暗的情況下，直覺應該要下山了。

之後，好幾次繞行於鹿窟山區的玉龍宮、慈惠寺之間，尋找烏才頭。雖然意外發現了慈惠寺上方不遠處的一棵百年老樟樹，但是，多次路邊詢問住在附近的耆老，就是沒有聽過「烏才頭」這個地名。事實上，烏才頭的說法還不只一個。1903年《內灣蘇澳間豫查圖》裡標示的是「鳥隊頭」，而臺灣日日新報也曾以「馬才頭」稱之。1931年以前的海山郡的管轄區文獻裡，還存在著烏才頭的地名，之後就完全消失了。[25] 在隔年（1906年）大豹方面隘勇線前進時期，

114

時任臺灣總督佐久間左馬太還曾因為大雨以及前路被砲隊所阻，而在烏才頭夜宿，可見這個地點的戰略重要性：

> 自十三添庄至烏才頭，僅不過半里，曾費三時間，則山路之崎嶇，神降之困難，可想而知也。總督之乘之轎，至此乃遣歸，更徒步而赴白石按，然在白石按山之下急阪，野砲忽生故障，道路為塞，警察隊不能前進，於是總督在烏才頭監督所內休備，至夜間十一時，乃食過晚餐。然總督之李先，已交行發隊，連任白石按山，不能臺頓營舍，不得已，總督於此處過夜，足不脫草鞋，身仍穿濕衣，帶劍憑椅而坐，以待天明。[26]

個人判斷，「烏才頭」是臺語「黑石頭」的音譯，具判斷應該是今日的鹿窟尖往南約100公尺，一顆海拔標高637公尺的深赭紅色巨大尖石（本文暫定為「烏才頭尖」）。根據山友Mori的說法，那裡才是真正的鹿窟尖，我也支持這樣的判斷。而就在這顆尖石的下方，還可以發現疑似當初用來建構隘勇線、釘有鐵釘的鐵線木柱。應該是當年白石按山隘線推進時所架設的傳音線裝置。當時的文獻記載：「自白石按山至福元山，佇望沿道蕃界，似有裝置鐵條網，然據警官所語，非真電氣鐵條網，乃是一種傳音機，倘觸其天線則鄰接隘寮皆感動之。」[27]

至於烏才頭分遣所在哪裡？始終是一個謎。只知道烏才頭在「連亙白石按山山脈之中腹，左旁高仰白石按山，前面臨幾十尺深谷，有旁斷崖絕壁，眼下隔一小溪」[28]。而分遣所的構造是夯土小屋，文獻記載「土壁之小屋，到底不思為總督宿過一夜者」[29]。另外，烏才頭下方有一條小溪。1906年大豹方面隘勇線前進時，位於白石按山

圖片右邊山頭為「烏才頭尖」，下方的溪谷即為蛙仔窟。

的桃園廳部隊兵分二路下抵大豹溪，文獻記載：「一隊進南尖腳方向，一隊下烏才頭西方之溪間。」[30]顯示烏才頭下的小溪是當初桃園廳下到大豹溪的兩條路線之一。

　　對照今日的地圖，所謂「烏才頭下方的小溪」，可以確認是三峽河醒心橋往下游一百公尺左右，匯入主流的那條野溪。順著野溪而上，昔日湊合煤礦的帶狀遺址依然分布於左岸，有放炸藥的洞窟，也有大型的礦坑通風口。一直溯溪往上約一公里就會抵達鹿窟最深的山腹「蛙仔窟」了。根據2018年由三峽文史工作者林炯任老師，以及住在金敏山區的老礦工張兩才先生的口述，當初日本部隊是從鹿窟的「蛙仔窟」上白石按山，因此，烏才頭分遣所在蛙仔窟一帶應是無誤的。[31]

　　今日，順著鹿窟產業道路前進，柏油路的盡頭有一個隱密的溪谷山坳。詢問了山坳裡唯一的住戶，確定了蛙仔窟是在這裡無誤。

烏才頭尖上的鐵釘與木柱遺址（昔日隘勇線上的警戒傳音線）

抬頭一看，有著鐵線遺址的赭紅色大尖石就在遠方，山嵐一起，色又更深並呈現濃墨的灰赭，令人恍然大悟「烏石頭」的地名由來，這裡是烏才頭了！

往烏才頭溪谷的源頭方向，還有一條路通往上方茶園高地平台的土路。1905年日軍從烏才頭仰攻到山頂所記載的「遂就南尖與鹿窟尖之中間，扼住蕃路」[32]，其中「蕃路」指的就是這條土路。在大正五年日本〈臺灣蕃地地形圖〉上也可以看到這條「蕃路」被畫在地圖上，而且還經過目前唯一在日本地圖中所標示的「白石鞍（按）山」，這條路是後續重建大豹群傳統領域的重要地標。順著路，掄起草刀往上走，沿途有一處疑似隘寮遺址的平台，不過由於日換星

南尖分遣所附近發現的步槍與機槍彈殼

移,隘路已經變得支離破碎、崩塌處處。強行通過以後,往上爬到一個海拔541公尺的茶園高地平台。這裡視野遼闊,可以眺望整個外插角山區。平台上散布著許多古老的步槍與重機槍的彈殼,顯然過去是一個機槍陣地,也是目前大豹社戰役期間,唯一可以直接證實的日軍火力點,估計是翌年(1906)白石按山隘勇線前進的南尖分遣所附近。

　　至於日方另一個陣地:二坪隘寮,則是在因緣際會之間,透過有木里的游前里長才知道,鹿窟山腳下,確實有一個地方叫做「二坪仔」。實際來到現場也才發現,過去的隘寮已經變成了龍泉公墓。附近還有一個帆布棚,寂寥地設立在某一處華麗墓園入口,棚內舉

凡電視、沙發、火爐、瓦斯桶等設備一應俱全，原來是某臺灣首富的家眷墓園，可能是為了防範有人刻意破壞風水吧，首富還特別雇用一位在地青年長期看守。我用「一個出現在墓園的歷史研究者」的奇怪身分趨前詢問，青年訝異之餘，也努力回溯著父執輩的說法，指出了沿著龍泉墓園的山稜，是過去日本人所開設的隘路，也確實可以通往今日的鹿窟尖與白雞山，只不過如今隘路已經完全淹沒了。

白石按山

大豹蕃社，在桃園廳三角湧支廳管內之山地，距鶯歌石停車場二邦里半，田園盡處，即瓦厝埔隘勇監督所，由此越一小溪，仰見一高峯直聳，斷巖絕壁，拔海有數千尺，是乃此回討伐隊盡全力佔領之白石按山也。距此絕頂二千餘米突，為雞罩山脈之中腹，有蕃屋點點布置，即大豹蕃社。蕃屋百餘戶，蓋於北蕃「亞太耶欲」種族中，稱為最標悍無比之兇蕃，總土目「哇袒瀨每」，[33] 係北蕃四大土目中之一人，名聲素著。[34]

經過烏才頭與二坪的數次肉搏戰之後，保衛家園的大豹群終究無法戰勝現代化裝備的日本警察，只好暫時退守到白石按山頂警戒。幾天以後，總督佐久間左馬太決定對大豹群發動致命的一擊，目標就是以前被日方形容為「高峯直聳，斷巖絕壁」的白石按山。此次推進除了逼退大豹群以外，同時也為了擴大插角與白石按山的樟腦產業，並開墾豐饒的瓦厝埔平原。[35]

1905年7月21日晚上十一點，桃園廳警察以烏才頭為起點，兵分二路，第一部隊以井阪大嵙崁支廳長為隊長，福元警部為副隊長，

率領五十七人往白石按山北尖進攻。第二部隊則以村田警部為隊長，率領一百零七人沿著衝突前已經開設的舊隘路，仰攻白石按山主山。此時，山下的二坪陣地開始發砲掩護，在瓦厝埔（瓦厝坑）觀望的記者記載了砲擊的過程：「山鳴谷響，地軸震動，加以月色皎皎，山氣襲人，其慘憺光景，實非筆舌所能盡也。」[36]

在彈幕之下，據守山頂的大豹人依然嚴守抵抗，甚至還「舉全社猛烈來襲」[37]，毫不畏懼山砲的威脅。然而三小時之後，也就是7月22日的凌晨兩點半，井阪支廳長的第一部隊還是攻下了白石按山北尖。一直到早晨五點半，村田警部的第二部隊也攻下了主山，兩隊開始興建彼此之間的聯絡道，並在扼要處設立隘寮把守——大豹群從那時候起，失去了白石按山這座主要屏障了，而至今未能重返。

22日早晨，東方翻出魚肚白，日方記者再度以充滿愛國主義情操的筆觸寫下：「白石按山絕頂，高插旭日旗，隨風翻颺，恰值朝暾初出，掩映生輝，光彩奪目，共時一齊唱萬歲，聞聲于天，山岳為裂。」[38]在攻下白石按山以後，早上八點時，日方隨即向插角方面發砲：

本日午前五時，實見佔領，我隊無一人死傷。同時即整備山砲，至午前八時，向大豹社射擊。總土目瓦董奈毛伊家，一時發火。昨夜所計畫之事，各能如意，我士氣大振。（22日午前十一時在瓦厝坑之特派員電話）[39]

六天以後，為了擴張白石按山隘勇線的安全範圍，日方進一步向東方的鹿窟尖挺進並佔領之。隨後，由福元警部率巡查兩人，愛勇九人進一步循著稜線往東，佔領了雞罩山西方的某個山頭（660

上：白石按山南尖高地的隘勇遺址；下：二坪仔（現為龍泉公幕）

二〇三高地，白石按山隘勇線（1905）

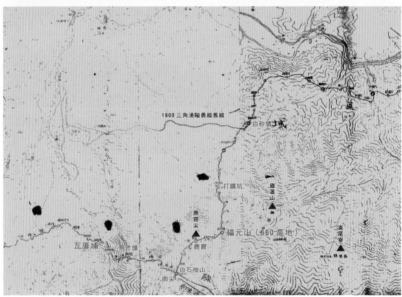

上：660高地，福元山隘勇監督所遺址；下：白石按山隘勇線的線上分布圖（〈台湾総督府生蕃討伐に関する件〉，圖片來源：日本防衛省防衛研究所）

高地），[40]「凡內外大豹全社，以及有木社六藔社等……舉目瞰眺，全體皆在一望之下。」[41]由於具有絕佳的宰制性，這座無名山頭被認為是白石按山戰役裡最具關鍵性的位置。因為是福元警部所帶隊佔領，因此這裡後續被稱為福元山。整體來說，文獻以「恰似在旅順奪得二百三高地」來形容白石按山的佔領。[42]日方取得了能夠宰制大豹群的良好砲擊陣地。而福元山的佔領，以及白石按山隘勇線的前進，使得大豹群失去了前山屏障。插角瓦旦‧燮促方面的部落直接遭到山砲的威脅，有木、詩朗方面雖然位於射程之外，但也危如累卵：

> 如白石按山，能俯瞰六藔社之重要耕作地。福本山（按：福元山），則可視總目哇衵魯亞每居宅，[43]在於射距離內，單不能觀望內大豹蕃社耳。彼等守靜肅，不試抵抗，固無須強加打擊，倘一旦萌反抗之意思，則以山砲一擊，便成粉碎云云。[44]

白石按山隘勇線的前進，加上同年屈尺叭里沙橫斷線的貫通，使得該年全臺灣隘勇線長度達到了155里24町（約600公里），警部下及隘勇共計4,580人，是日本在臺隘勇線前進非常活躍的一年。

尋找白石按

就像烏才頭一樣，今日的白石按山已經從大部分的地圖上消失了。三峽在地人口中確實有一座「白石叩山」（臺語），但是指的是大豹溪左岸的金敏子山前鋒，從遠處看，這座山頭岩石裸露，據說陽光照射時會發出反光，故名之。

二〇三高地，白石按山隘勇線（1905）

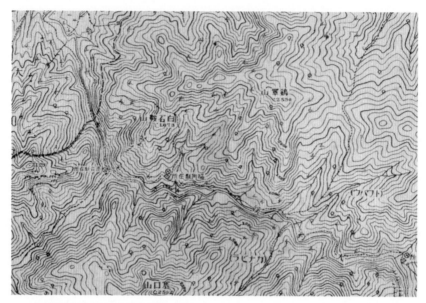

1914年臺灣蕃地地形圖上的白石鞍（按）山

　　過去，坊間皆將今日的鹿窟尖誤認為是白石按山，原因在於鹿窟尖上面仍有著清楚的隘寮遺址，現場也有日本的酒瓶。然而，經過文獻記載的比對，加上歷史地圖與現場的反覆比對，可以確認鹿窟尖並非白石按山。從文字與地圖的比對而言：（一）白石按山與鹿窟尖之間的佔領相隔了六天，鹿窟尖是一直到7月28日，才在隘線擴張安全範圍的考量下為日方所攻陷。[45]（二）1914年〈臺灣蕃地地形圖〉以及1939年〈日治三十萬分之一臺灣全圖〉（第五版）裡，都在鹿窟尖西南方的同一個位置上，註記了標高1,873尺的「白石鞍（按）山」，[46]換算海拔為567公尺，與今日鹿窟尖海拔643公尺相去甚遠。

　　後來，從中研院的百年歷史地圖的疊圖系統，比對出上述兩張

「×576」山頭（白石按山南尖）

地圖的白石鞍（按）山確實的位置，是在鹿窟尖南南西方向，距離大約五百公尺左右的一座無名的圓山頭——也就是臺灣經建版地圖上所標注的「×576」山頭。[47]

　　當初，在核對出這個山頭以後，心中雀躍無比，為自己即將解開白石按山的位置之謎莫名的高興。實際上來到這「×576」山頭前，旁邊約一百公尺，就是前面所提過的，散布著彈殼、唯一證實為日軍機槍陣地。沿著左右的山稜，還有三座隘寮的砌石與土凹遺址，這些發現都讓人為之振奮。然而繼續往「×576」山頭前進，才發現根本無路，必須要不斷揮舞山刀，從惱人的五節芒叢裡劈開一條路。最後，像狗一般爬上了山頂以後，發現這裡確實可以很清楚地直望大豹群的插角社（大板根溫泉森林度假村一帶）。後續再經過不同時間的三次造訪，甚至動用金屬探測器尋找，最後雖然沒有重大發現，但是「×576」山頂在面對插角的方面，仍然存在著一道明顯的

人為壕溝。綜合上述判斷，這座「×576」山頭確實為1905年7月22日凌晨，村田警部的第二部隊所攻下的白石按山主山，有的文獻也記載為南尖。

白石按山一帶的砲兵陣地極具主宰性，文獻記載：「爾來凡遇敵蕃來襲，每由白石按山砲兵陣地，以野砲及機關砲射擊，為掩護警察隊。」[48] 9月6日，日方由此發射榴散彈攻擊瓦旦‧變促的家屋，屋內的人一轟而散，隨後再發一砲，房屋即應聲破裂，沒有再見到一人逃出了。[49] 9月8日，白石按山上的砲隊轉移到南尖高地，並對大豹群施行機關砲與榴散彈的交叉攻擊。

至於海拔660公尺的福元山隘勇監督所，那裡還存在著兩座大型的隘寮土凹遺址，比鄰而立。附近也可以看出人工整理出來的平台，面對外插角的山區，可能是昔日的砲兵陣地。660高地堪稱是目前白雞山－鹿窟尖一線上最大的隘勇遺址群，地位相當顯著。

這幾年來，前往白雞山－鹿窟尖山系尋找遺址的次數，差不多讓我懷疑自己過去是不是日本隘勇前進隊的一員，此生特別來到隘線遺址除草贖罪的。總而言之，多次的搜索之後，發現這一帶存在著至少十四處以上的隘勇據點，[50] 包含了監督所與分遣所的遺址、連續式的戰壕、單人深溝式戰壕、疑似砲陣的平台、尖山上的隘寮土凹……所有的遺址中，最完整的當屬今日鹿窟尖上的隘寮土胸牆的遺跡。鹿窟尖又稱插角山或者鳥嘴尖，原因在於山勢遠看就像鳥嘴，地勢之險峻可見一斑。

整體來說，今日的白石按山隘勇遺址群的地景，類似於迷你的一次大戰現場，可以說是新北市境內少有的系統性隘勇遺址，堪稱另一個獅子頭山，值得受到重視。日人沼口半仙在1909年寫道「殺氣沖天石按山，跳梁小醜逞冥頑。天兵一擊陷堅壘，忽見旭旗翻曉

上：鹿窟尖上的隘寮遺址；下：鹿窟尖附近的戰壕遺址

二〇三高地，白石按山隘勇線（1905）

關」[51]，就是在描述白石按山之戰，充分說明了這場戰役的肅殺以及帝國主義者的驕橫。然而不要忘記，這裡也是大豹人保衛自己家園的地方。

註釋

1. 〈討伐大豹社蕃（一）〉，《漢文臺灣日日新報》，1905.7.26。
2. 即為今日的鹿窟尖—白雞山連峰。
3. 根據《三峽鎮志》網路電子書，崙尾寮過去是漢人鄰近大豹社的開墾寮社，也是俯瞰、監視大豹社的據點。詢問內插角山區的茶農，並衡盱附近的山勢地理以及歷史地圖文獻，崙尾寮可能是在今日插角產業道路往牛角坑、竹崙方向的過嶺鞍部，一直到牛角坑福德祠一帶。該鞍部有舊聚落，符合「崙尾」的地理描述，對大豹社的展望亦佳。唯後續的部落訪問中，耆老也指出這個過嶺鞍部也是過去大豹社舊部落 Adupara（阿都巴拉）的位置，兩者之間的存在，是否有衝突？還待往後進一步的研究。
4. 傅琪貽、高俊宏，〈大豹社事件〉，行政院原住民委員會研究案，2017，頁38。
5. 〈大寮地隘勇線前進工事中止〉，《漢文臺灣日日新報》，1904.5.5。
6. 關於大豹群擁有山砲一事，在2018年田野訪問期間，現居於下溪口台大豹社後裔樂信・達亞（林德桃）以相當生動的口吻描述——由於當時的祖父輩在俘虜日本大砲以後，「忘了俘虜輪胎（按：砲座）」，遺棄砲座而俘虜砲管。於是在隔年戰爭中，僅利用黃藤將砲身綁在樹上發砲，自然有失精準度。事後，族人將大砲扔進十八洞天一帶的溪谷。樂信・達亞說，1970、80年代，大豹群的後裔還曾經回到該處並潛入水中，希望能夠找回當時祖父輩遺棄的大砲。
7. 參考《三峽鎮志》網路電子書。估計這是更接近橫溪平地的封鎖線，而不是隘勇線。
8. 日本部隊的涉溪點，推測是由今日的板新水廠三峽河抽水站的小型攔河堰一帶，渡溪到對岸鹿窟山腳下，一個名為「中間」的地方。
9. 〈插角蕃害〉，《漢文臺灣日日新報》，1905.7.13。依照當時的情勢判斷，此處的插角隘寮與製腦地，應該還在外插角的山區。
10. 〈大豹蕃之反抗〉，《漢文臺灣日日新報》，1905.7.22。

11. 〈島人製腦〉,《漢文臺灣日日新報》, 1905.7.6。

12. 〈插角蕃害〉,《漢文臺灣日日新報》》, 1905.7.13, 依照當時的情勢判斷, 此處的「插角隘勇監督分遣所」應該還在外插角山區。

13. 傅琪貽、高俊宏,〈大豹社事件〉, 行政院原住民委員會研究案, 2017, 頁 44。

14. 〈討伐大豹社戰報〉,《漢文臺灣日日新報》》, 1905.7.23。

15. 〈討伐大豹社蕃(二)〉,《漢文臺灣日日新報》》, 1905.7.27。其中, 二坪 位於今日的龍泉公墓, 當地人又稱為二坪子。

16. 〈蕃界配備之大砲〉,《漢文臺灣日日新報》, 1906.1.30。

17. 〈討伐大豹社蕃(二)〉,《漢文臺灣日日新報》》, 1905.7.27。

18. 同上註。

19. 同上註。

20. 〈討伐大豹社蕃(二)〉,《漢文臺灣日日新報》, 1905.7.27。

21. 同上註。

22. 〈討伐大豹社蕃(三)〉,《漢文臺灣日日新報》, 1905.07.28。

23. 同上註。

24. 同上註。

25. 傅琪貽,〈大正九年(1920)到昭和17年(1942)海山郡管轄區域更迭表〉。

26. 〈總督巡視蕃界〉,《漢文臺灣日日新報》, 1906.9.12。

27. 〈北部諸隘勇:隘線前進狀況〉,《漢文臺灣日日新報》, 190610.4。

28. 〈烏才頭之奮鬥:討伐大豹蕃(三)〉,《漢文臺灣日日新報》, 1905.7.28。

29. 〈須永旅團長巡視蕃界〉,《漢文臺灣日日新報》, 1906.9.4。

30. 〈隘勇線前進經過〉,《漢文臺灣日日新報》, 1906.10.17。

31. 老礦工張兩才接受筆者訪問的口述, 可以說是他生前最後一次對外人談起三峽 的隘勇線, 約莫半年以後, 張先生即因為肺塵病而往生。

32. 〈佔領按定地點:討伐大豹蕃(四)〉,《漢文臺灣日日新報》, 1905.7.29。

33. 「哇祖瀨每」即為瓦旦‧燮促, 日方報導所用的是過去冠母姓的名字。

34. 〈討伐大豹社蕃(一)〉,《漢文臺灣日日新報》, 1905.7.26。

35. 同上註。

36. 〈討伐大豹社蕃(四)〉,《漢文臺灣日日新報》, 1905.7.29。

37. 〈討伐大豹社蕃(五)〉,《漢文臺灣日日新報》, 1905.8.1。

38. 〈討伐大豹社蕃(四)〉,《漢文臺灣日日新報》, 1905.7.29。

39. 〈討伐大豹社蕃（二）〉，《漢文臺灣日日新報》，1905.7.27。

40. 幾經文獻比對與現場探勘，福元山隘勇監督所可以確認是現在的白雞山─鹿窟尖稜線上，一個無名主峰，本文暫名為「660高地」。

41. 〈討伐大豹社蕃之成功（上）〉，《漢文臺灣日日新報》，1905.8.8。

42. 〈討伐大豹社蕃（一）〉，《漢文臺灣日日新報》，1905.7.26。

43. 即瓦旦・燮促。

44. 〈討伐後之大豹社蕃〉，《漢文臺灣日日新報》，1905.9.20.。

45. 〈佔領鹿窟尖：討伐大豹社蕃之成功（上）〉，《漢文臺灣日日新報》，1905.8.8。

46. 一日尺等於30.303公分。

47. 〈二萬五千分之一經建版地形圖（第四版）〉，2003。

48. 〈討蕃炮之威力：三角湧隘線前進狀況〉，《漢文臺灣日日新報》，1905.09.22。

49. 同上註。

50. 這些隘勇遺址特別集中在白雞山─鹿窟尖─×576山頭（白石按山南尖）的稜線。

51. 〈明治三十八年討蕃軍中有作四首〉，《漢文臺灣日日新報》，1909.5.28。

滅社，大豹方面隘勇線推進（1906）

　　若大豹山一開，森林之利益，則非獨製腦而已，此中之木料殖
產，正不知若何發達矣。但大豹蕃丁眾盛，又稱強悍，似非八社之
蕃（按：屈尺群）所可比。意者擴張期隘勇線，加以討伐隊護衛其間，
未有不可以前進而佔領。側聞骨帥早計及此，時常往察，必有謀出
萬全者，而使之蕃克畏威，民能安業，乃可貫達其目的也。吾儕細
民，能不於旦夕期之云。[1]

　　1905年白石按山隘勇線前進以後，日方雖然暫時偃兵息鼓，但
是大豹溪的森林資源已經廣為外界所注意。媒體在覬覦大豹山的資
源時，也以「蕃丁眾盛，又稱強悍」來形容大豹群，鼓吹以隘勇線
來繼續討伐，方能進一步取用山林資源。

　　1906年，將大豹社推往「滅亡」之路的大豹方面隘勇線啟動了。
當年日本方面兵分二路，以東西兩面夾攻。彼時，戰火遍及了今日
的湊合、狗空、十八洞天、外插角、內插角、中崙山脈，以及有木
一帶的一百甲、熊空山等地。可以明確地說，1906年整個大豹溪流
域全部淪為砲火煙硝的戰場了，所有大豹群均捲入其中。這是今日
變成觀光化的「大豹溪遊憩區」很難想像的過往。

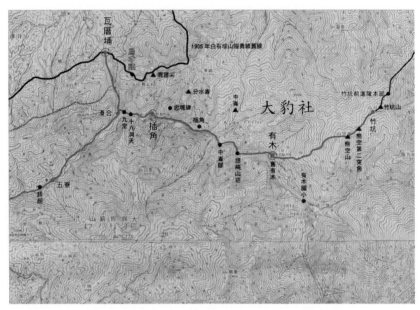

1906年大豹方面隘勇線（底圖：五萬分之一臺灣蕃地地形圖，1914年）

第一次推進：外插角

日方佔領白石按山以後，取得了對大豹群的絕對掌控，封鎖之餘，並時時能以山砲轟擊部落。然而，日方情報指出，當時的大豹群領域裡還混有漢人的反抗軍，蠢蠢欲動，而且開始將淺山地帶的耕種地毀壞，準備以堅壁清野的方式與日方決戰。種種跡象，促使總督府決定對大豹群施以致命的一擊。[2]

1906年8月25日，被封鎖所苦的四、五十名大豹群戰士，再次向烏才頭隘勇分遣所逼近，另有三十多人攻擊白石按山隘勇分遣所，試圖瓦解被圍困的窘境，但是被日方所發射的榴霰彈給擊退。不願

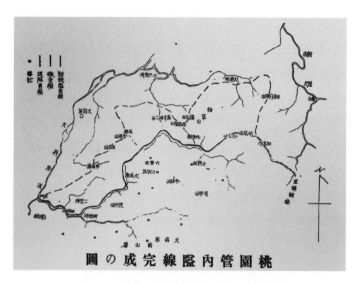

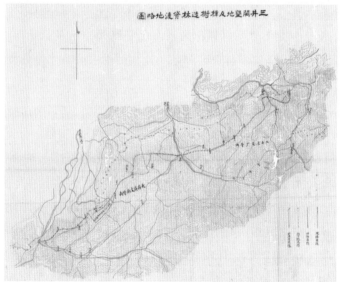

上：1906年大豹方面隘勇線前進（〈桃園管內隘線完成の圖〉，《臺灣
日日新報》1906.11.10）；下：1906年〈三井開墾地及樟樹造林貸渡地略
圖〉，圖中顯示了1905年白石按山隘勇線（綠色實線），以及1906年大
豹方面隘勇線（紅色實線）（圖片來源：國史館臺灣文獻館）

滅社，大豹方面隘勇線推進（1906）

意放棄的大豹群，再次從白石按山對面的原耕作地發砲攻擊，[3]但是砲彈卻飛過白石按山，墜落於烏才頭的山坳。日方的報導因此再次記載了大豹群有「舊砲一尊」，但是準頭失靈。

面對大豹群再次的主動出擊，日方在九月分調動桃園廳、深坑廳的部隊共計1,454人，預計從東西兩路線夾攻大豹群。9月5日出發前一天，天空下著傾盆大雨，總督佐久間左馬太抵達三角湧的祖師廟前廣場，在雨中校閱出發前的桃園廳警察部隊。下午五點左右部隊啟程，渡過滾滾黃流的三峽河，途經淹水的十三添（天）庄。經過四個小時的顛簸後，才在大雨中爬上了烏才頭隘勇分遣所，隨行的記者記載：

> 路之高者，泥濘沒膝，路之低者，田水張溢，不辨畦畔。一行皆行於水中，日既暮，四顧茫然，乃相呼應而進。既抵十三忝庄之山腹，皆下轎，僅使點打馬火一把，徐徐而進，抵烏才監督所之時，已過九時也。自十三添庄至烏才頭，僅不過半里，曾費三時間，則山路之崎嶇，神降之困難，可想而知也。[4]

9月6日清晨，在佐久間的坐鎮指揮下，白石按山上桃園廳的三路部隊開始行動，[5]文獻稱為「第一次前進作業」。[6]其中，石川和彥的第一部隊、小城成斛的第二部隊與若干的預備隊分別下山，天黑時抵達了外插角的某個預定戰略目的地。而永井國次郎的第三部隊則從福元山出發，在山下的崎腳與第二部隊會合，預計再以雙箭頭斜插的方式，包圍外插角一塊三角形的山區。[7]見到日方的蠢動，大豹人也積極準備應戰。當天晚上日本觀察到六寮方面的詩朗社「頻明炬火，往來極為繁忙」[8]。跡象顯示一場山雨欲來的決戰即將展開。

9月7日的拂曉，第三部隊前方忽然出現一批大豹群戰士。雙方交戰數回，日方最後動用山砲轟擊才將之壓制住。[9]而石川的第一部隊則從9月7日起，在三峽外插角忠魂碑附近遭到大豹人奮力還擊。報導記載「自9月7日起三日間，於外插腳（角）遭到蕃人最激烈之抵抗」[10]。期間，日方不斷傳出人員死傷，對外聯絡也遭到切斷。一直到9月8日，戰鬥似乎進入了最高峰，《漢文臺灣日日新報》還報導了第一部隊中內武之助警部陣亡的過程：

　　八日之戰鬥，乃前進行動開始以來之激戰，蕃人集注彈丸於第一部隊，隊陷在最苦戰狀態，氏（按：中內武之助）恐與第三部隊聯繫中斷，督勵部下，竭力欲擊退凶蕃，露半身於掩堡上，盡必死以交戰，忽一丸飛來，貫通咽喉部，終作不歸之客。[11]

　　此外，第一部隊所屬的隘勇李阿福在外樟（插）角溪底與大豹人激戰兩晝夜，[12]因為左手被槍彈貫穿而獲得總督府敘獎。[13]幾天的衝突下來，除了中內武之助警部遭到大豹人射擊貫穿喉嚨以外，另有十一人在這一帶山區戰死。1937年《臺灣日日新報》關於外插角忠魂碑竣工式的報導提到，該忠魂碑是為了紀念「故桃園廳警部中內武之助氏外十一氏之忠魂」[14]。綜合諸多的文獻，可以確認地說，今日外插角的忠魂碑是紀念當時桃園廳所屬石川和彥的第一部隊為主的戰歿者。

　　9月7日傍晚，幾位大豹人潛伏於雞罩山第三部隊的砲台下方，因為誤觸地雷，現場留下了斑斑血跡。日方派出搜索隊搜巡時，雙方再度發生激烈的槍戰，造成隘勇莊發左胸、吳添桂等人頭部中彈，雙雙死亡。另外，第三部隊轄下的堀川龜吉、 新發、呂爛齊、李阿

滅社，大豹方面隘勇線推進（1906）

上：外插角的忠魂碑；下：外插角公墓，昔日的插角駐在所位置，附近山野曾經是1906年9月初的戰場。

蘭、劉阿才等人在雞罩山一帶檢查爆發的地雷時,再度與大豹人發生激戰。[15]這幾起事件,顯示出地雷被大量使用在外插角山區。此外,就在雙方激戰時刻,臺灣守備隊第一旅團也派遣數隊的士兵前往大豹群,文獻以「守備隊拔隊」報導之,軍隊介入的情況事證明確。

綜合而言,9月6日起桃園廳的第一次前進作業,因為遭到大豹人的激烈抵抗,最終止於外插角山區。而就在西線陷入苦戰之時,東線的深坑廳部隊在獅子頭山隘勇線第二十二隘寮集合以後,拔隊往熊空山的方向伐木挺進。一開始,深坑廳的行動並未遭到太大的阻礙。直到9月11日,有木一百甲方面的大豹人強烈反擊了。位於竹坑山北面的深坑廳前進指揮部,以及熊空山的前進隊,不斷遭到攻擊,造成日方數十人的巨大死傷:

> (按:深坑隊)如在佔領竹坑山之時,最為劇戰,死傷者有十餘名,蓋竹坑山之鞍部左右,皆屬於線外,敵蕃左右夾攻,一隊殆陷於危地,然全隊協力,遂擊退敵蕃,佔領有利之地點,自是士氣益旺,行動愈形活潑。其間,雖有蕃人來襲,然每為擊退,又乘破竹之勢,奪取熊空山。[16]

後續,深坑廳從前進指揮部派遣伐採隊,一邊伐木一邊往熊空山挺進。13日早上十點,大豹群再次突擊伐採隊的駐屯地,造成日警山崎幸作巡查被擊斃。當天下午,二十多位大豹人再次突擊前進指揮部與伐採隊駐屯地中間的新設分遣所,造成山內景尾支廳長、齊藤巡查以及人夫一名,相繼負傷。由於竹坑山一帶衝突嚴重,日後總督佐久間巡視該地時,便採納了隨從的建議,稱竹坑山頂為「前

滅社,大豹方面隘勇線推進(1906)

進隊之二百零三高地」，當時附近還立有玉水巡查的墓碑。[17]

第二波進攻：九空方面的隘線前進

九空（或稱狗空，臺語「狗洞」的意思），位於今日大豹溪的十八洞天與湊合橋中間的一個壺狀溪谷，也是大豹溪對外的天然隘口。在桃園廳的第一次前進作業受挫以後，日方接下來便將目標鎖定在對九空的突破。9月12、13日，趁著外插角局勢稍微穩定的時候，桃園廳部隊趕緊強化新佔領的隘勇防線，沿著大豹溪陸續完成了十六個防雨掩堡。[18]這段期間，長川的第四部隊與若干預備隊佔領了大豹溪右岸的某個「樞要地點」，預計為新一波隘勇線前進拉開序幕。[19]就在這個時候，大豹群又主動反擊了。9月18、19日，大豹人連著兩天襲擊南尖腳，[20]嘗試阻礙桃園廳的隘勇線前進。這段期間，可以發現大豹溪左岸不斷地出現增援而來的原住民。例如長谷的第四部隊所在地上游八百公尺一帶，出現一批渡河的原住民，可能是詩朗、金敏或甚至是馬武督方面前來的援軍。渡河的泰雅族，遭到日方發射多發榴散彈，不得已而後撤。[21]兩天後，小城的第二部隊開始挺進九空，與大豹群發生了激烈的交戰，造成隘勇二死一傷，大豹群為此也付出了一死數傷的代價。[22]日方的隘勇秦心、宮野幾八、張玉桂、羅阿經等人，還因為抵擋了數量佔優勢的大豹群反撲、僵持三晝夜而獲得總督府的獎敘。[23]這場戰鬥之激烈，大豹社後裔樂信・瓦旦在戰後對國民黨的歸還土地陳情書裡面，以「插合峽谷」之戰記載：「第四次前進，其第一線沿大豹溪前進，於插合峽谷激戰，而阻其前進。」[24]

回到今日的九空現場。據說隆冬時期，溪谷的風刮入這個壺狀

上：大豹溪的九空河谷；下：mama瓦旦（右）與mama阿華口述大豹社事件，庫志部落。

滅社，大豹方面隘勇線推進（1906）

地形時，會產生狗嚎一般的聲音，所以稱為「狗」（九）空，其淒涼之景象可以想像。[25]志繼部落的大豹群後裔尤幹‧達亞賀（楊崇德）與下溪口台的樂信‧達亞（林德桃）也都證實，十八洞天到狗空一帶曾是古戰場。[26]尤幹說：

日本人要上到山區之前，我們族人便不讓日本人進入，因此在插角那邊，因為是懸崖的地勢，兩側是峭壁，我們楊家和林家，分別守備在兩側峭壁，以原住民的守備優勢，阻擋日軍進入，石頭、木頭弓箭都是主要防禦的武器，日軍進攻好幾次都失敗，日軍退回平地，便從臺北烏來進攻，因為那邊的原住民不擅防守，烏來很快就被攻破。[27]

此外，居住在桃園庫志部落的耆老mama阿華，也描述了他所聽到的口傳。他說：十八洞天一帶的戰鬥，大豹人是在兩側的山頂預先以粗大的木棍，橫向托住上方的石頭群，待日本部隊經過的時候即將木棍關鍵處斬斷，讓石塊從山上滾落在敵人的頭上。

9月22日，九空對面的金敏山區，有十多位原住民再度渡河支援，但又遭到日方的砲擊，隨即隱沒於森林裡。位於大豹溪左岸某處的長谷第四部隊，也遭到原住民狙擊，但是經過反擊之後，未久即沉默。這段期間的戰事，顯示了大豹群前仆後繼的反擊決心，也證實了有木、金敏與詩朗方面大豹群的參戰。

隨後的22、23日，大豹群方面並沒有主動出擊，日方觀察到他們在積極修築掩堡，似乎正在準備做最後的殊死戰，文獻記載夜間的大豹群：「敵蕃處處焚火，虛張聲勢。」[28]同樣的，日方也趁著這段空檔大肆修路造寮。記者曾經以〈下午兩點的早餐〉為題，形

容其中永井的第三部隊在這個過程中如何艱苦，直到下午兩點才能吃早餐，並且因辛勞而獲得長官賜予沖繩的泡盛酒：

> 第三部隊，與白石按山相距，雖不過五百米突。然沿前進線而往，延長約有一里。當初在包容地內，雖設炊事場，炊飯以供部隊。然為避蕃人來襲，以運搬糧食。故第三部隊員，至分得朝飯時，已過午後二時。其後常與敵蕃衝突，殆與已時，則隊員之疲勞益甚也。該部隊長待指揮官巡視時，陳述非藉酒氣，終不能耐。然酒亦殊過侈，願與隊員以泡盛酒也。自此，由本部送與泡盛，以赴其勞苦云。[29]

而就在大豹方面隘勇線前進期間，後方也跟著一邊伐木，趕緊運出山林資源。外插角山區有著濃蔭的千年巨木，[30]為了節省經費，日方放棄了便利的棉火藥伐木，[31]改採人工手鋸，因此伐木速度非常緩慢。再加上大豹人「矯捷如燕」，[32]四處游擊，絕不行走於一般的山路，使得日本部隊「隊員須執獵豬之態度」，像打獵一般地打仗。[33]而連日的豪雨更造成日方的困擾，特別是22日晚上的大雨傾盆，隘勇前進隊只能拉起棉布的天幕，暫時遮雨。部隊從早到晚穿著潮濕的軍服，在水深及腰的壕溝中徹夜防守，即使是睡覺，也只能「坐而假寐」而已。[34]至於受傷的成員，如果是輕傷，還可以接受隨軍醫生現場的簡易治療：受到重傷或者需要開刀的人，則必須以擔架送往臺北的醫院。偏偏擔架又經常不夠用，深坑廳部隊還曾經砍樹枝並以麻繩編成簡易的擔架，遇到崎嶇的山路時，劇烈的震動不僅增加傷患的痛苦。如果抬的是屍體，還常常會因此掉落，造成隊員必須時常撿屍體的窘境。[35]

從1905年9月5日總督佐久間在三峽校閱前進隊出發起，一直

大豹方面隘線前進時期，少數拍攝大豹溪的照片，拍攝地點應為南尖腳（圖片來源：臺大圖書館資料庫）

到9月26日，這段期間適逢東北季風的季節，大豹溪大雨綿延。雖然南尖腳的橋樑架設完成了，大豹溪兩岸之間的交通因此取得了聯繫，[36] 日方也向前延伸了部分的隘線，並且新設了二十一個隘寮；[37] 然而，因為大豹人的不斷反擊，導致九空的隘口始終無法突破。

至於東線的深坑廳部隊方面，在竹坑山前進隊本部遭到大豹群的打擊之後，日方決定加速隘線的推進。然而，當部隊從竹坑山的第十五隘寮南下直取熊空山時，當前第一個難題，就是以「犬歸阪」懸崖為屏障的「熊空第二突角」。[38] 為此，深坑廳部隊在加九嶺剷平了一塊山頭，新設了砲兵陣地，[39] 並結合了竹坑山上的砲兵陣地，以山砲與野砲集中轟擊熊空第二突角。而突角上的大豹群戰士則修

上：湊合橋下的南尖角；下：大豹溪十八洞天古戰場

滅社，大豹方面隘勇線推進（1906）

築了長達上百公尺、能夠容納數十人的掩堡，並據以抵抗。9月26日，經過砲擊以後，熊空第二突角終於被日方所佔，有木社方面喪失了熊空山的第一線屏障，大豹群後方面臨嚴重的威脅。

包圍內大豹（有木社）

桃園廳在前兩波進攻受挫以後，開始思考多路並進、迂迴包抄的策略，預計直搗插角的外大豹社，並且派一路部隊迂迴山區，直抵崙尾溪與大豹溪的會合處，目的是希望從中間切斷內、外大豹社的聯繫。一面牽制插角，一面包圍內大豹社，報導稱此次行動為「包圍內大豹社」（有木社）。[40]

9月27日行動開始。第一、二、三、五等四支警察隊繞過九空，由靠近內插角邊緣山區的隘勇線前線出發。石川的第一部隊首先下切溪谷，沿著大豹溪右岸徒步往上，目標鎖定插角的外大豹社。永井的第三部隊則作為本次行動的迂迴部隊（日方稱為「中央隊」），從距離大豹溪右岸四、五百公尺的山區出發，[41]目標是上述的崙尾溪、大豹溪會合處。[42]而小城的第二部隊則是策應部隊，在距離永井的第三部隊更為內山的三、四百公尺處的森林裡慢慢前進。至於日永忠雄所率領的第五部隊則動向不明，可能是作為預備部隊之用。

新一波的行動啟動以後，石川的第一部隊沿著大豹溪，往前挺進了約七、八百公尺。剛開始沒有遇到什麼抵抗，倒是發現了「蕃人之堅固掩堡不尠，且架小屋，植竹釘施嚴重之工事」[43]。日方推測，可能是前一天晚上長谷的第四部隊佔領了大豹溪左岸，迫使原住民離開了原本的防禦工事而轉進到他處防禦。[44]從這段報導，我們也可以得知，大豹人修築掩堡，並透過竹釘來遲緩敵人行軍的做法。

深坑廳管內ライ社番人ノ穀舍

大豹社事件時期的泰雅族家屋,拍攝地點:曲尺群(圖片來源:《臺灣寫真帖》)

在日殖時期的《番族慣習調查報告書》裡,記載泰雅人會取五到六寸長的竹子(約15-20公分),一頭削尖以後插在路上的坑洞,並以葉子覆蓋,敵人若不察,則必會被刺傷腳掌。[45]後續,繞過植竹釘竹屋後,第一部隊繼續往上游推進約七、八百公尺時,突然遇到一個「極為險惡」之地,[46]溪谷上方皆有大豹人把守,部隊根本無法前進。

　　從今日的大豹溪地形來判斷,在十八洞天以上、金龍橋以下的這一公里餘的河段,巨石夾岸、懸崖處處,相當適合埋伏與設立阻礙物。石川的第一部隊應該是受困於這一個河段無疑,至於最後卡

滅社,大豹方面隘勇線推進(1906)

在哪裡，則不清楚。而就在第一部隊無法前進時，永井的第三部隊也好不到哪裡去。在行動開始時，第三部隊就與大豹人隔著四、五間的距離相互駁火，[47] 隊中的斥堠更因為試圖涉過大豹溪到對岸而遭到大豹人的包圍射擊。其中，隘勇堀川龜吉、 新發、呂爛齊、李阿蘭、劉阿才等人還因此被總督府的文獻記錄：

　　9月27日奉命擔任斥堠，立於部隊先頭，前進中於外大豹與優勢之蕃人發生衝突。地勢不利，忽然與部隊斷絡，處於孤立狀態。由於遭到非常之逼迫，一行中雖有斥堠長等三名死傷，亦極勇敢地繼續防守。[48]

　　至於在外插角內山迂迴前進的小城部隊，也在險惡的岩石地形之間與大豹人相持不下，激烈的程度到達了「有若進一步，立受狙擊之勢」的程度。[49] 就在前線的三路部隊都遭到大豹群處處抵抗、而處於無法動彈的困境時，日永的第五部隊悄悄地繞行於小城部隊的左方，迂迴山腹之間，穿越到處插滿竹釘的障礙物，於天黑前抵達內插角山區的某一個制高點，架設山砲，轟擊大豹人，才使得局勢有所逆轉。[50] 隔天，在第五部隊持續的砲擊掩護之下，永井的第三部隊佔領了崙尾寮溪的右岸高地。至此，日本不但能以山砲牽制插角的外大豹社，也完成了有木與一百甲方面內大豹社的包圍。上述過程中，日方的戰死者有千田久藏等人。據報導，大豹人也戰死了數名。

1906年，整個大豹溪河谷幾乎全都淪為戰場。

蕃屋點點散在：砲擊插角

　　往後幾天，又是暴雨不歇，日本部隊的行動一再受到限制。直到9月30日，原本在溪谷作戰的石川第一部隊放棄逆大豹溪而上，改為迂迴山腹，繞行到大寮一帶的森林後，採由上而下的策略，[51]佔領了今日中崙山脈一個被日媒稱為「樞要地點」的區域。這裡距離瓦旦‧燮促三兄弟的家屋以及插角的大豹本社，僅一千五百公尺之遙，而且距離日本文獻中的「副頭目」西蘭‧瓦旦（Slan Watan）兄弟的家屋，也僅八百公尺。

　　此外，中崙山脈樞要地點的佔領，對於油漠社（有木社）以及大豹溪左岸的另一支外大豹社（應為金敏社或東麓社），同樣也起了壓制作用。[52]

滅社，大豹方面隘勇線推進（1906）

1906年9月初，插角社（今日的大板根森林溫泉度假村一帶）遭到炮擊和佔領。

　　10月1日，永井的第三部隊趁著暴風雨，進一步佔據距離插角僅三、四百公尺的崎腳頂。[53]10月2日早上八點到十一點，日方分別從中崙第一崎腳以及山下的崙尾腳砲陣地，[54]發砲轟擊了外大豹社的頭目與副頭目之家。其中，副頭目之家還被四顆榴彈砲命中。[55]

　　最終，插角的外大豹社被佔領了，日方甚至還在部落的首棚上發現一顆無名頭顱。[56]到此為止，為期二十餘天（從9月5日起到10月3日止）的大豹溪戰役的前半段算是結束了。日本攻破了「蕃屋點點散在」的插角，[57]也包圍了有木一帶的內大豹社了。

有木一百甲的抵抗（熊空山腳的淪陷）

　　1906年大豹方面隘勇線前進的後半段，主要的戰場轉向了有木

與一百甲。大豹群則以哈勇‧侯西與一位名為哈告的家群領袖為主，率領有木的族人反擊。[58]經過前述「前進隊之二百零三高地」的竹坑山戰鬥之後，9月26日，日方攻破了通往熊空山的障礙——有著大豹人大型掩堡的「熊空第二突角」。10月6日起，東線的深坑廳部隊再次啟程，目標是順著熊空山山崙往下，希望直取熊空山腳。

　　與此同時，西線桃園廳的第一、第三、第六部隊分別由各自的根據地啟程，直指中崙第三崎腳與熊空山腳。[59]面對前方的溪谷斷崖而不可行，只好往上採大營一二十四甲的迂迴路線，繞行今日有木國小的上方，最終還是抵達了中崙第三崎腳。前進的過程中，日方在一個叫做中央崎腳的地方，突擊了正在田園裡收成蘿蔔的大豹人，並在部落家屋裡繳獲了彈藥箱。[60]同樣在這一天裡，疑似有木社及蝸仔社的族人，散布在大豹溪的左岸約一千五百公尺長的沿岸，對日本部隊開槍襲擊。特別的是，此次反擊，大豹人似乎沒有侷限地發射彈藥，與以往節制的習慣有所不同。[61]然而，這些都未能阻止日方的前進。10月6日晚上七點半，日本佔領了熊空山腳，並將夾在中崙第三崎腳與熊空山腳之間的溪流，命名為「熊空溪」。[62]這次的行動，日本媒體記載為「佔領熊空腳」[63]，非常明確地記錄了有木社方面的戰事。

　　10月7日，深坑廳部隊正式佔領熊空山，剷平山頂並插上日本國旗，設成了新的砲兵陣地，整個有木社自此納入山砲的射程內。[64]並對八百到一千公尺外有木社的田地砲擊，使得有木社必須痛苦地放棄剛要收成的陸稻。[65]去八日新設砲陣地。對大豹溪右岸有木社中。在千米突乃至八百米突之地點。有十蕃屋。加以砲擊。砲彈命中者不尟。該家屋見尚有蕃人等居住。日間見有炊烟。夜間亦明燈

滅社，大豹方面隘勇線推進（1906）

火。似欲移諸他處者。因更加數發砲擊。[66]

上述「有十蕃屋」，可以說是首次以文字記載了有木方面的聚落面貌。

大約也在十月初，西線的桃園廳各路人馬再度拔營，朝熊空山前進，希望能夠銜接東線的深坑廳部隊。然而，前方「森林甚深，不便展望」[67]，雖能聽到深坑隊的伐木聲響，卻不知道確實的位置在哪裡。而就在兩軍試圖會合的這幾天，有木社與蚋仔社的大豹群，[68]仍在有木一百甲一帶，四處以游擊的方式抵抗：

桃園第一部隊，所經過蕃園之附近，有第三部隊所設掩堡其他作業。於是日午後三時，有二、三十名蕃人，現於大豹溪左岸，向我狙擊，至日沒不息。在此對岸頗為危險。我隊據守掩堡，不能略露出身體。該蕃人之集團，所以襲擊我隊者，為欲奪回是處也。至翌七日亦有少數蕃人，自大豹溪左岸，向第二、第三部隊之佔領，須為射擊，以妨害我作業。此等蕃人諒為有木社及蚋仔社之人也，其數雖為不詳，然在對岸延長十四、五町之間，有五人乃至十人內外，自各處一齊射擊。[69]

10月10日，隘勇伍長李天掌在中崙第三崎腳一帶被狙擊而亡，過了幾天，又有一位人夫遭到彈丸貫穿胸膛而死。由於前方阻礙重重，深坑廳隊還施放狼煙，希望能讓對方望見；然而因為森林過於濃密，還是僅能聽到人聲與伐木聲從溪谷方向反射過來，雙方仍未能接觸。10月13日，兩邊的部隊長與隨行的警戒員終於聯絡上。至此，從9月5日以來，歷經近四十多天的抵抗以後，整個大豹流域終

上：大豹方面隘勇線前進期間照片，推測地點可能是福元山隘勇監督所〈桃園蕃界新隘勇線〉。（圖片來源：《臺灣慣習記事：臺灣慣習研究會》，第6卷，臺北，1906，頁1103）；下：熊空山上的隘勇線砌石遺址

滅社，大豹方面隘勇線推進（1906）

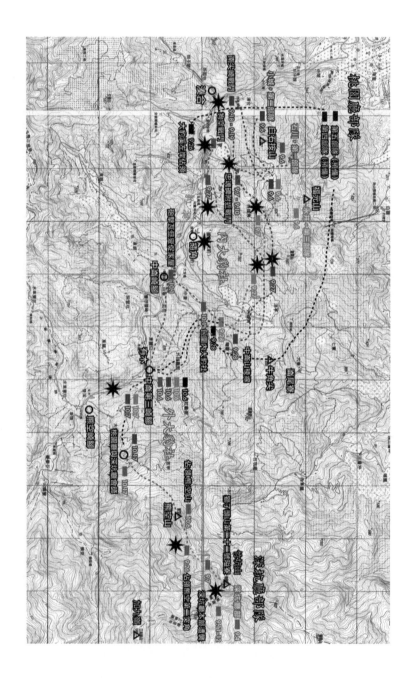

152

	8.25	9.6	9.6-9.8	9.13	9.18-9.19	9.26	9.27	9.30	10.6	10.17
大豹群	大豹群向日本發砲，並以三十名戰士攻擊白石按山隘勇分遣所			大豹群襲擊深坑廳竹坑山本部	大豹群襲擊日方南尖崎腳等陣地		自內插角出發，渡大豹溪到對岸（左岸），沿斷崖下前進，遇不少大豹碉堡、竹釘小屋，渡支流後遇巨岩而止			
日本		桃園廳部隊集結白石按山、福元山一線，佐久間左馬太抵達白石按山視察	桃園廳部隊前進外插角山區與大豹溪谷地，遭到大豹群激烈抵抗，死傷慘重			深坑廳部隊佔領熊空第二突腳	左翼，自內插角出發，距第三部隊三、四百米前進。遭狙擊，相持不下。	佔領壓制瓦旦變促外大豹社家族之要地。	佔熊空山腳	深坑桃園兩隊會合，兩隊聯絡線完通

1906年大豹方面隘勇線戰事過程（作者整理）

於被佔領了。據傳包含有木社在內的大豹社後山群一度退到了滿月圓上方，今日東滿道路的大平台一帶，但是後來也遭到擊退。從此以後，注定了剩餘的大豹群社眾四散他方的百年流亡命運。

綜觀此次大豹方面的隘勇線推進，日方原本預估傷亡在十幾人之內，沒想到整場戰役下來，傷亡人數居然高達七十人。[70]桃園廳後續在桃園的景福宮舉辦警部中內五之助、巡查魚住清太郎、安部周次、千田久藏，[71]以及隘勇莊發、周火石、吳天溪、游金山、朱雙貴、葉德、謝阿仁、王榮、呂傳堂等人的葬禮。相對來說，大豹群的死傷就無人聞問了，相信有不少曝屍荒野者。今日位於湊合的萬善堂收納了上千具遺骨，據廟方口述，半數以上是大豹人，見證了泰雅人的流離。

新的大豹社隘勇線總計約二十五公里，掠奪了大豹社龐大的土地。

為了爭取效率，日本在隘線前進時，後方已經開始同步伐木了，期間共獲得樟腦原料一百五十萬斤。[72]而就在佔領了大豹溪流域以後，10月19日，日方再度匯集長谷隊、石川隊、永井隊、小城隊等，

編成隘勇前進部隊，以大豹溪與五寮溪匯合處為起點，將隘勇線往南方的五寮（詩朗）方面延伸。經過與詩朗方面的「蕃人協議」以後，成功越過五寮溪與阿姆坪溪的分水嶺，[73]後續在沒有受到抵抗的情況下，通往阿姆坪，拓展了約二十公里的隘勇線，掠取了更大規模的樟腦與田園。[74]

北114線沿路遺址探查

明治三十九年，流下悲憤之淚，棄守祖墳之地大豹，逃散移入大溪郡下山地志繼、角板山、烏來、優霞雲、義興、霞雲各社居住。同年枕頭山（角板山西方之要地）亦行前進，與角板山之同胞協力防戰，枕頭山被奪取，並遭受發自同山之砲擊。大溪前山之同胞歸順，容認通往臺北州文山郡「立默幹」隘勇線之構築。[75]

大豹社事件雖然已經化為灰燼，但是卻未「死透」，就像一縷控訴的幽靈，至今仍盤旋於大豹溪上空。1906年隘勇線前進以後，兩千三百多甲的大豹群土地在隔年成為「經濟用地」，以「無償貸渡」的方式交給三井合名會社，進行樟腦砍伐的事業。戰後，三井的土地則由台灣農林公司接手，並逐步私有化。

根據1914年五萬分之一臺灣蕃地地形圖，大豹沿岸的隘勇線從湊合隘勇分遣所以後，就跨到對岸，一路沿著大豹溪右岸往上游走，到了今日的插角第十五公墓處，出現了「插角駐在所」字樣，相信這是過去插角隘勇監督所的位置。根據2020年的田野訪問，附近的老農表示，過去父執輩在開墾外插角這一帶的山野時，曾經挖出日本的武士刀，以及許多疑似是榴彈砲爆炸後的散彈丸，證實了文獻

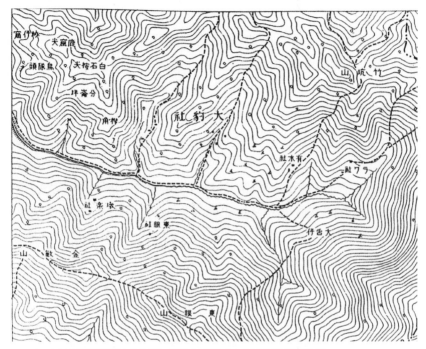

1903年〈內灣蘇澳間蕃地豫察圖〉裡的分崙坪及大豹社各社相關位置

所記載的，日本對原住民使用國際公約所禁止的榴彈砲一事。[76]

　　過了第十五公墓，隘路順著距離河岸百來公尺的山邊前進，通過忠魂碑一帶的位置，然後在插角鹿園一帶接上了今日的北114線道。之後就大抵上沿著114線前進，直到舊的有木聚落。蕃地地形圖上的「有木駐在所」，則位於今日的龍鳳小屋餐廳一帶。據推估，昔日的有木隘勇監督所大約也是在這裡。根據住在內紅龜面山區的余老先生指出，當初的隘線就從龍鳳小屋後面的山徑，一路順著山脊往熊空山的方向前進。

　　1906年大豹方面的隘勇線，經由三井與台灣農林重複的開墾以

滅社，大豹方面隘勇線推進（1906）

後，大致上已經不存在了。除了插角鹿場對面往山上的岔路，也就是過去日殖時期，插角公校小學生參拜忠魂碑約幾百公尺的舊路，應該是沿大豹溪僅存的隘勇線以外，其他的部分目前尚未發現。目前最具體的相關遺址，應屬隱匿在大義橋上方的外插角忠魂碑了吧，亦即上述石川警部所屬的第一部隊遭到大豹群重創之地。外插角忠魂碑在1980年代時，已經由李乾朗教授記錄過。[77]附近的耆老也提及，過去曾有日本人的後代來此祭祀。

從《臺灣日日新報》的報導得知，忠魂碑是1930年代皇民化運動時期，由三峽人傅鐘培所發起興建。[78]當年在此遭到大豹群重創的石川第一部隊，為何會在忠魂碑所在地——山的稜線中間發生激戰，而非山腳或者山頂？從一般爬山的經驗可以得知，如果要上一座無路的山，選擇稜線攀爬是最清晰、也最可行的路徑。判斷石川的第一部隊可能是希望沿著山的稜線往上，奪取上方一個叫分崙坪的險地，[79]從那裡已經可以完全鳥瞰今日的插角聚落。除了忠魂碑以及，該山區幾乎無法有任何隘勇遺址了。1906年9月26日以來，桃園廳所新建的二十一個隘寮，大概都不在了。同樣的，大豹人沿著溪流築壘、節節抵抗的工事，想必也早遭洪水沖走了。

至於東線的竹坑山—熊空第二突角—熊空山—有木隘勇監督所（舊有木）一線，目前可以確認的是，今日竹坑山往熊空山的山徑，就是1906年深坑廳部隊所開設的隘路。此線沿途依然存在著幾處疑似隘勇線遺址，主要的型態是隘寮土凹、鞏固隘路的石砌駁坎，以及疑似囤著物資的平台等，但是不如獅子頭山隘勇線所保存的完整。至於海拔927公尺的熊空山頂，則呈現著不尋常的開闊，確實像被人工整理過的砲兵陣地。報導記載：「如熊空山第一峰，為野砲之陣地，附近稍稍開濶，四面樹幹之彈痕可認。」[80]如今附近的山野，

多半成為了麻竹林，而且多半為台灣農林公司的「熊空茶場」所屬，樹木早已砍伐殆盡了。

熊空雜貨店後山的砲台

另外，熊空方面還有一個很接近樂樂谷的砲台遺址，位於海拔440公尺的獨立山丘上（暫名為440高地），值得在此進一步探討。

呂家雜貨店位於熊空溪（過去的加九嶺溪）旁、熊空公車站的對面，是登雲森瀑布的必經之地，也是登山者的補給重鎮。根據八十幾歲的呂日先生，以及有木里的尤嘉慶前里長表示，雜貨店後方的那座小山丘，曾經是日本的砲兵陣地，小時候他們都看過砲台的壕溝，還曾撿過「大管的」砲彈殼，看起來當時是用來牽制有木方面的大豹群。

從五萬分之一臺灣蕃地地形圖的分析來說，當時往有木方面的道路並不是像今天一樣——沿著蟾蜍谷、鴛鴦谷，經過有木國小與八仙橋，而是走國小上方大營的山路，經過二十四甲之後，從今日正德居一帶下到東峰橋，再到對岸的雙溪駐在所，一路往滿月圓的方向前進。

今日的蚋仔溪，在該份地圖中被記載為ウライ（烏來溪），與屈尺群的烏來社相同。由於ウライ是溫泉的意思，究竟蚋仔溪一帶過去有沒有溫泉，頗令人好奇。烏來溪的左岸則標示了大豹群的有木與拉嘎（駐在所）等地。換句話說，東峰橋上、下的區塊，在過去既有舊部落，也有駐在所，人為活動相當密集。而這座440高地的山勢如同一座獨立的小圓山，地勢相當優越，足以控制大豹群後山的有木社，我想這也是當初日本要在此架設砲台的原因。

滅社，大豹方面隘勇線推進（1906）

上：呂日先生茶園（舊日本陣地）鳥瞰熊空與有木方面；下：呂日先生茶園（舊日本陣地）所尋獲的日本醬油瓶碎片。

2018年夏天，我們隨著呂日老先生爬上440高地尋找遺址。老先生可以準確地指認出砲台位置，但是幾經物換星移之後，現場除了密密麻麻的竹林之外，已經難以辨認了。後來，老先生帶我們到他位於逐鹿山稜線下、中坑產業道路旁的農地。他說，過去因為整地種茶的緣故，不僅挖出了許多泛著銅鏽的子彈，還曾經找到腐爛的皮製日本彈藥袋。我們在現場試圖搜尋，雖然沒有再找到子彈，但還是發現了一些印有日文字樣的綠色醬油玻璃瓶，塞在一旁農作石砌駁坎的縫隙裡。從耆老口述以及現場的跡象來看，可以確定這裡曾經是日本部隊的據點。這裡距離熊空山正南方約2.3公里，已經遠離了大豹方面隘勇線的任何記載，究竟什麼時候設立的，並不清楚。只能說，顯然大豹群後山地帶的戰鬥，還有許多的未知之處，等待探索。

熊空第二突角大豹群掩堡考據

若要論及熊空山山頂稜線上最值得深入探尋的地點，是前文提過的，大豹群為抵抗深坑廳部隊時所構築的，長度超過一百公尺的掩堡，文獻記載，該處名為「熊空山第二突角」：

> 在深坑部隊，自二十六日早朝，以佔領熊空山第二突角為目的，謀欲開始行動，如前所報，是日午前五時，自各砲陣地，以野砲及山砲，掃射目的地點，次乃配置各部隊。蕃人在熊空山第二突角，築成拖掩堡，長亙一町，數十人得以據守。[81]

這個掩堡之所以令人期待，是因為它是整個大豹社事件中，目

滅社，大豹方面隘勇線推進（1906）

犬歸坂現為幾乎垂直的斷崖，攀繩而上即為熊空第二突角。

前所知唯一留存下來大豹人的抵抗遺址。若能找出「熊空山第二突角」的位置，自然能夠找到這個掩堡的位置。

　　由於當時深坑廳部隊是從竹坑山往東南方的熊空山前進，「第二突角」是攻下熊空山之前的第一個目標。因此，第一步可以確認的是，第二突角確實位於竹坑山與熊空山之間一公里多的稜線之間。如果僅從地圖上的等高線來判讀，是不容易判斷出其位置的；實際來到現場，就可以完全確認，第二突角正是熊空山往東北方稜線約三百公尺，一座標高九百公尺的高地山頭。這座山頭被日方形容為「熊喉首」，亦即熊空山的咽喉要害之意。從這裡往竹坑山的方向，立刻要下降一個高低差約十層樓的驚險懸崖，懸崖約七十至八十度，

上：熊空第二突角，疑似大豹群掩堡遺址；下：熊空第二突角，疑似大豹群掩堡遺址。

滅社，大豹方面隘勇線推進（1906）

大豹群後裔楊米豐里長與北藝大研究生一起尋找掩堡遺址

目前仍有拉線輔助，可供攀爬，偶爾也有登山客使用，可以說是一個天險之地。[82]

1906年10月10日，就在大豹方面隘勇線貫通前三天，總督佐久間與一批官員曾前來巡視。一行人從竹坑山來到這裡時，隨行官員為這段斷崖取名為「犬歸阪」：

> 總督及廳長笑而囑余撰一雅名，蓋苗栗廳大湖支應，管內之蕃社，險峻之阪，犬不得登，因呼之曰，「犬歸阪」……仰見數十丈之斷崖，石勢崢嶸，狀欲撲人，叢篁密箐，莫覓山路，故架數百級之足場，以為梯子，以便登攀，崎嶇萬狀，今雖欲製圖，則亦難描其水平曲線，起伏流瀾，莫可名狀。[83]

犬歸阪，意思是連狗都爬不上去的懸崖，日本只好架設木製棧道。當天，佐久間還要求隨行官員為斷崖上的棧道取名，後者則稱之為「月輪棧道」，應為通「往月亮的棧道」之意。回溯1906年9月22日清晨四點半，為了攻佔這座熊空山第二突角，深坑廳從距離兩千公尺開外的加九嶺與竹坑山的兩個砲兵陣地交岔砲擊，為時約三十分鐘。[84]直到26日，地面部隊才拔隊前往佔領。由於砲擊的關係，日方到了熊空第二尖角以後，大豹社戰士都撤退了，只見一位可能是放哨留守的大豹人，但也旋即也消失在森林裡。另外，由於上述總督的官員記載了「敵蕃之掩壕，當日空存紀念」[85]，顯示至少至十月份，這座泰雅族掩堡被棄置於山頂。

熊空山第二突角的位置，已可確認是900高地山頭，因此泰雅族掩堡必在此處，非常值得一探。2020年年初，我實際來到現場，發現900高地長約五十公尺、寬約二十公尺，山頭上留有不完整的

滅社，大豹方面隘勇線推進（1906）

∩形環狀壕溝，深度一到二公尺不等，並且有石砌的駁崁和石砌的矮牆。從現場看來，並沒有一般想像中「堡壘」的樣子，加上曾經遭到砲擊，現場的遺址毋寧是一種開放式的戰壕，但這裡是大豹人掩堡遺址，是相當明確的事實了。在日本的報導中，也曾經記載了桃園廳在1906年9月仰攻大豹溪谷地時，所目擊的大豹社軍事工構，是一種「不完全掩堡」：

> 渠又知利用地物，設掩堡及障碍物。或據守山岩石巨木，或憑依地瘤斷崖，以避前進隊之十字火。又不居於死地，在無地物可據之時，亦築不完全掩堡，以便發射。[86]

另外，參考泰雅族其他地區的掩堡，可發現它是一種介於「堡壘」與臨時掩蓋物之間的軍事工構。例如1913年宜蘭廳警察部隊逆著蘭陽溪（濁水溪）攻打埤亞南社（piyanan）時，留有泰雅族在河床上的掩堡的照片，可以發現：其型態是在河床中挖出（或選擇）一個凹地，四周堆石塊作為防禦牆，屋頂以手腕粗的樹幹交錯，上面覆蓋石塊、芒草與長型樹葉（可能是山棕、姑婆芋或者月桃葉等）。另外，參考日殖時期《番族慣習調查報告書第一卷：泰雅族》的記載，1911年11月被日方攻克的泰雅族尖石鄉馬里光（Mrqwang）方面的掩堡，特徵如下：

> 原敵番佔據，有蓋掩體，長約八間，寬約二間，假有堅固的柱子，掩蓋是重疊木材三層，以大石覆蓋其上，設置槍眼，掩堡之後半面也茸蓋兩重竹子，並再將一層木材重疊於其上。這是這次行動中，我隊所佔領之敵番掩體中最堅固的一個。[87]

上：泰雅族埤亞南社在蘭陽溪河床的掩堡（出自〈大正二年討伐軍隊記念(大正二年)〉，1913年）；下：熊空第二突角，疑似大豹群∩形環狀壕溝示意圖。

滅社，大豹方面隘勇線推進（1906）

若依照上述的掩堡形式，可以判斷今日900高地上面的壕溝陣地，應是當初掩堡的下半部基礎，而頂部的樹枝、樹葉或石塊，可能經過百年來的風吹雨淋而消失無蹤，但是也不排除最終遭到日本部隊的破壞。以當時現場所見，不完整的∩形環狀壕溝，統合起來長度大概近一百公尺，與文獻記載的「長亘一町」相去不遠。[88]∩字型的頂端，緊鄰著「犬歸阪」斷崖處，有一個長、寬約三公尺的明顯以人工挖掘的凹槽，方向即面對著竹坑山方面的日本部隊，應為掩堡的頂端與前哨。而∩字型壕溝的左右兩條，是深度達一人高左右的凹槽，人員在裡面可以有很好的掩蔽。

　　整體而言，899高地即是熊空山第二突角，昔日的「熊喉首」，是可以確認無誤的。大豹社的∩字型掩堡壕溝遺址也在現場。至於這個遺址後續有沒有被深坑廳部隊加以「改造」過，或者遭到破壞，文獻上雖未記載，但是從現場的情況看來，並非不可能。因為當時深坑廳部隊在熊空山稜線的活動頗為頻繁，而且現場經過搜尋，最終也找出了一些生鏽的螺釘，可能是日本方面所遺留。

雙方戰術初探

　　我們可以將大豹方面隘勇線前進，視為「一次現代化部隊與原住民戰士之間的決戰」。但是，不能僅把這個過程視為「進步世界」與「落後世界」之間的戰鬥，而應從日本的集體性、物質性，對上原住民的單獨靈活、就地取材來做比對。以下羅列了雙方在這次隘勇線前進過程中的戰術差異，也藉由文獻讓人一窺日人眼中大豹社戰士，究竟是什麼樣貌。

　　根據《漢文臺灣日日新報》在大豹方面隘勇線貫通後所做的報

導分析，大致上，日方西線桃園廳是以步兵運動戰為主，游擊於大豹溪河谷以及插角山區，而東線深坑廳則是以工兵戰為主，據熊空山為主陣地，步步逼近。[89]而除了警察部隊以外，當時的臺灣守備隊第一旅團也參與了戰事，特別是砲兵部隊的投入，引人關注。

　　根據《漢文臺灣日日新報》〈討番砲的威力〉報導，在大豹社戰役剛開始時，軍方是由白石按山的陣地以新式野砲與機關砲（機槍）來掩護警察隊。[90]9月8日以後，第一旅團武田砲兵大隊長所指揮的白石按山的砲隊，轉移到了更前線的南尖高地，並對大豹社發射榴彈，報導記載：「其彈丸破裂之響，確乎可以震懾蕃人。」[91]武田部隊所採用的榴彈，是一種藉由空中爆破射出無數小型彈藥的「子母彈」，其殺傷力與恫嚇力更為巨大，也是1899年海牙公約以來，就被國際所禁止使用的武器。此外，日方分別從福元山發射七珊半（75mm）山砲，第三部隊從中崙腳陣地也發射山砲，轟擊插角方面的原住民。後續，在中崙山脈、中崙第一崎腳（中崙腳砲台），也都有發砲的記錄。根據粗略的統計，當時日方在大豹溪流域，至少設了二十餘處的砲兵陣地。

　　此次隘線前進中，地雷也被廣泛地使用。當時日本隘線的布置原則是「就樞要地點，置山砲機關砲，並地雷鐵條網等」[92]。同時，在隘勇隊前進時，也會在前線或者臨時砲台附近埋設地雷。如今這些腐朽而失去功能的地雷，或許還埋藏在大豹溪的土地裡。

　　至於大豹群方面，我們看到的記載是，戰士通常打著赤腳，手持一槍、腰掛一刀即上陣。裝備較完整的則是頭戴藤帽、腰纏子彈袋、背上揹著幾日份的糧食袋，其中以餅類為主。另外，為了在山裡能夠靈活運動，他們多半上半身赤裸、下半身僅以一塊布遮蔽，如此相當有利於穿梭山林間，也導致日方在看到大豹社戰士時，不

滅社，大豹方面隘勇線推進（1906）

禁發出「其輕裝令人駭異」的驚嘆。[93]

報導也分析,裸身的大豹戰士,其身體隱蔽性甚至比綠色軍服更好,缺點是一旦下雨就容易生病,因此大豹人原則上遇雨則不戰。[94] 然而根據該報導中有關天氣的部分,拼湊起來可以斷定,1906年9月開始的大豹隘勇線推進,期間不但連日下雨,甚至可能有颱風的環流掃過。大豹人在雨中奮戰的決心,可見一斑。

就掩體工事部分,大豹人經常利用地形設立掩堡,以利狙擊。掩堡絕不設於死地,方便靈活地轉進;前述位於熊空第二突角的大掩堡,即有進退靈活的特性。大豹人又經常在適當地點,以木砦或竹釘設立障礙物,以阻礙敵人的前進。

在戰術方面,大豹人很擅長牽制、佯攻等戰法,作戰手段日日改變,有時候第一天是正攻、第二天就改為佯攻,到了第三天則以切斷交通線為主,複雜的手法令日本警察捉摸不定。此外,大豹人會在攻擊之前派出偵查員探查敵人虛實。偵查員往往敢單獨一人深入日本陣地前面二、三十公尺之處,運用地形與林相掩護自身,讓日方「惟見草木微動而已」。

在武器方面,大豹社一般使用的是無腔線統,火藥用量少而聲音較鬆散,而且「有頗惜彈丸之美風」,不輕易濫射。[95]日本警隊使用的則是村田步槍,聲音較結實,重點是子彈供應充足:原住民每射擊一槍,日本就會射出十多發來反擊。由於珍惜彈藥,躲在掩堡裡的大豹人往往能夠以驚人的耐力,一待就是兩、三天,等待敵人從壕溝抬起頭的一刻隨即射擊;而且與現代狙擊手的教戰守則一樣,一旦射擊了以後,為了不暴露自己的位置,馬上就會轉移陣地。因此日方的記載中,大豹方面隘勇線推進期間,日方十之八九的死傷者都是被擊中身體的上半部,顯示大豹群精於射擊。[96]

註釋

1. 〈望開大豹〉，《漢文臺灣日日新報》，1906.9.4。
2. 〈桃屬進紮隘線狀況〉，《漢文臺灣日日新報》，1905.9.7。
3. 這個原耕作地按照當時的情況看來，應該是在外插角山區的分水崙。
4. 〈總督巡視蕃界〉，《漢文臺灣日日新》，1905.9.12。
5. 大豹方面隘勇線前進的期間為1906年9月5日到10月24日，警察部隊方面的總指揮官是早川源五郎警部，其他分隊的指揮官依序如下：第一部隊長石川和彥、第二部隊小城成斛、第三部隊永井國次郎，加上後期新編成的第四部隊長為谷川照雄、第五部隊長為日永忠雄。資料來源：〈彰功狀授與〉，《臺灣總督府（官）報》，國史館臺灣文獻館，1908.1.14。
6. 〈桃園廳長申請核准對隘勇伍長及隘勇須發有功徽章案〉，《日治時期臺北桃園地區原住民史料彙編之一：理蕃政策》，臺北：國史館臺灣分館，2011，頁536-537。
7. 〈三角湧方面：桃園隘線前進〉，《漢文臺灣日日新報》，1905.9.9。
8. 〈討番砲威力：三角湧隘線前進狀況〉，《漢文臺灣日日新報》，1905.9.22。
9. 〈大豹蕃社動靜：桃園隘線前進〉，《漢文臺灣日日新報》，1905.9.9。
10. 〈桃園廳長申請核准對隘勇伍長及隘勇須發有功徽章案〉，《日治時期臺北桃園地區原住民史料彙編之一：理蕃政策》，臺北：國史館臺灣分館，2011，頁534-535。
11. 〈隘線前進隊員之士氣：隘線前進狀況〉，《漢文臺灣日日新報》，1906.9.19。
12. 外插角溪，位於忠魂碑下方不遠處，通往大義橋的大豹溪支流。
13. 〈桃園廳長申請核准對隘勇伍長及隘勇須發有功徽章案〉，《日治時期臺北桃園地區原住民史料彙編之一：理蕃政策》，臺北：國史館臺灣分館，2011，頁540。
14. 〈忠魂碑竣工式〉，《臺灣日日新報》，1937.1.7。
15. 〈桃園廳長申請核准對隘勇伍長及隘勇須發有功徽章案〉，《日治時期臺北桃園地區原住民史料彙編之一：理蕃政策》，臺北：國史館臺灣分館，2011，頁536-537。
16. 〈深坑隊之成功：隘線前進狀況〉，《漢文臺灣日日新報》，1906.10.19。
17. 〈總督巡視蕃界（中）〉，《漢文臺灣日日新報》，1906.10.14。
18. 〈新行動開始：隘線前進狀況〉，《漢文臺灣日日新報》，1906.9.14。大豹社

隘勇線前進的開始階段，大抵上是因為東北季風鋒面來襲的緣故，天氣並不穩定。例如9月5日總督巡視時，前往白石按山的山路「大雨滂沱，粘土質之泥濘，布滿山道，滑足難行。」（〈總督巡視蕃界〉，《漢文臺灣日日新報》，1905.9.12）。9月7日到12日的須永旅團長隘勇線之旅，更是一路描述如何和惱人的天氣奮戰，例如9月8日在白石按山時，因為飛沙走石、驟雨淋漓，而不得不整天困在山上，動彈不得。隔天下山往四城崙的路上，因為山路泥濘滑足，步步維艱，一行人於是大為惱怒。在往獅子頭山的路上，還「大雨滂沱，至翌朝始霽」。由此可見，狂風驟雨是大豹社滅社時期的天氣徵候。

19. 〈新行動開始：隘線前進狀況〉，《漢文臺灣日日新報》，1906.9.14。

20. 「南尖腳」確認為今日湊合橋下面的河岸犄角，當地是天然的天險。之後，日方記載在南尖腳搭橋，此即為湊合橋的前身。

21. 〈三角湧隘勇線前進狀況〉，《漢文臺灣日日新報》，1906.9.22。

22. 同上註。

23. 〈桃園廳長申請核准對隘勇伍長及隘勇須發有功徽章案〉，《日治時期臺北桃園地區原住民史料彙編之一：理蕃政策》，臺北：國史館臺灣分館，2011，頁536。

24. 樂信・瓦旦著，伊凡・諾幹翻譯，〈臺北縣海山區三峽鎮大豹社原社復歸陳情書〉（原文為日文），1947。

25. 林炯任口述，三峽，2018。

26. 十八洞天一帶的五寮溪與大豹溪匯流處，泰雅語稱為 Hbun Sputong（哈盆・斯布東），即「匯流處有白色燧火石」之意，應為清領時期的「褒懂社」。樂信・達亞（林德桃）口述，溪口台，2018。

27. 尤幹・達亞賀訪談，志繼，2017。

29. 〈三角湧隘線前進狀況〉，《漢文臺灣日日新報》，1906.9.27。

29. 同上註。

30. 由金敏老礦工張兩才所描述的，過去金敏與插角山區有許多千年老肖楠木，可見一斑。

31. 為一種透過火綿爆破樹幹的伐木方法。

32. 〈三角湧隘線前進狀況〉，《漢文臺灣日日新報》，1906.9.27.。

33. 同上註。

34. 同上註。

35. 〈負傷護送困難：三角湧隘線前進狀況〉，《漢文臺灣日日新報》，

1906.9.27.。

36. 同上註。

37. 〈佔領大豹溪左岸：隘線前進狀況〉，《漢文臺灣日日新報》，1906.9.30。

38. 「熊空第二突角」的位置是在熊空山東北方約1000公尺，一個高度900公尺的絕頂。從地理上來看，這座山頂是深坑廳部隊從竹坑山方向過來的第一個主要阻礙。而「犬歸阪」則是隘線完成後，佐久間左馬太視察熊空第二突角時，隨行官員對熊空第二突角的懸崖所取的名字。摘自〈總督巡視蕃界（中）〉，《漢文臺灣日日新報》，1906.10.14.。

39. 根據實地考察，這個砲兵陣地位置可能有兩處：（一）加九嶺山頂。（二）加九嶺三角點南方約一百公尺的登頂路旁，一處非常明顯的人為挖掘平台，長約二十公尺、寬約十公尺。

40. 〈包圍內大豹社：隘線前進狀況〉，《漢文臺灣日日新報》，1906.10.4。

41. 位於今日的外插角山區。

42. 今日的東陽橋一帶，即崙尾寮溪與大豹溪的匯合處。

43. 〈包圍內大豹社：隘線前進狀況〉，《漢文臺灣日日新報》，1906.10.4。

44. 同上註。

45. 小島由道、安原信三原著，黃智慧主編，《番族慣習調查報告書第一卷：泰雅族》，臺北：中央研究院，1996，頁270。

46. 〈包圍內大豹社：隘線前進狀況〉，《漢文臺灣日日新報》，1906.10.4。

47. 為日本長度單位，「一日間」是18.18公尺。

48. 〈桃園廳長申請核准對隘勇伍長及隘勇須發有功徽章案〉，《日治時期臺北桃園地區原住民史料彙編之一：理蕃政策》，臺北：國史館臺灣分館，2011，頁536-537。

49. 〈包圍內大豹社：隘線前進狀況〉，《漢文臺灣日日新報》，1906.10.4。

50. 同上註。

51. 2018年在復興區霞雲里辦公室訪問大豹社後裔楊耀祖先生時，他提到過去老人曾經口述，當時日本人確實是從兩路包夾過來，深坑廳從谷里達嘎（Quri Taikai）過來，而桃園廳則選擇與清帝國時期劉銘傳攻打大豹群一樣的方向，從一百甲一帶的山區下來。酉狩・馬賴（楊耀祖）與尤幹・達亞賀（楊崇德）皆主張，今日三峽的內插角與竹崙的分水嶺一帶，過去是Adupara（阿都巴拉）部落，也是昔日日本架設砲台的地方，即為前文中的崙尾寮。

52. 〈佔領樞要地：隘線前進狀況〉，《漢文臺灣日日新報》，1905.9.27。關於這

滅社，大豹方面隘勇線推進（1906）

個樞要之地究竟在哪裡？光從日本的報導其實並不容易找到。對照地圖，可能是在中崙產業道路上的大勝寺或者彩蓮觀音廟一帶，那裡可以同時左右觀望今日的插角與有木兩個區域，距離瓦旦‧燮促所在的大板根大約1500公尺、與可能是副頭目西蘭‧瓦旦居住地的番仔厝崎相距約800公尺。番仔厝崎位於插角往上直線距離約1600公尺，據插角里里長林坤郎以及多位插角耆老表示，這裡過去是大豹社的舊部落之一，日本佔領後則改為三井合名會社的辦公宿舍地，而今日則為私人居住的別墅群，名為「悠峽山莊」。

53. 此地點已經非常接近插角的大板根，估計在大板根上方，插角產業道路旁的某處。〈隘線前進狀況〉，《漢文臺灣日日新報》，1906.10.6。

54. 崙尾腳即為中崙腳崎，位於北114線上的大德橋一帶河階凸地。

55. 〈砲擊土目住宅：隘線前進狀況〉，《漢文臺灣日日新報》，1906.10.6。

56. 伊能嘉矩在《理蕃誌稿》裡，還曾經記述了外大豹社被攻破以後，時任桃園廳長津田毅一來到戰後的部落時，在副頭目西蘭‧瓦旦家屋附近發現首架上的骷顱，因而感到氣憤的軼事：「明治三十九年九月十七日，因為職務之所需，我前往視察桃園廳隘勇線前進的佔領地，在大豹社副土目セルワタンナル（西蘭‧瓦旦）的住屋十幾步外，荊棘叢生之處有一個首架，秋雨蕭蕭，魂氣愀愀地安置著一顆骷髏，讓人悽愴。嗚乎！何人知道此骷髏的姓氏歲月，然而它被島人兇蕃所殺是無庸置疑的。嗚乎！這無辜的梟首，魂魄將漂流於宇宙，抱著無限的怨恨，風雨星霜下成為無人祭祀的野鬼。我觸景傷情，不願離開，因此決定在此舉行祭典，供清酒與供品，邀請佛僧讀經，祭祀這位無名靈魂。凶暴的大豹蕃已滅社，你誓報此仇已完。為了免你的首架醜態，成為永久不祀之鬼的恥辱，就不是聖代之餘澤。如果靈魂知道，來享受我的微志。」—津田毅一。摘自伊能嘉矩，〈桃園廳大豹社方面隘勇線前進〉，《理蕃誌稿》（二），臺北：南天，1996。本段翻譯為日本人，筆名「荻」。

57. 〈隘線前進狀況〉，《漢文臺灣日日新報》，1906.10.6。

58. 西狩‧馬賴（楊耀祖）訪問，優霞雲，2018。

59. 經反覆推敲，目前認為中崙第三崎腳的位置，在今日三溪交界的東峰橋對面，正德居旁的熊空溪與無名野溪的會合處。

60. 〈佔領熊空山腳：隘線前進狀況〉，《漢文臺灣日日新報》，1906.10.10。

61. 〈前面蕃情：隘線前進狀況〉，《漢文臺灣日日新報》，1906.10.10。

62. 同上註。

63. 〈佔領熊空山腳：隘線前進狀況〉，《漢文臺灣日日新報》，1906.10.10。

64. 〈前面蕃情：隘線前進狀況〉，《漢文臺灣日日新報》，1906.10.10。

65. 同上註。

66. 〈作業進度：隘線前進狀況〉，《漢文臺灣日日新報》，1906.10.11。

67. 〈隘線前進狀況〉，《漢文臺灣日日新報》，1906.10.16。

68. 蚋仔社位於今日的鄭白山莊一帶。

69. 〈隘線前進狀況〉，《漢文臺灣日日新報》，1906.10.10。

70. 伊能嘉矩，〈桃園廳大豹方面隘勇線前進〉，《理蕃誌稿》（二），臺北：
    南天，頁1995。深坑廳陣亡兩名巡查，八名隘勇，受傷一名警部，四名巡查，
    十二名隘勇。桃園廳則陣亡一名警部，兩名巡查，五名隘勇，受傷一名警部，
    五名巡查，二十四名隘勇。

71. 其中，千田久藏於9月28日陣亡，〈隘線前進狀況〉，《漢文臺灣日日新報》，
    1906.10.4。

72. 〈隘線前進效果〉，《漢文臺灣日日新報》，1906.10.21。

73. 〈隘線完成之效果〉，《漢文臺灣日日新報》，1906.11.11。此分水點為臺七
    乙線五寮往三民的分水崙。

74. 〈隘線第二期運動：隘線前進效果〉，《漢文臺灣日日新報》，1906.10.21。

75. 樂信·瓦旦原著，伊凡·諾幹翻譯〈臺北縣海山區三峽鎮大豹社原社復歸陳情
    書〉，1947。

76. 邱姓老農口述，湊合橋萬善堂，2020。

77. 李乾朗，《臺北縣文化景觀普查計畫》，中民國文化資產維護學會，2008。

78. 〈忠魂碑竣工式〉，《臺灣日日新報》，1937.1.7。

79. 從忠魂碑往上，順著稜線強行開路，大概經過半小時左右就可抵達分崙坪。過
    程中已經可以看到今日的大板根森林溫泉酒店。一直到分崙坪的山頂，頂上約
    莫有兩個籃球場大小，荒廢的茶樹已經長成兩人高左右，環視三面，是幾乎垂
    直的絕地。此處可以掌控插角，又易守難攻，怪不得在1903年〈內灣蘇澳間蕃
    地豫察圖〉裡的「大豹社」一圖，已經將分崙坪標示出來了。

80. 〈總督巡視蕃界（中）〉，《漢文臺灣日日新報》，1906.10.14。

81. 〈總督巡視蕃界（中）〉，《漢文臺灣日日新報》，1906.10.14。

82. 同上註。

83. 同上註。

84. 〈三角湧隘線前進狀況〉，《漢文臺灣日日新報》，1906.9.27。

85. 〈總督巡視蕃界（中）〉，《漢文臺灣日日新報》，1906.10.14。

86. 〈三隘線前進狀況〉，《漢文臺灣日日新報》，1906.10.6。

87. 黃智慧主編，《番族慣習調查報告書第一卷：泰雅族》，臺北：中央研究院，
1996，頁270—271。

88. 〈總督巡視蕃界（中）〉，《漢文臺灣日日新報》，1906.10.14。

89. 〈隘勇線前進經過〉，《漢文臺灣日日新報》，1906.10.17。

90. 〈討番砲的威力：三角湧隘線前進狀況〉，《漢文臺灣日日新報》，
1906.10.16。

91. 同上註。

92. 〈北部蕃界之靜穩〉，《漢文臺灣日日新報》，1906.6.8。

93. 〈該社蕃人之戰鬥能力：隘線前進狀況〉，《漢文臺灣日日新報》，
1906.10.6。

94. 同上註。

95. 〈砲擊土目住宅：隘線前進狀況〉，《漢文臺灣日日新報》，1906.10.6。

96. 〈該社蕃人之戰鬥能力：隘線前進狀況〉，《漢文臺灣日日新報》，
1906.10.6。

烽火，插天山隘勇線（1907）

　　26日早上出發，降峻阪，有一路蜿蜒亘山谷，即隘勇路也，芟除草萊，開延射界，繞以鐵線，通電氣，即鐵條網也，有分遣所配置巡查，有監督所配置警部補……是隘制之梗概也。[1]

　　1913年，日警佐倉達山巡查插天山隘勇線時，寫下了上述的描述。可以發現，當時隘線附近的草木都已經清除掉了，以利於守備人員的射擊，並且預防原住民的伏擊。同樣的，文中「繞以鐵線，通電氣」，則可以清楚見到高壓電網已經成為當時隘勇線上的設置。

　　1906年，隨著大豹溪流域失守，戰敗的大豹社往南撤守。然而，日本的腳步並未停頓。縱使在1907年3月，大料崁前山的「大豹蕃」等十一社已經在阿姆坪隘勇監督所進行了所謂的「歸順儀式」（泰雅族稱為sbalay，有「和解」之意）[2]。然而，日本也意識到先前的隘勇線之不足：「僅以此制御該方面全部之生蕃，尚不能滿足。」[3] 與此同時，殘餘的大豹社勢力，以及潛藏在山區的漢人反抗軍，也令日方感到坐立難安：「時忽有潛伏桃園廳下馬武督社附近之匪黨，竝外大豹社土目瓦丹那毛等，甘言煽動。」基於這些原因，日方決定要貫通插天山隘勇線。

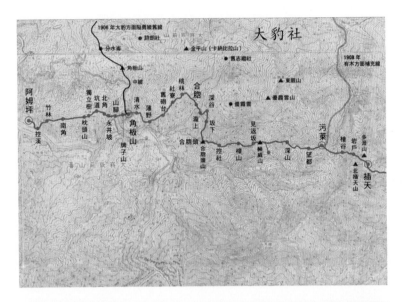

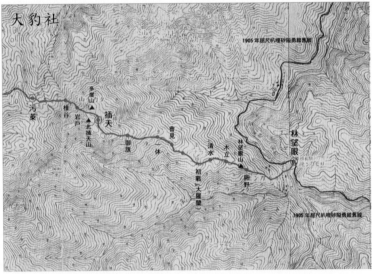

上：1907年插天山隘勇線，阿姆坪監督所到插天監督所段。下：1907年插天山隘勇線，插天監督所到林望眼監督所段（底圖：五萬分之一臺灣蕃地地形圖，1914年）

從霞雲里遠眺北插天山

　　另外，在1907年「蕃地經營方針」裡，隘勇線成為侵略山地的重要手段。依照總督府「北討南撫」的大方針，濁水溪以北用武力掃蕩泰雅族，南部則以安撫的手段對待布農、排灣等族。在此大方針之下，日本預計在濁水溪以北設立「地區番號第一條」的霧社線，針對北部泰雅族，則設立穿越雪山山脈的「地區番號第二條」的插天山線，透過這兩條大隘勇線，南北夾擊廣大的泰雅族群。而插天山線，同樣預計透過深坑廳與桃園廳採東、西夾攻的方式，強行開拓這條長達十一日里半，將雪山山脈攔腰斬開、一分為二，而且能包容十多個泰雅族社的隘線。[4]

枕頭山之役

　　1907年5月5日，西線的桃園廳部隊由阿姆坪向枕頭山挺進，

打開插天山隘勇線前進的第一響。當天，日方首先佔領枕頭山南方的一部分。此舉隨即受到泰雅族外大豹、伊母、加那米脑、枕頭山、溪浮、哮、夏文、宜興、竹頭角、時那兒、哥惹等社的聯合抵抗，其他如馬武督、大嵙崁後山等部落也前來參戰。[5]在泰雅族發揮攻守同盟（qutux pahaban）的情況下，日方幾乎毫無進展。到了當晚，僅能佔領山上的某一高地，並設置山砲。[6]

由於面臨泰雅族的激烈抵抗，舉步維艱之下，日方甚至計劃以開挖隧道的方式穿過枕頭山。[7]而為了打破泰雅族的攻守同盟，新竹廳方面更發動了對馬武督社的攻擊。此舉馬上讓在枕頭山參戰的馬武督人回防，與馬福社人一起在內灣溪抵抗日軍，成功地分散了泰雅族的戰力。

縱使如此，泰雅北大嵙崁前山群面對家門口的保衛戰，依然誓死抵抗。從五月到六月中，雙方激戰了四十九天，戰火「殆無一日之休止」[8]。這段期間又是連日豪雨，壕溝裡的泥濘及腰，更增添雙方作戰的艱難。苦戰中，日方終於在第四次的行動中，成功佔領了枕頭山所有的高地：

（四十九天以來）日夜與蕃人對峙，有潛襲者則擊之，相厥時機，或為奇襲，或為突擊，在第四次之行動，遂佔得枕頭山高地之全部，其時之戰鬥，尤為激烈。蓋枕頭山之佔領與否，為蕃人死活之所由決，竝為前進隊豫定之計畫，成敗之所由分，彼此之所不得不爭者，蕃人舉全社之力，必死備禦之而前進隊以奮迅之勢，務欲奪取之，職此故也彼此之損傷者不尠，又何足怪乎，在桃園部隊，有本部長早川警部以次兩百五十餘名之死傷者，而在敵蕃一邊，則全勢力之上，受無限之損傷云。[9]

上：枕頭山中央高地，佔領泰雅族人的戰壕。下：枕頭山西北角高地的日本砲兵陣地（圖片來源：《臺灣寫真帖第九十四號》）

烽火，插天山隘勇線（1907）

在枕頭山的惡鬥裡，日方除了早川源五郎警部戰死於北角一帶以外，其他警察與隘勇戰死者高達一一七人、受傷者二三九人。爭戰期間，許多傷者甚至須後送至臺北醫院及大嵙崁病院。[10]曾在大豹方面隘勇線推進期間，目睹無名頭顱而留下文字記錄的桃園廳長津田毅一，更在督戰過程中被龜殼花所咬傷。[11]而泰雅族方面，除了與日本和談中的五社、不願參戰的二社之外，共有六社投入戰鬥，被日方稱為「死守不服者」[12]。泰雅族投入戰場的三、四百名戰士中，傷重而死者超過四十位，並且有百來位戰士生病，其中包含了幾位領袖以及若干「強力之壯蕃」[13]。

在戰役中，三井合名會社與愛國婦人會臺灣支部等，都曾發起物資的捐贈，而泰雅族聯軍則在彈藥糧食枯竭的困境下，開始將老幼婦女往內山撤退，看似準備要長期抵抗。[14]後續，桃園廳向臺中與南投等廳陸續請求並獲得援軍後，終於在八月份攻下枕頭山。瓦旦·燮促戰敗，失去了北大嵙崁前山領袖的地位。枕頭山被攻克後，內大豹社的領導者毛溪·馬萊與烏來方面的覓逃·排武，接受日方委託，到部落進行調停。

東線方面，在5月5日枕頭山戰役爆發的同一天，深坑廳部隊組成七百餘人的部隊，下轄本部、警戒隊、工事隊以及搬運隊等，從李茂岸隘勇監督所（烏來福山）往東出發，向西渡過南勢溪，經過該社領袖瓦丹·逃勞的家門後，一路順著稜線往東挺進，目標是攻上六公里外的北插天山。由於與當地的屈尺群之間有著「甘諾」政策的關係，[15]這一段隘線的推進過程相對平靜許多。5月16日，深坑廳完成李茂岸到插天山之隘線，並新配置警部補一名，隘勇184名，以為充實。[16]

深坑廳部隊的戰損方面，除了5月20日遭到蕃人攻擊，造成三

桃園廳管內枕頭山上ニ於ケル樹木ノ彈痕

枕頭山上的樹木的彈痕（圖片來源：《臺灣寫真帖第九十四號》）

烽火‧插天山隘勇線（1907）

員傷亡以外，其他時候並沒有受到多大的抵抗。唯一比較辛苦的地方在於，北插天山海拔高度有一千七百多公尺，因而後半段的隘路沿線都沒有水源，造成前進隊「乏水可飲」的情況。[17]另外，由於路途遙遠，糧食必須從後方兩日里之處運送，頗為不便。除此之外，整體過程大致平穩，最終在北插天山東稜下設立了插天隘勇監督所。

在西線的桃園廳與東線的深坑廳分別有所進展以後，整個隘線就只剩下枕頭山到插天山一段有待貫通了。1907年7月29日，桃園廳本田警部等人，在北部泰雅族人有條件的允許下，並由一部分的原住民帶領之下，對未完成的隘勇線進行了「探路」，途中記載了當年插天山的樟楠混合林如何的茂盛：

此間古樟密生鬱蒼摩空，眼界全遮不能眺望，僅從樹木之間隙，見插天山之聳立雲際而已，自該處向東迎下，約五六丁，有豁谷橫斷，地勢極險，為羊腸曲徑，此間亦有密林，更向東方，沿谷傍而進，該豁谷盡處即為插天山之下方中腹，山路險峻不見有野獸之蹄跡，乃攀藤附葛，竭力登臨，約二十丁，得抵山頂，是即為距深坑廳新隘勇線之盡處，約有五、六丁之南方山頂，該山頂以之近附處，針葉樹雜木，縱橫繁茂，在山頂櫸石楠等密生皆為數百年之古木。[18]

直到8月19日，橫亙雪山山脈插天山隘勇線的貫通終於完成了。總計開通隘勇線四十餘公里，除了左右兩端既有的阿姆坪與李茂岸隘勇監督所以外，中間新設了角板山、合脗、污萊、插天等四個隘勇監督所、三十九個分遣所以及隘寮兩百七十六處，砲兵陣地一座、鐵線橋三座與藤索橋一座。[19]由東而西主要的監督所與分遣所有：李茂岸、厥野、木立、清水、初戰、會見、櫻木、一休、御旗、

插天、岩戶、望都、深山、污萊、見返坂、樟山、控社、合脬頭、坂下、合脬、桃林、社寮、舊砲台、薄野、清水、角板山、牌仔山、山腳、永井坡、北角、坑道、獨立樹、枕頭山、南角、竹林、控溪、阿姆坪等。

泰雅族的反攻，或「桃園廳大嵙崁蕃匪騷擾事件」

插天山隘線設立以後不到三個月，10月7日起，從角板山隘勇監督所、污萊隘勇監督所一直到見返坂隘勇分遣所，東西長達二十一公里的隘勇線，突然遭到四百多位泰雅人的襲擊。[20]期間總共殺死了多達十七位日警。[21]過程中，日方記載大嵙崁溪左岸蕃全部的蟻猛社（應為有木社）及大豹社被形容為最為「猖獗」，是最初泰雅族聯軍的主力。[22]這次突擊事件被日方簡化為「桃園廳大嵙崁蕃匪騷擾事件」，發起突擊的主要是由大豹社聯合其他北大嵙崁社群為主，其中甚至有「馬武督蕃社」的「土匪」（抗日漢人）也參與其中。[23]也有一說是抗日漢人因為在平地遭到討伐，因此攜械逃入山區，隱匿在部落，如今才聯合原住民反擊隘勇線。[24]由於這次攻擊之突然與兇猛，文獻記載如「毒蛇猛獸」：

桃園廳下之蕃人，曰大豹蕃，曰枕頭山蕃。皆資性兇惡，在北蕃阿大野呂族裡，久以悍聞者，故前此該廳之對蕃施措，猶未完備之時，屢逞兇暴，乘機蹈隙，加害於平民，人民畏之，幾等於毒蛇猛獸，不獲安堵，欲圖事業之發達，實不可望，於是當局者知蕃界之不可不刷新，警備之不可不充實，竭力籌謀，著著奏功爾來漸臻完成之域，兇蕃無所施其惡，人民亦漸械減畏懼之心。[25]

烽火，插天山隘勇線（1907）

進前線勇隘面方坪母阿內管德園桃
景光，搬運藥彈，地進前」部本隊

上：阿姆坪監督所，桃園廳前進隊本部搬運彈藥的情景。下：插天山隘勇線
深坑廳的前進指揮部（即為插天隘勇監督所）（圖片來源：《臺灣寫真帖第
九十四號》）

上：隘勇線上的高壓電設施（照片應為福山到插天山段）；下：插天山隘勇線，深坑廳方面的推進隊（圖片來源：《臺灣寫真帖第九十四號》）

烽火，插天山隘勇線（1907）

這次事件，於10月7日當天，合脗隘勇監督所首先遭到六十名泰雅人襲擊，意圖奪取彈藥。[26]日方的谷警部補以下三名警察被圍困。但是，泰雅聯軍僅留下大豹社數十人在現場包圍，其他人則繼續往別處進攻。合脗監督所的日本守軍關閉房屋周遭，僅留下槍眼以為防衛。到了10日晚上，圍城的大豹社決定在監督所周圍的木壁澆灌石油，縱火燒屋，[27]最後造成谷警部補及手下的兩名巡查戰死。[28]泰雅族佔領了合脗監督所，等於取得插天山西翼中央樞紐的位置。此地一旦掌握住，即可扼住平地的日本援軍、令其無法向山上增援，顯示出了泰雅聯軍的戰爭謀略。

同樣也在10月7日，污萊隘勇監督所轄下的控社分遣所，在一百五十名原住民的「喊聲來襲」中，遭到佔領。控社隨後也成為泰雅族的反攻基地，並且以從這裡奪來的山砲反擊日本。隨後，鄰近的樟山分遣所也遭到攻陷，日本的清野巡查及隘勇一名遭到馘首。但是由污萊監督所派出的日本援軍，不久以後即奪回了樟山。[29]此外，附近的披野山（薄野）分遣所也遭到襲擊，有吉巡查遭到擊斃。10月7日這天，泰雅族接踵而來的起義攻勢，使得插天山隘勇線烽火四起。

事件發生以後，桃園廳馬上組成1,114人的部隊反擊，由賀來警視長坐鎮枕頭山指揮、本田桃園廳警務課長在角板山隘勇監督所指揮。接下來幾天，戰事差不多綿延了插天山隘勇線西段。11日，泰雅族繼續進攻見返坂與深山兩個分遣所，位於山下的角板山監督所，同樣遭到二十名身穿隘勇服裝的泰雅人放火焚燒。[30]一直到10月13日，以控社為基地的泰雅族，在見返坂一帶發射山砲，轟擊前進中的深坑廳部隊。15日，泰雅族攻擊深山分遣所附近的隘寮，造成巡查田村榮受傷，之後更一度佔領了清水與薄野分遣所。21日凌

186

晨一點半，日方記載在「萬籟俱寂，時方丑正」的時刻，泰雅族在清水附近的隘勇路上方埋伏，聯合薄野第四、第五隘寮附近的族人，襲擊行進中的日本援軍，雙方在森林中交互射擊，夜間火光四射。後續，在日方援軍不斷增援之下，泰雅族最後只好撤退。此次埋伏造成日方六人死傷，巡查山村鶴太腹部遭到彈丸穿透，當場死亡。[31] 22日，日方以臼砲轟擊清水分遣所附近的泰雅族，並在舊砲台與薄野之間設立第一道防線，在桃林與合腦之間設立第二道防線。[32]

22日晚間，逐漸站穩陣腳的日方設立好防線之後，決定再度發兵，奪回泰雅人手中的控社基地。該日晚上十點，東線的深坑廳部隊由污萊隘勇監督所兵分四隊出發，首先佔領了見返坂以西的第二、第三隘寮。23日凌晨，日方部隊繼續前往第四隘寮時，忽然遭到隘寮裡的泰雅人開槍射擊，雙方展開了混戰。在見返坂附近作戰期間，桃園廳巡查米原被擊斃、巡查吉村磯之進以及另外兩位隘勇也身負重傷。[33] 23日，日方以野砲、山砲與臼砲等，轟擊據守在合腦隘勇分遣所一帶的大豹人，為最後的反攻做準備，鄰近的深山、望都分遣所附近，也都發生了衝突。

隨著戰局逐步升高，日本幾乎調動了全島的警察部隊，由臺北、宜蘭、基隆、斗六、彰化、苗栗等各廳組成的支援隊，紛紛來到插天山隘勇線。[34]此時，泰雅族部隊的攻擊已經逐漸平緩，只剩大豹群與部分的「高山蕃」仍然強硬抵抗。[35] 24、25日，砲聲籠罩在復興區一帶的山野，特別是來自枕頭山北角的臼砲，壓制住了當面的泰雅人。26日，泰雅族從控社的最後基地發射之前奪來的大砲，攻擊見返坂的日方陣地，卻因為準頭不佳而提前落地。反倒是日本見狀立刻發砲還擊。砲彈在控社上方爆炸，殘存的二十餘名泰雅人只好暫時撤走。當日晚上，日方以小城警部為隊長，率領一小隊襲擊

上：見返坂附近的隘勇線基地遺址；下：見返坂附近的礙子

北插天山與多崖山之間的芒叢

見返坂第三與第四隘寮，隔日繼續攻擊第五隘寮，原住民留下「弓一、矢三、十字鍬一、蓆六、芋若干，洗面器一」而撤走。[36]

　　28日，泰雅族從舊砲台的佔領地，發砲攻擊西邊鄰近的薄野分遣所，其準度連日方都感到訝異。日方自枕頭山北角砲台發砲反擊，雙方隨即在舊砲台附近展開肉搏戰，一直持續激戰到當天下午。到了11月8日，污萊監督所方面下來的日本援軍部隊，連續收復了樟山、控社、合腦頭等各據點，接著突進左方的二八二八高地（金平山南峰）。至此，東、西兩線的部隊完成了聯繫，插天山隘勇線再度貫通。到此為止，插天山方面的泰雅族與漢人「土匪」的聯合反攻，已經功敗垂成。日本所記載的「桃園廳大嵙崁蕃匪騷擾事件」，大致上也就此落幕。

　　整體來說，10月7日以來為期約莫二十天、泰雅族對於插天山

隘勇線的反攻，曾一度逼使日本部隊放棄見返坂分遣所一直到角板山隘勇監督所之間數公里的隘勇線。最後日方動員二個中隊的軍隊支援，並調集全島各處的警察部隊才擊退了泰雅族。此次的反擊事件由於事出突然，日方基於「蕃地之消息不易達，蕃情不詳，則理蕃之政策難確立」，因此加強了往後的蕃情偵查。[37]事件結束以後，大豹群可以說被擊潰了。瓦旦‧燮促率族人一度退入雪鬧霧，後再遷往角板山對面的詩朗（水源地）。內大豹社的哈勇‧西侯則率領一部分族人定居於志繼部落一帶。

佐倉達山的〈登插天山記〉[38]

插天山隘勇線的完成，對於北泰雅族而言，不僅痛失了固有的領域，生活也從原本的原住民社會轉向了日本殖民現代化下的「蕃地」。在「蕃情」逐漸穩定以後，角板山也成為日本繼續南下「理蕃」的基地，同時也成為日殖時期山地行旅的重鎮。1910年，日本警察佐倉達山奉命進行了一次插天山的踏查，就是以角板山為進入山地的起點。此次插天山之行，雖然是殖民者的片面視野，但是沿線的記錄與後續在《臺灣日日新報》的報導，對於理解當時隘勇線上的實況，仍具有相當的參考價值。

1910年5月25日，佐倉由臺北出發，當晚夜宿角板山時，記載了一棟全由樟木搭建，用來接待外賓的「薰風館」：

（薰風館）皆以樟樹構之，柱楹牖戶扉床几之屬皆有樟氣薰然襲人，洵瀛島之奇觀也。余承命查察蕃界，途次此館，半夜夢覺，起步簷端，四顧寂然，唯聽溪聲與警笥相應耳。嗚呼此界安危生死

之地，蕃奴而有所悟，相率歸順乎，一帶隘寮皆為無用之長物，蕃
奴而未服王化乎，諸寮實為良民重鎮。

　　文中所記載的「薰風館」，原名「薰風閣」，是現在的角板山
賓館一部分。薰風館全由樟木構成，可見當時樟樹砍伐量之驚人。
當夜，佐倉或許因為身處隘線而淺眠，在寂然無人的簷廊所聽到的
溪流聲，應是不遠處大嵙崁溪的流水，而警笘則是當時懸掛在隘勇
線上的警報器，用來通報「蕃情」。

　　隔天一早，佐倉由角板山陡降而下，循著蜿蜒於山谷的隘線前
進。[39] 逐次而上，可以見到隘線兩旁的草木悉數被清理，以用來「開
展射界」。路邊纏繞著鐵線，通有「電氣」（高壓電）。一直到了
合脬隘勇監督所，駐守當地的毛利警部補提及，有鑒於原住民都是
渡溪來攻擊，他還很有創意地將釘有鐵釘、纏繞鐵絲的巨木沉到溪
底，鐵線並加以通電，使得原住民「釘不刺腹，則電必燒背」，毛
利稱此為「妙計」。佐倉也記載到，附近的山頭還設有俄製三寸砲
一尊，顯然是來自於日俄戰爭中的戰利品。

　　繼續往前，來到了1907年「桃園廳大嵙崁蕃匪騷擾事件」中、
泰雅族人反抗的根據地：控社分遣所。附近遍植花卉，好像來到了
一個奇妙的花壇一般，這跟隘勇線緊張的氣氛截然不同。隨後在經
過樟山與見返坂分遣所時，有一棵老樟樹的根部還留有砲痕，並且
設有木柵以及標示，那是日本為了紀念1907年被泰雅族所擊殺的日
警米原巡查。續行，經過了崎嶇的腰繞山路，越過深山分遣所、望
都分遣所以後，當晚夜宿在插天山下的重要據點：污萊隘勇監督所。
這個時候，山雨沛然而至，插天山展現了她原始的樣貌。

　　隔天，佐倉在雨中離開了污萊，攀爬過一個陡坡之後來到了蒼

薰風館（又名角板山宿泊所）（圖片來源：《臺灣寫真帖》）

翠欲滴、老檜香味彌漫山谷的檜山（谷）分遣所。往前幾百公尺，通過一個僅容一人通過的巨岩裂縫之後，就到了深山中的岩戶分遣所。從這裡往上攀爬約半個小時路程，即可抵達插天山（北插天山）。對於這座巍峨於天際的大山，佐倉記載道：

　　此山高六千尺，當東西海洋之分界，盛夏氣溫不上八十度，冬期則積雪三尺，電話線鐵條網俱乘冰柱，大如竹筒，絕茅草皆枯死，而中腹以下凝翠不渝，實為奇觀。平時多霧，忽晴忽陰，晴則飛鳥見其背，陰則不辨人臉。[40]

　　佐倉所描述的，濕冷而多霧、山頂草木枯黃而山下終年常綠的

上：污萊隘勇監督所遺址現場；下：檜谷分遣所附近的花盆碎片

烽火，插天山隘勇線（1907）

景色，確實是今日北插天山上的實景。而文中提到電話線與鐵線結成「大如竹筒」的冰柱，卻是今日地球暖化下的北插天山上，難以再現的景觀。查閱該時期的相關資料，可以發現不少關於北插天山上積雪的報導，其中一則〈插天山雪尚未消〉記載著插天隘勇監督所的積雪，共四十五公分厚；自高壓電鐵條以下，有二線被雪所埋。

繼續前行，在5月27日下午兩點左右抵達了隘勇線的中繼大站：插天隘勇監督所。彼時，雨霧迷茫，更添前方陡峭隘路的危險。由於監督所的大岡警部補所勸阻，佐倉決定留在這裡過上一夜。也許是山中寂寥，難得有人來訪，大岡遂擺酒款待遠到的嘉賓。此外，報導中還記載了隘勇線上的巡邏人員在夜間移動時，為了怕原住民襲擊，必須以「點一柱香照明」的方式行走。28日一早，在大岡的隨行之下，佐倉離開了插天山，繼續往東方的林望眼隘勇監督所前進。這段現在被山友慣稱為「北插東稜」的路線，長達十餘公里的山路上，海拔落差相當大，不僅雲霧繚繞，部分路段陡峭且難行。

重返插天山（一）：北插福山線

一百多年以後，重返北插天山。這裡已經成為北臺灣熱門的中級山登山路線，甚至坊間有一個說法是：「要登百岳，先爬北插」。但是，知道這裡曾經發生過規模龐大的「插天山戰役」的人，我猜想恐怕不多吧。面對漫長的插天山隘勇線，我選擇了跟1907年日本部隊一樣「左右夾攻」的路徑，分別由東段的烏來，以及西段的復興區枕頭山、小烏來方面入山探勘。

東段方面，是以新北市烏來區的福山，也就是過去的李茂岸隘勇監督所為起點，一路往西直上插天隘勇監督所。這條路現在被山

友稱為「北插福山線」。這段路由福山到插天山之間，高低差達一千一百五十公尺，1907年深坑廳部隊七百多人，前後只花了十二天就完成了隘線的拓展，算是進展神速。目前，沿途仍可見到泰雅獵寮。由於獵人與山友使用還算頻繁，路況堪稱良好。第一次的探勘，我與學生助手H從福山村大羅蘭一處產業道路底的登山口開始步行。山徑一路陡上，沿途錯落出現了幾處疑似隘寮遺址的土凹。踏查隘勇線久了，看到山徑旁的任何小凹地與小平地，都會直覺地停下來搜索，也因此耗費了不少時間。但結果有些看起來是，有些地方看起來又不像。

我們走走停停，沿途翻草撥石，有時也向路兩旁的森林擴大搜索，像檢察官搜索刑事案件現場一般。過了林望眼山（744 M，又稱福山）以後，開始出現大型的平台，及疑似隘勇分遣所的土凹遺址。然而，由於沿線相關的跡象相當模糊，也沒有找到酒瓶與礙子等直接證物。於是，我們只好不斷地搜索再搜索、除草再除草，耗費了大半天時間，眼看天快黑了，最後只好在海拔1109公尺的一處山霧瀰漫的土凹遺址廢墟（疑似初戰分遣所）折返，距離目的地北插天山三角點還有一半的路程。第一次探勘，遂以未完成收場。

大概一個月以後，H因故無法隨行，我於是決定獨自上山，希望能夠一鼓作氣，走完北插福山線。還記得那天天氣清朗，我一樣從大羅蘭產業道路底的登山口上山，但是這次就不多做逗留了，希望一路趕到海拔一千公尺附近的大平台廢墟（大羅蘭山區）露營，以便隔天攻上北插。沿途一樣氣喘如牛、趕路一般地穿行林間，約莫三、四個小時，離開起登的福山登山口已經有七、八公里了，沿途隘線的跡象同樣樣若隱若現，但身後卻一直覺得「有東西」跟著。

總歸是心理因素，我試著不讓自己越過理智上的「臨界點」，

因為過了那個點，走在森林中的人，腦子會被山怪、魔神仔、幽靈所佔滿。然而，不聽話的腦袋還是浮現了過去閱讀這段路的資料時，好像有人被馘首的記憶。等到回去以後好奇一查，果然在1911年4月，有兩個平地腦丁，在這一帶遭到馘首，一位叫李育輝，另一位叫鄭秋東，[41] 這當然是後話了。

就在近乎奔走的速度下，天黑前抵達了預定的過夜地點。我毫不猶豫地著手打理周遭營地，搭建帳篷，並且忙碌地搜索附近的木材，準備依偎著篝火，度過另一個森林裡的漫漫長夜。大羅蘭山區的夜間，附近山區的獵槍聲響此起彼落，偶爾夾雜著山羌憤怒的吼聲，以及遠方馬岸溪的嗚咽聲。我熄滅頭燈，怕被獵人以為是山羌飛鼠的眼睛，就著火，徹夜不停地撥弄火堆裡燒成白灰的木條。

隔日起了大早，背著輕裝上山。經過陽光漫爛的翠綠色蕨海，兩旁的樹木時而出現長滿青苔的古老鋸痕，那可是古隘勇線的證據？隨著海拔的升高，隘勇線的遺址也愈來愈明確，其中還經過了一處古老的伐木場。我知道當時的隘線都是就地取材，像插天山隘線這般規模的計畫，有伐木場也不意外。過了海拔1109公尺的尖山頭以後，前方的路愈來愈陡，濕冷的霧像鬼一般追隨。佐倉曾經記載這一帶的隘路「山路極險，以木作階段，不知幾千級」。

小時候不知道在哪裡聽來的，據說人每爬一階樓梯，就可以多活四秒。依照著這麼簡單又鼓舞人心的邏輯，在不知道爬升了幾千階的高度以後，終於氣喘如牛地來到目前插天山隘勇線裡最大的遺址群——海拔1600公尺左右的插天隘勇監督所，這裡是當時深坑廳部隊的本部。[42]

監督所的規模龐大，直線長度至少有四至五百公尺，左右寬度則依山勢地形而定，通常也有五十至一百公尺。沿線附近遍布著人

196

造的駁坎、平台，炭窯與隘寮土凹，地上到處是破碎的礙子以及被當成垃圾燃燒而扭曲的酒瓶。路上還可以看到清楚的石板路。百年過後，走在這座龐大的高山遺址，蒼老的杜鵑樹幹鬼一般扭曲、橫亙在隘寮土凹路之間，樹上垂吊著涓絲一般的松蘿，像樹妖所吐出的唾液。土凹、駁坎，大多被倒木所掩蓋，必須慢慢清理，小心攀越。淒冷的山霧開始襲來時，搖曳風中的樹又更像妖魔了。環伺周遭，獨自一人在如此高的霧林裡調查百年前的廢墟，不禁覺得，還是需要有一些憨膽的。

　　離開監督所，約莫一個小時以後，來到了北插天山與多崖山的岔路。岔路附近有一片廣闊的茅草地，在山霧與冷風的籠罩下搖曳著。這裡是不是許多大豹耆老口中的「Quri Lupi」（草毯的鞍部）？目前還不清楚。但是這裡倒是遠眺大豹社的絕佳高地，應該也是過去記載中插天山砲陣的所在地。至於霧——插天山在我的印象裡，一直以來都是霧。溼冷的霧、伸手不見五指的霧、躲藏著妖鬼的霧。而在百年前佐倉的記載裡，也提到了：插天隘勇監督所濃霧罩山、咫尺莫辨，而大豹群多乘著濃霧襲擊而來，使得當時隘勇線上的人員心理壓力倍增。

重返插天山（二）：枕頭山小烏來線

　　天山對枕頭山，接角光形指顧間，點膚襲來如驟雨，戍兵奔潰幾人還。

——日高梅嶺[43]

　　至於插天山隘勇線的西段路線，在1907年《漢文臺灣日日新

烽火，插天山隘勇線（1907）

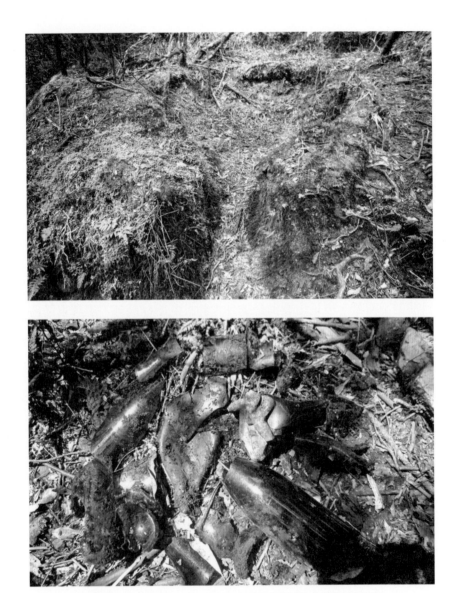

上：插天隘勇監督所的炭窯遺址；下：在插天隘勇監督所遺址上燃燒過的酒瓶

報》的〈插天山新隘勇線〉圖，與1914年五萬分之一臺灣蕃地地形圖中，二者略有落差。本處採〈插天山新隘勇線〉的路線來分析。大致上來說，當時的隘線是從今日石門水庫的阿姆坪，經過枕頭山、角板山，然後往西經過桃林、社寮、舊砲台，上到海拔835公尺的牌子山（薄野），過清水，迂迴到優霞雲（合脗），過霞雲溪後再北折庫志溪（坂下）。[44]接著往南直下今日的合脗頭山，沿著合脗頭山—赫威山稜線走（見返坂、樟山、控社），再從赫威山逐漸下到山腰，循著今日仍常使用的小烏來古道（望都、深山），直抵地勢卓越的污萊隘勇監督所，之後下到位於滿月圓森林遊樂區內的檜谷與岩戶分遣所，最後上接到插天隘勇監督所。這一大段的隘勇線，山區部分，仍有著相當清楚而可以辨識的遺址群，至於接近臺七線北橫公路與桃119線公路沿線，則因為山地現代化的發展而遺跡無存。

其中，1907年5月份發生惡戰的枕頭山，當然是重要的目標。初次探索，是從臺七線旁的葉記行右轉，循著產業道路抵達枕頭山十三號民宅後，在一根寫著「枕頭山古砲台歷史古道登山入口」的牌子旁上山，從這裡可以直抵標高613公尺的枕頭山三角點。沿途桂竹、綠竹林錯生，登山步道顯然已非昔日的隘路，而枕頭山上的三角點則是五節芒叢生，目前也沒有留下任何遺址。但畢竟曾經是古砲台，令人有不少想像的空間。1907年5月9日早上9點，桃園廳部隊所佔領的「枕頭山中央高地」，相信就是這裡。[45]於是，決心下次好好徹底調查一番。

過了大概半年後吧，帶著助手與金屬探測器再次登上枕頭山主峰頂，看看能不能找到埋在土中的砲彈殼。在與仇人般的五節芒叢混戰了一段時間後，山上逐漸開闊了起來，才得以順利進行探測。

烽火，插天山隘勇線（1907）

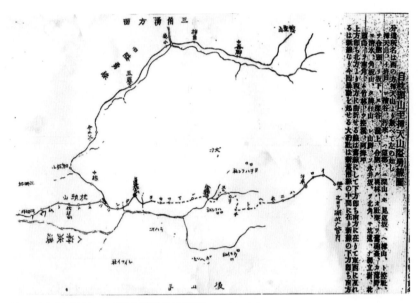

〈插天山新隘勇線〉，《漢文臺灣日日新報》，1907.8.31

結果在山頂邊緣探得一個金屬反應特別劇烈的點。一邊挖掘，腦中一邊浮現日本七珊山砲的砲管畫面，想說萬一真的挖出一尊山砲，大概會上新聞吧。結果，出土的卻是一根埋在土裡的日本總督府所設立「內務局」三角點。可見當時水泥三角點的內部，應該埋有金屬。

　　離開主峰，沿著稜線往枕頭山西峰前進，沿途林蔭清幽，兩側蕨海蔓延，路上空地有獵人留下的黑炭篝火堆。稜線上已不見隘勇線的壕溝與土凹——相關遺址也許還深藏在不為人知的某處吧。然而，在枕頭山西峰還留存著一塊「南角隘勇監督所」的大石碑，傾倒在地上並裂為兩半，可以說是當年枕頭山惡鬥的見證物。

　　從枕頭山往東，則是繁華的角板山，兩者直線距離才一公里多。

1930年，角板山廣場設有佐久間總督追懷紀念碑，一柱擎天地佇立在北泰雅族的領地。如今，紀念碑已經被推倒，原址改建為頗有大中華情懷的「復興亭」，而角板山也已經成為繁華的山城，當初的隘勇監督所遺址，早已無法考據。從角板山往南，順著桃119線到今日的霞雲里行政中心（霞雲國小一帶），昔日的合脗隘勇監督所就在附近。1907年「桃園廳大嵙崁蕃匪騷擾事件」的過程中，這裡被泰雅族鎖定為重要的佔領目標，監督所還曾經被數十名大豹人包圍縱火。可能是因為這樣的原因，在1907年11月28日，日本將合脗監督所移往今日的大漢溪和霞雲溪會合點（霞雲溪右岸）。續行，沿著小烏來路上的溪內派出所對面的水管路上合流山，即為1907年插天山隘勇線。上合流山的路上，沿途竹林遍布，隘勇線遺跡斑斑可考。依照地勢來說，深谷分遣所可能就在這一帶的山谷裡，而坂下分遣所則在往合脗頭山的山坡下，然而這都還需要再進一步的查證才行。

再往東約兩公里，就是合脗頭山了，也就是1907年合脗頭隘勇分遣所的所在地。這一帶可以發現少量的礙子碎片。清除山頂的芒草以後，隘寮的土凹遺址隱隱浮現。探查時，遇到住在附近的泰雅老人，也佐證了這邊過去曾是日本人的隘勇線；他們也說，這一帶稜線上有日本的砲台，指的很可能是當時泰雅族作為反攻基地的控社分遣所一帶。預估的位置就在合脗頭山往西幾百公尺的單稜上，然而，這一方向的隘路，早已隱沒在森林與雜叢中，幾乎無法通行了。因此，昔日有著激烈戰爭的控社與樟山等分遣所遺址，目前可能都還隱沒在森林裡。

由於前往控社與樟山兩個隘勇分遣所的路，目前路跡不明，因此，要接上後半段的隘勇線，只有從卡普產業道路接上小烏來古道

上：枕頭山主峰出土的「內務局」三角點；下：南角隘勇監督分遣所石碑

枕頭山主峰（中央的山頭）

了。產業道路的路底有一間綠色莊園有機農場，老闆林日昇（西蘭・諾幹）本身就是大豹社後裔，還是樂信・瓦旦的孫姪子。我曾經做過他的訪問與拍攝，知道他曾經還是陸軍湖口裝甲旅的戰車連連長。由於樂信・瓦旦在1954年因為白色恐怖的波及而遭到槍決，對於後代而言，在軍中能有這樣的發展實屬不易。每一次從這裡上小烏來古道與北插天山，差不多都會遇到林先生，每一次他都會先泡一杯咖啡款待，能夠在山上調查隘勇線時遇到大豹社後裔，是調查過程中最愉快的時刻。

　　小烏來古道大部分路段，就是當年的隘勇路。從產業道路終點翻過鐵門上山，大約二十分鐘後即接上寬大的土路，再過十分鐘，右轉向一個路跡不明的谷地，一直到上方的赫威山（1120）為止，沿途有許多的酒瓶、礙子與碗片，加上人造平台及隘寮土凹遺址等，

可以確認是過去的插天山隘勇線。根據推估，這一帶有可能是過去的見返坂分遣所。原因是從赫威山往東，小烏來古道（隘路）基本上呈水平方向前進，一直到兩公里外的污萊監督所遺址，沿途沒有任何其他一處能符合「見返坂」所意味的陡坡地形。

順著清爽宜人的小烏來古道前進，一路上都可以發現酒瓶與白亮的高壓電礙子，沿途幾處坡地上，也都可以發現大片的遺址群，可能是深山分遣所與望都分遣所的所在地。有些地方還可以找到成堆的、疑似藥瓶的玻璃瓶碎片。順著隘路東進，約莫一個半小時後，來到一處海拔約1240公尺、地勢非常關鍵而卓越的鞍部，從現場判斷並對照地圖，這裡就是污萊隘勇監督所之所在地。附近除了隘勇線的文物以外，還可以找到隘寮以及類似於戰壕的工構，可以想像當年監督所的規模之大。從這裡往北，可以直接監控三峽的大豹社舊域，宰制性相當高。根據林日昇的口述，監督所遺址附近有過去日本的砲台遺址，只是目前尚未發現。

從污萊隘勇監督所往北下山，約莫五分鐘以後，抵達一個十字路口。橫向的路，即是今日熱門的東滿步道。這條大眾化的步道，上通北插天山、下達滿月圓森林遊樂區的收費站，是1908年日本為了方便三峽方面的物資以及警備員能夠迅速補充至插天隘線，因而開通的有木到檜谷分遣所的新隘線。[46]

從上述的十字路口直行，就會進入一般山友所稱的「檜谷線」山路。沿途的文物愈來愈豐富，除了可以發現各式各樣的酒瓶、醬瓶以外，還有印有「DANIPPON」（大日本）的酒瓶、大阪製造的陶瓷牙膏盒，以及其他地方很少能看到的大量瓷碗破片、藥罐。

這一帶可能有當初隘勇線的炊事場或者酒保（福利社），大量的文物顯示出當初插天山隘線物資補給之充沛。另外，在過去日警

插天山隘勇線見返坂分遣所（圖片來源：遠藤寬哉，《臺灣蕃族寫真帖》）

佐倉的文章中，也記載了百年前這段檜谷接岩戶線的情景：「衝雨而出發，攀一險阪。有老檜瀰漫山谷，蒼翠欲滴，曰檜山（谷）分遣所。行數町有巨巖相對峙，纔通人，曰岩戶分遣所。」[47]如今，老檜林已經完全消失，留下的是年輕而略顯單薄的柳杉林。順著檜谷線前進，越過幾條小溪以後，來到一處高地，地上一樣散滿了酒瓶與木炭的碎屑，還有顯著的隘寮的土凹遺址，當然也混雜了近代時期獵人的雜物。顯然這裡是一處有著炭窯的大型據點，人文痕跡之豐富，令人推測，可能就是過去檜谷分遣所的所在地。

　　抵達檜谷分遣所高地之前約五百公尺的距離，從一處大巨石地標旁的山路右轉陡上，爬升兩百多公尺後，即可來到位於多崖山西北坡處的岩戶分遣所。這是一個一夫當關、萬夫莫敵的高聳之地，

烽火，插天山隘勇線（1907）

上：插天山隘勇線上的「星星牌」陶瓷牙膏盒蓋（大阪製）；下：岩戶隘勇分遣所的礙子與酒瓶（圖為過去的山友所排列）

岩戶隘勇分遺所入口兩側的巨岩，山友俗稱「大門牙」。

有著兩座巨大的岩石作為入口（山友稱之為「大門牙」），門牙後面就是岩戶分遺所了。這裡海拔標高1480公尺，由於位處盛行雲霧帶，加上當地幾乎終年雲霧繚繞，如今的岩戶就像迷霧中的馬雅廢墟一般。凹凸起伏的遺址上，散落著眾多的酒瓶與礙子，從當時日本人將高壓電拉到這麼高的山裡，就可以知道泰雅人對日本的威脅，如此深入。從岩戶繼續往上走，山路迂迴於多崖山與北插天山之間的迷霧森林。越過多崖山的三角點以後，來到兩山之間一片平緩的芒叢區，這裡可以俯瞰大豹溪流域，料想是過去插天山的砲兵陣地。從這裡往東方走，插天隘勇監督所就在眼前了。

烽火，插天山隘勇線（1907）

註釋

1. 佐倉達山,〈登插天山記〉,《漢文臺灣日日新報》,1913.1.1。
2. 伊能嘉矩,《理蕃誌稿》第二編,臺北:臺灣總督府警務局,1918,頁416-419。
3. 〈插天山新隘勇線(一)〉,《漢文臺灣日日新報》,1907.8.29。
4. 同上註。
5. 〈推廣大嵙崁隘線〉,《漢文臺灣日日新報》,1907.5.10。
6. 〈插天山新隘勇線(二)〉,《漢文臺灣日日新報》,1907.8.30。
7. 傅琪貽,《泰雅族大豹群(mncaq)抵抗史》,頁32。
8. 〈插天山新隘勇線(三)〉,《漢文臺灣日日新報》,1907.8.31。
9. 同上註。
10. 〈大嵙崁隘線前進〉,《漢文臺灣日日新報》,1907.5.19。
11. 傅琪貽,《泰雅族大豹群(mncaq)抵抗史》,2017,頁32。
12. 〈隘勇線推擴演說之狀況〉,《漢文臺灣日日新報》,1907.6.13。
13. 同上註。
14. 〈枕頭山之鎮靜〉,《漢文臺灣日日新報》,1907.7.14。
15. 「甘諾」政策是日本原住民所祭出的懷柔手段,誘使原住民同意日本人在其領域裡,設置隘勇線。
16. 〈隘勇前進功程〉,《漢文臺灣日日新報》,1907.7.23。
17. 同註3。
18. 〈插天山前進線探險〉,《漢文臺灣日日新報》,1907.8.4。
19. 〈插天山新隘勇線(七)〉,《漢文臺灣日日新報》,1907.9.6。
20. 〈蕃人襲擊插天山隘線〉,《漢文臺灣日日新報》,1907.10.10。
21. 傅琪貽,《泰雅族大豹群(mncaq)抵抗史》,頁35。
22. 〈插天山隘線蕃警〉,《漢文臺灣日日新報》,1907.10.19。
23. 同註20。
24. 資料來源:〈1998年7月11日林茂成先生筆述「依據林昭光先生口述及文憑資料整理」〉,南島福爾摩沙網站。
25. 〈警備機關之發達〉,《漢文臺灣日日新報》,1907.10.6。
26. 〈插天山隘線狀況〉,《漢文臺灣日日新報》,1907.10.15。合脗隘勇監督所推測位於復興區的優霞雲。
27. 〈蕃人襲擊插天山隘線〉,《漢文臺灣日日新報》,1907.10.10。

28. 同註22。

29. 同註27。

30. 傅琪貽，《泰雅族大豹群（mncaq）抵抗史》，頁67。

31. 同上註，頁68。

32. 同上註。

33. 〈左翼隊之接戰〉，《漢文臺灣日日新報》，1907.10.25。

34. 〈討番隊解隊式〉，《漢文臺灣日日新報》，1907.12.9。

35. 〈討番戰況〉，《漢文臺灣日日新報》，1907.10.30。

36. 〈生蕃之砲戰〉，《漢文臺灣日日新報》，1907.11.1。

37. 同註22。

38. 同註1。

39. 這一段應該是描述角板山以下，順著今日霞雲坪大漢溪畔前進的隘路。

40. 同註1。

41. 〈熬眼番之逞兇〉，《漢文臺灣日日新報》，1911.5.8。報導中提到：「臺北番界距『黎毛眼』監督所三里之插天山山脈附近，此次新設製腦，本月四日，忽遭番害，慘殺腦丁兩名，皆被職首以去，一為桃園廳海山堡內曆庄人李育輝，一為同堡乾範田庄人鄭秋東。」

42. 〈深坑隊行動狀況（一）〉，《漢文臺灣日日新報》，1907.11.8。

43. 〈聞臺灣時事有感〉，《漢文臺灣日日新報》，1907.12.20。

44. 上述路線在1907年11月28，改為從牌子山直下今日的大漢溪與霞雲溪的匯合處，廢除清水、薄野、舊砲台、社、桃林、合脬、瀧上、深谷、坂下等九個隘勇分遣所，而又從牌子山聯繫東北方一公里的「二八二八高地」（金平山南峰，993Ｍ），最後再接上1906年大豹方面隘勇線。〈討蕃隊雨中搬運〉，《漢文臺灣日日新報》，1907.11.28。

45. 〈桃園部隊之行動〉，《漢文臺灣日日新報》，1907.5.9。

46. 〈插天山隘線管轄更換〉，《漢文臺灣日日新報》，1918.1.18。

47. 同註1。

霧林，屈尺叭哩沙橫斷線（1905）

　　上述幾年來的田野筆記，算是初步釐清了大豹社事件相關的隘勇線：從1900年三角湧隘勇線，1903年以「專勤化」積極推動的獅子頭山隘勇線，1904年加九嶺隘勇線，失敗的雞罩山（崙尾寮）隘勇線，到了1905年關鍵性的白石按山隘勇線，一直到1906年滅大豹社的大豹方面隘勇線、1907年追殺大豹社與北大嵙崁群的插天山隘勇線。最後，不得不附帶一提1905年屈尺叭哩沙橫斷線（隘勇線）。這條隘勇線雖然距離大豹社的領域較遠，但是與箝制大豹社，乃至於當時北臺灣的整體理蕃策略，皆有所關聯。

　　1905年，日俄戰爭即將結束，這一年也是日本殖民地臺灣隘勇線相當活躍的一年。除了三峽白石按山的隘勇線前進以外，該年7月27日，日本總督府決定從臺北屈尺開闢一條通往宜蘭方向的隘勇線，除了希望進一步牽制大豹群之外，也意圖建立南北向的理蕃「母線」，打通臺北到宜蘭這一段隘勇線缺口；完成以後，從宜蘭蘇澳到新竹內灣之間，形成了一條封鎖的隘勇線系統，增強對於北泰雅族的控制力。其中，屈尺叭哩沙橫斷線所穿越的北臺灣山區，被稱為是「豬鹿亦難越之地」[1]、「惟深山大獄，重重疊疊，截前途者甚多」[2]。

日方對屈尺叭哩沙橫斷線的推進計畫是，從南北雙向開路。北路方面，在對屈尺群採取綏撫策略的原則下，由深坑廳部隊於1904年加九嶺隘勇線的舊隘路終點——也就是拉哮隘勇監督所（或稱蚋夏奧、樟樹溪，今日的信賢部落）南下，[3]預計從拉哮開始架設高壓電，路線為：從南勢溪右岸逆游而上，順著今日的哈盆越嶺古道一路往南，幾度翻山渡溪，通過卡拉木基以後，抵達紅柴山與中嶺山之間的鞍部，也就是今日的新北市與宜蘭縣的交界牌一帶；然後向右上折，爬上海拔1039公尺的中嶺山，最後再一路順著稜線往南，抵達約六百公尺外的分水嶺（深坑廳與桃園廳的會合點）。

　　南路方面，則由江口良三郎率領宜蘭廳二五七人，分為四個分隊，以武裝的方式從叭哩沙（今日的三星）強行北上。過蘭陽溪以後，從崙埤一帶的九寮溪（又稱破礑溪）往上游走，在今日的九寮瀑布前約兩百公尺處，右轉順著山脊陡上，抵達霧氣終年繚繞、宛如鑽石般的崙埤池以後，再往北翻過一座山與一條乾谷，最終抵達分水崙。在宜蘭廳的前進期間，除了以分水崙為目標外，另外還從崙埤池北方的乾谷地往西方的拳頭母山、松羅溪的上游前進，岔出一條Y字型的隘路；最後沿著松羅溪而下，並設立松欏（羅）溪監督所。[4]

　　從1905年7月到9月中旬，屈尺叭哩沙橫斷線歷時七十多天的前進作業，動員了將近一千四百多人。總計興建了24.6公里的隘勇線，配置了兩個隘勇監督所，二十九個分遣所以及九十二座隘寮。[5]其中有4.8公里的隘路架設了高壓電線，電力來自於新店的龜山水力發電廠。此外，隘線上還大量使用了地雷。[6]整體來說，在當時算是相當高科技的配置。在《理蕃誌稿》中，該線還被視為「蕃地經營的母線」。[7]日方的報導揭露了施工過程中，遭遇到北部泰雅族（多

霧林，屈尺叭哩沙橫斷線（1905）

中嶺山稜線上的礙子

為熬眼社）的襲擊，以及面對雨季氣候的困難處境：

　　而冒險已進，器械食物，其供給輸送之難，實非居於平地者，所想像能及也。加之，北部兇蕃，素稱慓悍勇猛，沿前進線各處，皆有蟠居，時時出沒，思阻碍於工程，或扼住中途，謀害輸送部隊，是橫斷隊之危險困難，殆難以言語形容矣。且在七月中旬，炎熱如煅，自是漸入雨季。在氣候易變，荒遠山間，亘七旬餘日，一千三四百人員，日夕不遑休養，以營此大困難之是業，遂得有今日之成功。[8]

　　對於大豹群而言，這條隘勇線算是切斷了其與福山、崙埤等泰雅部落之間的往來。根據過去訪問的經驗，今日仍有大豹群許姓的

後裔居住在崙埤村，顯示了當時部落與部落之間的聯繫關係。[9]漫長的屈尺叭哩沙橫斷線開拓完成以後，除了對北泰雅族形成大包圍圈以外，日本也因此獲取了約兩千多平方公里的森林與無限的樹木資源，以珍貴的樟樹為主，另外包含了檜木、楠木、櫟木、烏心石等，其中並以阿玉山數量最多：

因此橫斷線路竣成，其所得之真價，原不在於土地與樹木而已，然只就在山中生產力所主之樹木而論，其價已不尠矣。在橫斷線內，所包土地面積，謂約有六十方里，期間，得製出樟腦，豫算約有一千萬斤。又只論樹木價格，譬如樹木繁茂土地，有三分之一，以二十方里計，一町可得木材至八百尺締（一尺締十二尺長、圍一尺四方），總計木材有兩百四十萬尺締，其在山間，雖云價格極廉，然每一尺締之木，以三十錢計，亦有七十二萬圓，若運出城市，一尺締二圓，計值得四百八十萬圓。然據所聞，其處森林面積，實不下三十方里，恐只論木材價格，縱極為低廉，亦在五百萬圓以上，更合諸樟價格五百萬，則在該線內土地，所有森林價格，約有一千萬圓以上。又某林業家，謂在線內森林，其深有望者，為阿玉山，最重要（的）木材，即檜、楠（楠木、楠仔木）、樟、樫類、柯、烏心石、藤等，欲運出圳原，亦無甚困難云。[10]

初探哈盆越嶺古道

第一次屈尺叭哩沙橫斷線的探勘，是與舞蹈工作者U、攝影助理小L從烏來的福山村出發，循著今日的哈盆越嶺古道南進。行前，還特別去了福山派出所看了一下，因為這裡很可能是過去的李茂岸

霧林，屈尺叭哩沙橫斷線（1905）

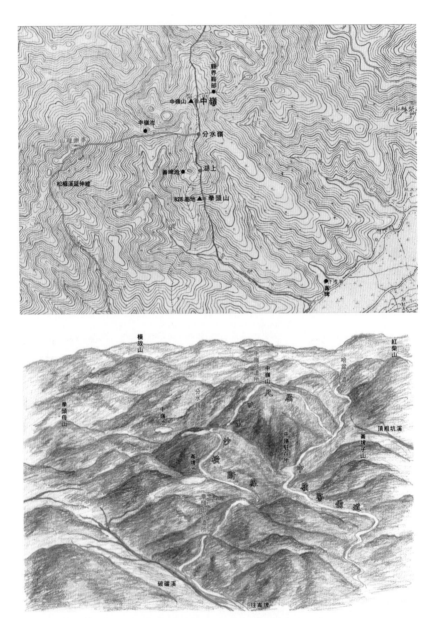

上：1905年屈尺叭哩沙橫斷線中嶺山附近；下：1905年屈尺叭哩沙橫斷線示意圖

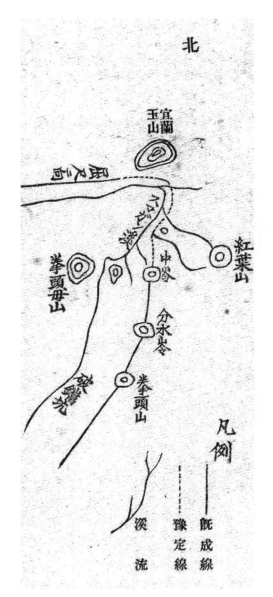

北

宜蘭玉山

紅葉山

拳頭母山

中谷

分水岑

拳頭山

凡例

溪流　豫定線　既成線

屈尺叭哩沙隘勇線圖（圖片來源：《臺北州理蕃誌
（舊宜蘭廳）》，1905）

霧林．屈尺叭哩沙橫斷線（1905）

隘勇監督所。日警佐倉達山在1912年的〈登插天山記〉裡，記載了
這座監督所像角板山的薰風館一樣，以檜木造成，雍容華貴的建築
旁還設有養魚的水池。他當時還親自觀察了以十二位為一隊的隘勇
操演，其中三人可能是來自屈尺社的原住民。佐倉形容這三人「皆
著洋裝，頗頰有鬚」，眼睛目光炯炯，號令一下，一進一退之間，
絲毫不失準度。他還讚賞這種以原住民隘勇來約束原住民的做法，
是高明的「以毒制毒」之策。此外，他還提到，前一陣子有來自不
明部落的原住民，利用竹梯跨越通電的隘勇線，並在沿途設置「竹
針」以防止追兵。這種隱匿的陷阱，還是得靠同樣是原住民的隘勇
才能找出來。

　　來到福山派出所，值班的警員聽到我表明「前來調查隘勇監督
所」的來意之後，他老大一般地說，這派出所的歷史他最懂，他說
這裡沒有什麼叫「隘勇監督所」。派出所的員警頗為氣勢凌人，讓
人感覺在這深山當警察似乎是一件頗為威風的事。他這麼一講，我
都不太敢進一步提出自己的意見，深怕他馬上不爽翻臉然後逮捕我。
更遑論告訴他，李茂岸隘勇監督所在當時整個新店、烏來、桃園乃
至於宜蘭的隘勇線系統裡，扮演著如何重要的樞紐角色。

　　離開派出所以後，忽然有一種無罪開釋的感覺。出發過了福山
橋以後，哈盆越嶺古道的入口，就在不遠處。進入古道以後，前段
的路況大致良好。然而，由於受到2015年強颱蘇迪勒橫掃北臺灣的
影響，原本相當好走的越嶺古道在6K處出現了大坍方。為了避免
一失足即墜落萬丈深淵的危險，一行人選擇用「高繞」的方式，費
力地另闢山徑，繞過崩塌地。經過一整天的折騰，最後僅抵達疑似
卡拉木基駐在所的遺址，例行性地鋤草、拍照以後，趁著天黑之前
趕緊撤返。

上：哈盆越嶺古道上的隘勇遺址；下：哈盆越嶺古道上的礙子

霧林，屈尺叭哩沙橫斷線（1905）

上：山中寬廣的哈盆營地；下：台北廳西拉庫方面前進隊（攝於哈盆越嶺古道上）（圖片來源：《臺灣蕃地寫真帖》）

幾個月以後，又獨自探索了兩次哈盆越嶺古道，跨過清澈的波露溪與門路溪，深入有著臺灣亞馬遜叢林之稱的哈盆營地。沿途有著古道常見的平坦特徵，偶遇的礙子證實了隘勇線曾經存在的證據。

魂斷中嶺

屈尺叭哩沙橫斷線另一個，我們再次由南邊的宜蘭縣大同鄉崙埤村入山，目的地是屈尺叭哩沙橫斷線南段的重要據點：中嶺隘勇分遣所。

行前，根據臺灣登山怪傑「蕭郎」先生的登山路線圖，[11]發現了中嶺山稜線上有很多發現礙子的記錄。這份文件為我們的探勘增添了無比信心。當時，隨行的有公共電視「藝術很有事」團隊，他們預計拍攝創作者尋找隘勇線的紀錄片。

2017年7月，一行人在霧霾中的臺北市公共電視大樓集合後出發，像早起的老鼠般鑽過南港石碇彭山雪山等隧道，出蘭陽平原後就是一片光明坦途了。在大同鄉派出所登記好入山證以後，車子便順著崙埤野溪上行，在一個叫做「斗嫩」的地方右轉。此後，水泥道路如同蛇一般向山野剖進。隨著海拔逐漸攀高，展望也愈佳，遠方初醒的蘭陽平原上，幾座現代化的城市還籠罩在一片霧霾之中。而我們所要前往的中嶺山卻是一片連陽光都不願意眷顧的森林。那一帶山區常年雨霧繚繞，因為富含水氣，除了容易導致路線坍方以外，也經常因此光線昏暗。1905年的報導記載了當時的日本部隊行走在這一帶隘勇線的經驗：「高山矗立，兩邊聳峙，樟樹雜木叢生，從谷底行過，晝亦箔暝。」這句「晝亦箔暝」（薄夜，初晚之意）真是最好的詮釋。[12]

霧林，屈尺叭哩沙橫斷線（1905）

來到崙埤產業道路的終點以後，1920年代的中嶺警備線就在前方。我們穿越惱人的五節芒叢，跨過新雨中坍塌的土路，這時候，天空開始下雨，一行人踉蹌跌撞於黃泥爛路。大同鄉的山野，以前也走過幾次，印象中差不多每一次都下雨。

　　從空照圖看來，這裡的蘭陽溪谷地像一尾撐著大嘴的鱸魚，混濁的口張向東北季風，好像要把天空中的水氣全部吸納進魚肚一般。也因此，這裡的森林總像剛從水裡撈出來一樣。雨噠噠滴滴地從樹上的松蘿滑落，匯成地上的涓流，最後流回蘭陽溪。

　　而我們——一群大多數由臺北市科技宅男所組成的我們，像1942年錯誤地向緬甸北部野人山撤退而損失慘重的中國遠征軍一般：隊伍緩慢移動如受傷的蠕蟲，中間若有人滑倒或者有人停下來喘息，蟲身就斷了；落後的人趕緊追上隊伍，蟲身就又接回來了。而就在蠕蟲不知被切碎幾次又重生幾回之後，天空的雨變大又變冰了。到了下午，我們在又濕又冷之中，抵達了中嶺警備線旁的中嶺駐在所遺址，距離目的地的中嶺山頂，以及1905年隘勇線時期的中嶺隘勇分遣所，還有海拔三百公尺的高低差，相當於五分之三座的臺北101的高度。然而，鑑於天色已晚、傷兵累累，最後只好在駐在所過夜。

　　日殖時期的駐在所與早期臨時性的隘勇線監督所、分遣所與隘寮，在構造上是不一樣的。駐在所是約莫1920年代以後的產物，具有堅固的建築物以及集團式的駐守模式，是隘線「蕃情」穩定以後所拓建的警備道的設施，也常常是今日山地派出所的前身。中嶺駐在所尚存廣闊的水泥地基，並沒有被百年來的霧林氣候所摧毀，在黃藤、觀音蓮座蕨與芒萁的覆蓋下，地基上還留有一根一根生鏽的卯釘，曾經它固定了上面的日式木造建築。

往中嶺山的陡峭溪谷路

　　隔天清晨，在此起彼落的羌吼聲中醒來，受傷的隊伍重新集氣，順著警備線來到了中嶺山與紅柴山之間的鞍部。附近有一條翠綠的小溪，旁邊矗立著一個被山友戲稱為「五星級旅館」的大獵寮。1907年，日本預計興建的宜蘭鐵道計畫中，便是以屈尺叭哩沙橫斷線為基礎，預計從烏來信賢將鐵路拉往宜蘭境內，而這個鞍部就是當時預計的穿越點。[13] 幸虧當時鐵道沒有蓋成，山野才能保留相對原始的樣貌。

　　從「五星級旅館」順著溪谷左轉，向中嶺隘勇監督所的方向挺進；然而因為引路布條在一開始就不見了，一行人因此變得毫無方向感可言，像瞎子摸象一樣。只好硬著頭皮攀爬陡峭的乾溪谷，希望能夠登上中嶺山的稜線。但是由於難度實在太高了，最終只好在一片斷崖前含淚認輸。回程途中，公視的導演抱怨除了十多年前的

當兵時期以外,已經沒有過「三天內衣不乾」的經驗;隨行的攝影助理、沿途不斷受傷的W則說,他這一路上一直想起電影《異域》主題曲的一段歌詞:「我們沒有家。」安全抵達山下以後他還說,從今以後,這一天是他新的生日。

中嶺山令人魂斷,自從上次與公共電視組成的「遠征軍」失敗了以後,隔了一段時間,我召集攝影小羅與大學學弟C,準備再次探勘,一雪前恥。那已是2017年底,東北季風起了。一行人乖乖地按照當初宜蘭廳的路線——從破礑溪(九寮溪)的自然生態步道出發,預計在步道尾端的九寮瀑布前,右轉接上往崙埤池的隘勇古道。

走在九寮溪自然生態步道,沿途風景怡人。清澈的破礑溪與濃密的森林,帶來了島嶼洪荒的訊息。兩岸密林裡或許還殘留著當年墾荒的客家人的鬱悶、泰雅人的憤恨以及日本人的鄉愁。據說,過去沿著破礑溪有九個隘寮,因此稱之為「九寮」;不過目前僅剩下一個隘勇彈藥庫的遺址比較具體。但是,破礑溪沿岸是屈尺叭哩沙橫斷線的一部分,這點應該是無庸置疑的。由於步道平緩,沿途有很多阿公阿嬤,帶狗牽孫子走著,我們一身的重裝,顯得格格不入。走在充滿正能量負離子、陽光爛漫青春小鳥一般的森林浴步道,約莫一個小時後,抵達了通往崙埤池的岔路口,隘勇路從這裡開始,沿著山脊而上。由於少有人走,前方的「路」之蠻荒程度,差不多可媲美國家地理頻道裡的亞馬遜雨林,和之前阿公阿嬤在走的森林浴步道完全不一樣。就在一步一刀地往前「砍」進的同時,天空再度飄起細雨。

我們當天的目的地是崙埤池,在1905年宜蘭廳四個分隊的推進中,那裡是第二部隊根據地——湖上分遣所。由於崙埤池生長有臺灣珍貴的浮葉類植物:蓴菜,日方隘勇隊當時還以「蓴菜池」稱之。[14]

從九寮溪谷到崙埤池的路，垂直落差達五百公尺。森林淹沒了古隘線，山蘇像人頭，懸掛在殼斗科的喬樹上，蕨類則以其原始的生命力，核彈一般從森林的底層爆開。眼前蕨海茫茫，無盡揮刀砍草的疲憊，加上平均間隔約一百多公尺才會出現一條引路布條，這段古隘路走來，令人五味雜陳、信心俱失。然而，即使已多年無人行走了，沿線的「文物」還是不時從濃密的森林裡冒出來。步道兩旁隨時可以發現咖啡色的日本酒瓶、人造石階以及有著卯釘痕跡的高壓電柱。最明顯的，是途中一個海拔828公尺的高地山頭（暫定為828高地），疑為拳頭山分遣所。當年宜蘭廳前進隊的文獻如此記載著：

（1905年）7月15日，開始著手叭哩沙、屈尺之間橫貫隘勇線的設置運動……於下午6時，第一及第三分隊確實佔領拳頭山，第二分隊在破鐺坑與分水嶺中間的山腹露營……第一、第二分隊從事於建造小屋及採伐的工作，第三分隊著手埋設地雷及架設木柵。[15]

當時的宜蘭廳部隊沿著破鐺坑而上，佔領拳頭山後，便開始趕工修築分遣所。[16]部隊還因為缺水而生吃帶來的南瓜與冬瓜，並在隔天派人員四處搜尋，因此發現了一個周長150公尺的水池，據信就是今日的崙埤池。[17]隘勇前進隊於是在池旁設立了湖上分遣所，並在拳頭山分遣所與湖上分遣所之間的隘路，建立了大量的木柵。[18]

日本在抵達了崙埤池以後，部隊開始兵分二路，以Y字型的方式前進：一路往北探索分水嶺、一路往東南跨過松羅溪上游，以期獲得更多的樟腦資源。在往東南山地的拓展過程中，日方陸續完成了筆山分遣所、禿崙等分遣所等，並從松羅溪的源頭下山，在今日

屈尺叭里沙隘勇線，疑似拳頭山分遣所附近的高壓電礙子

　　的松羅部落一帶，設置了松欏（羅）溪分遣所。[19]在1911年《蕃匪討伐紀念寫真帖》的地圖上，此分遣所則已轉為松欏（羅）溪監督所。這一帶的隘線，除了木柵、地雷與電話線的設施以外，日方甚至在破鐺坑跟松羅溪兩處分遣所設有酒保（福利社）。[20]

　　而今，疑似拳頭山分遣所的828高地，依然兀立在雲霧繚繞的群山中，徒留現場成堆的高壓電礙子。續往前行，眼前山路有如無始無盡一般；在不斷地、恍神地揮刀前進，到了幾乎要迷失自我的時刻，雨又更大了。兩旁盡是懸崖的山脊上，我們變成了動物，像逃命的野獸般，要不狼狽地活著、要不就淒冷地死在森林裡，讓山豬與黃喉貂裹腹。最後，不知道經過了多久，終於走出了蠻荒的絕境，在森林的破口之處，如鑽石般的崙埤池出現了。

　　那天晚上，我們在崙埤池上方的山上紮營。我想起剛出發時，

224

曾在破礑溪旁遇見一位在地的老農，他曾提起，日殖時期的中嶺一帶山區，曾有上千人駐紮，包含了警察、隘勇、酒保與伐木工人。不知道百年前隘勇線上的人，是不是也如此憎恨著雨？好像百年以來，這場雨就未曾停歇過一般。

1905年8月28日，山砲部隊終於駐進了拳頭山分遣所，當時天降傾盆大雨，蘭陽溪暴漲1.4公尺，拳頭山與九芎湖之間的電話線中斷。30日，綿延雨勢之中，宜蘭廳長中田下令部隊從崙埤池的湖上分遣所挺進，佔領最終的目的地——分水嶺。[21]

百年以後，我們卻還是因雨而受困在崙埤池，動彈不得。露宿的夜裡，湖岸濕地傳來了腹斑蛙的鳴叫。我們離開池畔，選擇上方的高地紮營，C奮力地在雨中以濕柴生火，攝影師小羅則忙著安頓帳篷；我們在原始的自然世界中各自默默工作，偶爾一些乾燥的對話聲，就像遠方的蛙鳴一樣。次日一早，我與小羅輕裝直接往北走，希望能夠直上中嶺山。只是，手中的GPS明明顯示前方有路，卻是怎麼樣都找不到切入口。我們於是選擇逆著乾谷地直接硬切，這一錯就步步錯，最後在數百公尺外的山稜上迷了路。上次帶公共電視團隊的敗北畫面再度浮現。臺灣中級山的路，絕不是我們在平地所以為的那種「路」，而是會隨著森林呼吸的路。有時候枝葉呼氣散開，通道忽然出現；有時候森林往內部收縮，通道就閉合了。茫茫如海的森林中，由於已經找不到路了，不得已只好再次撤退。

經歷了二次「魂斷中嶺」，山繼續在那裡嘲笑著我。2019年年初，因為課程的關係，我帶著臺北藝術大學與臺南藝術大學碩、博士班等二十多位學生，組成了也許是宜蘭登山史上學歷加權指數最高的團隊，準備再登中嶺山，一雪前二次的恥辱。這一次，我們選擇第一次帶領公共電視團隊入山的中嶺警備線入山。在崙埤的產業

晨間的崙埤池

道路底停好車以後，一行人便展開重裝步行。幾位在森林邊緣施工的工人警告我們：不久前他們才在警備線上遇見山豬。山裡走久了，我知道，在森林裡遇見山豬會是多麼不妙的一件事。如果遇到的是帶著小豬的母豬，牠會用平生的力氣「為母則強」地主動衝向人類——泰雅族人的說法是：「那時候爬樹也沒有用」。而如果遇到有獠牙的公豬，那就直接有生命危險了。因此當時我的心中頓時一沉，心想，帶著這麼一大票幾乎沒有山林經驗的學生，萬一真的遇上「臺灣森林之霸」——山豬，該怎麼辦？

　　就在心裡籠罩著一片烏雲的時候，天空這時也應景地下起雨了。頂著潮濕的氣候往前走到古道的三岔口時，原本通往中嶺隘勇分遣所的中路，再度魔法般地消失在森林裡了。在不得已的情況下，大隊人馬只好再度繞往崙埤池上方紮營。一樣的狀況，一樣在徹夜的

雨中生火。有些人忙著收集潮濕的木材，有些人忙著抖掉身上的螞蝗。我們一樣沒有什麼交集地對話著，偶爾發出的笑聲，還是像蛙鳴一樣。

　　隔天，拔營離開，準備再次硬切中嶺山，順便尋找已經消失在地圖中的分水嶺。這一次，我們還是錯失了隱匿在樹叢裡的引路布條，只得再次往陡峭的森林上方硬切，距離上次失敗的上切路僅一百公尺左右。不同的是，這次我選擇以之字型的方式領頭，邊開路邊綁路條，邊請後面的學生在陡峭處挖掘拓點，小心照顧為更後方的學生。不過，很快地我就發現，學生的「身體性」遠不如預期，前進一百公尺的距離大概要花一個小時，比1907年枕頭山戰役裡日本推進的速度還慢。總之，我們再度失敗了。

終抵中嶺

　　所謂失敗為成功之母，經過前面的三次挫折以後，我對中嶺山區一帶也大概摸熟了。2019年小年夜，遂決定以獨行的方式，再探中嶺山。

　　這次，我選擇前一晚夜宿中嶺山下，玉蘭村的玉露客棧民宿。睡在乾淨清潔而富有彈性的床墊上，而非又窄又冷又硬的帳篷，手上還有電視遙控器可以隨便「轉台」，深深感到用錢還是可以買到一些東西的。隔天，晨光乍現之際，再次走上崙埤產業道路，往中嶺警備線前進。過了芒叢，一個人輕裝疾行於林間，內心感到無比光明。再次經過中嶺駐在所遺址。這次就不停下了，直接向紅柴山與中嶺山鞍部前進。抵達五星級獵寮以後，耐住性子先在附近四下探尋一陣子，這次終於找到殘破的引路布條了。[22] 於是順著陡峭的

霧林，屈尺叭哩沙橫斷線（1905）

稜線一路攀行約170公尺，約莫半個多小時以後，抵達中嶺山稜線了。一上稜線，眼前的老樹上還釘了一顆高壓電大礙子。歷經前三次的慘敗，終於讓我找到隘路了，心中感到，這真是「神啟」的一刻！

走在中嶺山的山稜，就像進入一個「失落的世界」般，周遭的森林安靜到令人感到隱隱的不安。陽光篩落在潮濕的土壤，上升的蒸騰之氣猶如傳說中的恐怖沼氣。腳下有厚厚一層——也許亙古以來從未乾燥過的枯葉與腐殖物，林間深處鳥嘯羌吼，頭頂的雲層不時傳來一陣陣音爆，也許是來自桃園基地的F16戰鬥機正規律地劃破的天空。因為那段期間，中共解放軍正執行著以軍機繞行臺灣。

原本以為上了稜線，眼前就會出現一條康莊大道。事實上不然，由於少有人走，加上叢林的覆蓋，稜線上的「路」基本上是網狀的——猶如氾濫的湄公河三角洲一般，常常會因為循著前人走錯的路，而莫名地通往某個斷崖，這時候你就得乖乖摸著鼻子回返原點。我想起臺大登山社蘇文政在民國七十二年山社刊物上，曾經提出「路的三大定律」：（一）每條路均有其功能；（二）每條路均以最省力的途徑達成其功能；（三）功能越大的路路跡越大。蘇文政的定律看似平凡無奇，但是其關鍵之處在於對「能量」的解析，愈是節省能量的路徑，愈有合理性。不過，這樣的觀察在中嶺山的寬稜上是失效的。那裡的路是網狀的，每一條路同時是對的和錯的總和。也像三角洲網流狀的胡志明小徑，不是每一條路都以最有效的方法到達目的地，反而有時候錯的路因為被走過多次，看起來卻像是主路。這時候你就會發現自己又迷路了，身陷在雪山山脈的某一個無名之地，被周遭一百種說不出名字的植物包圍著。

不過，經驗多了之後，過去因為迷失在森林裡所產生的恐懼、

上：中嶺隘勇分遣所蔓荒的遺址現況；下：中嶺隘勇分遣所的礙子與酒瓶

霧林，屈尺叭哩沙橫斷線（1905）

那種擔心自己會死在一個「不知所以然」的地方──如同布朗肖《黑暗托瑪》所形容的黑暗、無方向感的空間，那種擔憂現階段比較不會有了。特別是後來有幾次跟隨泰雅獵人上山的經驗，在這樣過程中，似乎神祕地化解了自己與自然之間的距離。現在即使迷路了，也比較不會心慌了，慢慢能夠更冷靜而細緻地做現場判斷，諸如陽光、植物集體傾倒的方限、方位、風向、山稜走向、分岔點、路的方向……。

經過不知道多少次的錯路嘗試後，終於抵達中嶺山的山頂，也就是過去的中嶺隘勇分遣所的遺址。環顧周遭，一片雜叢，分遣所的石塊地基隱約浮現著。眼下到處是酒瓶，讓人懷疑這裡過去根本是個高山酒吧。在日本的文獻中，中嶺分遣所派有警部補一名，周遭的山稜，至少有五、六個隘寮，一旦有事，彼此之間可以相互呼應，這也解釋了為何沿路的山稜上，都可以找到酒瓶與礙子。[23]

在如此的絕頂之上，泰雅族依然不放棄襲擊。例如1910年《漢文臺灣日日新報》報導，熬眼社（卡澳灣）在此擊斃了隘勇伍長市村松造。這則報導也證明了中嶺分遣所直到五年後都還運作著。[24]另外，中嶺山上也成為植物學者採集的場所。1936年I.Simozawa在中嶺山採集了鈍頭金星蕨，即為一例。文獻記載：

熱帶雨林中的蕨類植物深具代表性，下澤伊八郎來到中嶺採獲新種鈍頭金星蕨，福山伯明也採得臺灣原始觀音蓮座。[25]

在山頂大致地清理一番，並做了一些記錄後，接著就是準備午餐的野炊了。由於有隨身攜帶著Zoom H4N錄音機在野外收音的習慣，整理炊具的過程中，可能是自己誤觸，錄音機居然自動播放出

前二天，還在桃園三民天主堂參加大豹社耆老瓦旦‧堂嘎（林昭明老先生）告別式彌薩的錄音檔。一時間，中嶺山頂突兀地廻響著清晰的「哈利路亞」祈禱聲。飛撲過去關掉錄音機時，我想起去年完成大豹社事件隘勇線的初步調查報告完成時，第一時間就拿去角板山，送給瓦旦‧堂嘎老先生。那時候他意識還很清楚，只對我說了「謝謝」，之後就沒再多說什麼了。往後，他的兒子信安不時會唸隘勇線調查報告的文字給老先生聽，當成防止腦力退化的訓練素材……。

從那時起，中嶺山的每一棵樹，都沾染了一層憂鬱。下山的路上，我老是覺得，告別式的彌撒音樂繚繞耳旁，腦中也不時想起最後一次見到瓦旦‧堂嘎老先生的臉，還有當時在角板山靈堂牆上的祖靈之眼。

分水嶺隘勇分遣所

屈尺叭哩沙橫斷線的最後一個探索重點，是宜蘭廳與桃園廳南、北兩路當初的會合點，一個今日已經在地圖上消失的地名：「分水嶺」，位置在中嶺分遣所南南西方四百公尺處。在《臺北州理蕃誌（舊宜蘭廳）》裡，記載了許多分水嶺的報導，可見這是隘勇線能否完成的重要關鍵之地。

2019年8月，再次獨自上山，尋找分水嶺。這一次，我耐心地依循著Garmin地圖上的路線指示，一步一步順著崙埤池北方的乾谷地，總算在上一次與南、北藝大碩博士班學生切錯的路線不遠處，發現了崙埤池往中嶺池的古老引路布條。循著指示往上走，陡峭的路上隨即出現令人振奮的日本酒瓶碎片以及明顯的人造階梯──分

水嶺隱隱出現在前方。

1905年8月，宜蘭廳丸田分隊長等人搭配技師人員，由拳頭山監督所強行入山，在監督所以北三公里的地方，發現了臺北與宜蘭之間的這個分水崙，[26]並擬訂好相關的進佔計畫後，由江口總指揮官下達佔領行動的指示：

本（8）月31日，各分隊於昨夜11點從拳頭山監督所出發，朝分水嶺前進。果然由於天氣的關係，卡奧灣蕃好像都已退散，絲毫都沒有異狀。該日上午五點三十分，佔領了預定地點……到了上午九點，風力逐漸加強，因而電話的情況尚未明瞭。不過，料想利用惡劣的天氣可以獲得特殊的機宜，因此中田廳長重新下令給總指揮官，[27]必須利用該天氣向嶺頂前進……各分隊從昨夜零點開始行動以後，冒著風雨攀登險峻，到了今天早上才佔領該預定地，中間一刻也沒有休息，終日從事作業。[28]

一百年以後，同樣也是八月分，我終於成功登上了分水嶺。從GPS來判讀，這裡的海拔高度約一千公尺，位於新北市與宜蘭縣的交界。山勢大致呈東西走向，嶺頂的面積約兩百公尺乘以五十公尺，地勢雖高卻頗為平緩，相當適合駐軍。上面散布著許多日本酒瓶、礙子，以及一種較少見的小型礙子（可能是電話線用途）。綜合判斷起來，這是過去的分水嶺分遣所，應屬無誤。

上了嶺頂，我在往中嶺山三岔口的一棵樹下卸下背包，打算坐著「喘一下」。這時，天空開始轉為陰霾，正懷疑著是否又要下雨的當刻，忽然看到眼前不到兩公尺的另一棵樹幹上，牢牢掛著一把生鏽的泰雅刀。我忍不住激動地伸手摸了刀一下，刀型肥胖而刀背

厚重，木製的刀鞘雖然腐朽，卻仍然完好地包覆著刀身。究竟是誰，將自己的刀掛在如此偏僻的森林裡？是獵人？還是過去與日本作戰的泰雅人？

一個人在霧氣甚深的森林裡，見到這樣一把生鏽的泰雅刀，一難免會感到驚恐。不過，我雖然受到震撼，卻仍然感到平靜。

離開掛著泰雅刀大樹下，我試探性地離開原本的路徑，掄起草刀，往分水嶺山系東方一百公尺左右的無名山頭探勘。直覺判斷，那裡「應該有些什麼」。抵達後卻發現，這座無名山頭非常原始，甚至我都覺得自己像是盤古開天以來，頭一個抵達這裡的人了。隨後，架起火爐準備煮午餐。說起來也奇怪，火爐旁非常隱晦的草叢裡，忽然露出了一個日本酒瓶的一角。這酒瓶像古老的「信使」一般，帶來了隘線的訊息。繼續往草裡翻看，不得了，一下子出現了三十來瓶酒瓶。想來我野炊的地點，剛好就是過去日本隘勇前進隊的酒吧、廚房，或者垃圾場吧。這巧合感實在是無以名狀：在這廣闊的雪山山脈，為何我無意間遠離山徑，選擇開闊、煮飯的無名山頭，竟就是一個大型的遺址？不由得再次想起，不久前才遇到的那把泰雅刀。

大概隔了幾個月以後，我與學生L前往分水嶺做更徹底的踏查，並且紮營在中嶺池不遠處。中嶺池畔遍布著山豬、鹿與羌的足跡，自然回收了一切，而遺址仍像破碎的帝國之鏡般，散落在山脈的深處，不時閃耀著光芒，牽引著有心人，而我所找到的，不過其中的百分之一吧。不過，走到這裡，屈尺叭哩沙橫斷線的初期探索，算是結束了。相對的，大豹社事件隘勇線的調查，也可以說告一段落了。後續是大豹群本身的舊聚落與古道調查，以及推動大豹社隘勇線成為北臺灣山區「暗黑遺址」的工作了。

霧林，屈尺叭哩沙橫斷線（1905）

上：分水崙隘勇分遣所遺留的大量日本酒瓶；下：分水崙往中嶺山的岔路，樹上的泰雅刀。

234

總歸來說，回顧四、五年來密集的山林走踏，在那片以「大豹」為名的山野，那些與森林鳥獸蟲鹿相隨的日子，山風雨露，雖如夢一場，卻又令人感到無比的真實。

註釋

1. 〈祝橫斷線成功〉，《漢文臺灣日日新報》，1905.10.6。
2. 〈蕃地橫斷線之聯絡〉，《漢文臺灣日日新報》，1905.9.28。
3. 〈宜蘭深坑防蕃機關完成〉，《漢文臺灣日日新報》，1906.6.5。
4. 〈橫斷線之消息〉，《漢文臺灣日日新報》，1905.10.8。
5. 目前所知的相關據點名稱以南段較多。其中，宜蘭方面以松欏（羅）隘勇監督所為主，下轄的分遣所與隘寮有破鐺溪、崁腳、拳頭山、湖頭、禿崙、松火、關嶺、湖上、凱旋、茆次、分水嶺、筆後山等。綜合資料來源：莊振榮、莊芳玲譯，李素月、陳文立、廖英杰編，《臺北州理蕃誌（舊宜蘭廳）》，宜蘭：宜蘭縣史館，2014。
6. 莊振榮、莊芳玲譯，李素月、陳文立、廖英杰編，《臺北州理蕃誌（舊宜蘭廳）》，宜蘭：宜蘭縣史館，2014，頁1233。
7. 伊能嘉矩編纂，《理蕃誌稿》，第二編，頁398。
8. 〈祝橫斷線成功〉，《漢文臺灣日日新報》，1905.10.6。
9. 西狩・馬賴（楊耀祖）訪問，2018，優霞雲。
10. 〈蕃地橫斷隊成功〉，《漢文臺灣日日新報》，1905.10.5。
11. 摘自蕭郎的「獨步山林間」網站，第961篇：中嶺山。
12. 〈橫斷線之消息〉，《漢文臺灣日日新報》，1905.10.8。
13. 〈宜蘭鐵道測量（三）〉，《漢文臺灣日日新報》，1907.3.17。
14. 同註6，頁1188。
15. 同註6，頁1170。
16. 拳頭姆山位於松蘿湖東北方向兩公里處。
17. 同註6，頁1170。
18. 同註6，頁1175-1176。
19. 同註6，頁1179。
20. 同註6，頁1170。

霧林，屈尺叭哩沙橫斷線（1905）

21. 位於今日的三星鄉天送埤一帶。

22. 一般臺灣的民間登山隊，都會自制布條綁在沿途上，為自己也為別人引路。

23. 〈橫斷線之消息〉，《漢文臺灣日日新報》，1905.10.8。

24. 〈蘭蕃風雲〉，《漢文臺灣日日新報》，1910.5.26。

25. 吳永華，〈熱帶雨林好風情：下澤伊八郎的蕨類採集〉，《霧林之歌：宜蘭古道自然發現史》，臺北：農委會，2018，頁75。

26. 同註6，頁1187。

27. 即為江口良三郎警部。

28. 同註6，頁1211-12112。

第二部
後裔

我問：「餘生怎麼過？」老人答道：「感謝你不問我什麼大事，只問我餘生怎麼過……」

——舞鶴，《餘生》

2018年，我前往桃園市復興區山地，拜訪大豹社耆老巴樣。六十幾歲的他望著遠方的枕頭山，難得地開口說道：「那座山以前叫做 Barahoi（巴拉厚伊）。」然後就什麼也沒再說了。經過一再追問，本來什麼都不想說的巴樣，點燃一根香菸，對著碧綠的山繼續說，Barahoi 是「蓪草」的意思。日本時期整座枕頭山種滿了 Barahoi，它的葉片就像巨人的手掌，樹莖剝皮以後，交給平地的蓪草拓殖株式會社，再切成一段一段，用特製的刀削成紙一般的「片草」，用來製作精美的美術紙或者水彩紙。

巴樣說著枕頭山泰雅族種 Barahoi 的事，令人想起 1930 年代福斯電視台的紀錄片《蕃人交易所：支出》（*Native Trading Post-Outtakes*），那部片恰好就是記錄當時角板山交易所的情況。影片中，泰雅人身後大多背著成捆的蓪草心，來換取文明的產品。那些也許

238

《蕃人交易所：支出》影片截圖，1930年攝於角板山。

在昭和時期，夾在帝國東京某一個少女閨秀的書篋裡，用來記載祕密的細紋籤紙，或許就來自我眼前的枕頭山也說不定。而背負著蓪草心的泰雅隊伍，又多麼像史詩裡的流亡者，他們攜家帶眷從遙遠的深山來到角板山交易所，用背後的山產換取銅鍋、鐵蓋，或者木製手搖咚咚鼓給孩子玩。

　　說完Barahoi，這位前大豹群領袖之一的孫子，對著枕頭山沈默許久。歲月在他生命裡已經雕鑿出一個黑洞，在深不見底的地方，是山地的白色恐怖記憶。而祖父輩的冤屈，更造成了一生無解的遺憾。眼前蔥綠的枕頭山，在他的眼裡，化為一座意味著羞辱的小土丘，他的餘生就是每天無言地對著山，忿恨、無解。他說，如果族人還留在大豹溪流域的話，那現在一定是一個獨立的「原住民鄉」

霧林，屈尺叭哩沙橫斷線（1905）

了，像嘉義的阿里山鄉一樣。過了很久以後，他又吸了一口菸說：「我很後悔答應接受你的訪問，請你回去吧！」

戰後的遷徙概況

　　1906年，大豹方面隘勇線前進以後，迫使大豹群往南遷徙。日本不僅以武力摧毀了大豹群，期間更造成了族群的分化，這對於今日的大豹群後裔而言，仍然留下了難以彌合的傷痕。大豹群領袖瓦旦‧燮促在家園淪陷了以後，短時間內旋即過逝，而巴樣的祖先哈勇‧西侯，出身於Iboh（伊霸，三峽有木里一帶），他也是有木社方面的領袖，[1]戰後因為受到複雜原因的冤屈而亡，骨灰罈如今就安放在桃園市復興區的志繼公墓。

　　在隘勇線踏查期間，心中一直有一個疑問：那些被「討伐」的大豹群後來究竟去哪裡了？真的「滅亡」了嗎？2017年起，開始接觸到角板山一帶、以瓦旦‧堂嘎老先生為主的大豹群後裔，也才驚覺，原來大豹人是存在的！從那時候起，我一面繼續上山調查隘勇線，一面也開始規律性地上部落，對大豹群後裔進行地毯式的尋找與訪問。從「找線」到「找人」的任務，從此開啟。

　　在這個過程中，大豹群後裔居然像雨後春筍一般，陸陸續續從復興區的山裡冒出來。除了巴樣以外，復興區的志繼、佳志、優霞雲、庫志、卡外等部落，乃至山下的角板山、羅浮、下溪口，甚至在三民的基國派、烏來等地，以及更多不知名的角落，依然居住著

早期大豹人的畫像，翻拍於志繼部落大豹群後裔家中。

許多大豹群後裔。大豹群後裔與大多數日殖時期遭到「理蕃」之害
的其他泰雅族的不一樣之處，在於他們是被「連根拔起」、徹底地
失去故鄉。因此，以下對大豹群在隘勇線戰爭後，目前「流離在外」
的分布概況，先做一番梳理。

志繼、佳志

　　志繼與詩朗兩社原居現臺北三峽境內，因日人入侵，志繼社於
光緒三十一年（明治三十八年，1905），由大豹社遷來本鄉建社，
次年詩朗社遷於角板山北，另立一社，依然叫詩朗。[2]

　　隘勇線戰後大豹社的分布，以今日的復興區霞雲里比例最高，
其中主要集中在志繼與佳志兩個部落。目前居住在那裡的後裔，其

祖先多半來自於大豹溪的有木一百甲山區一帶。根據志繼部落的尤幹・達亞賀（楊崇德）口述，大豹社事件以後，戰敗的族人先撤退到東眼山南麓一個叫做「志繼」（Sqiy）的小盆地（本文暫稱為「舊志繼」）。[3]因為當時的族人在周圍種滿帶刺的「Valagi」——一種泰雅族經常種來防衛的植物，因此，舊志繼又叫做「Valagi」。[4]居住在優霞雲的耆老西狩・馬賴（楊耀祖）則推敲，今日志繼部落的「Sqiy」一詞，可能是從「Valagi」演變而來。

舊志繼遺址就在今日佳志部落東北方約莫五百多公尺處。那是一個能夠容納數百人的小盆地，一旁有潺潺流水，非常適合安身立命。這個地點，在1914年製版的日本五萬分之一蕃地地形圖裡標示的是シツケ（Stuke，施志給），完全吻合了耆老指認。而兩百多年前大豹群分別從南投逐步北遷，在進入大豹溪流域之前，據傳可能就在這裡暫時待過，是祖先留下來的避難地。[5]志繼部落在日本警務局的《高砂族調查書》中記載為「錫科意社」(Shikkei)，[6]文中並且說明了「志繼」兩字是「並排、並行」的意思，指的是部落位於志繼溪兩條並排的支流之間。

至於佳志部落名稱的來源，據傳是因為日殖時期那裡有一座斗笠形涼亭：

佳志自泰雅語（cyasi）的諧音，其意是斗笠，日據時代此處曾設置一座涼亭形似斗笠，供民眾路過歇息，當時名為「便民亭」，故而得名之。佳志在志繼溪中游右岸山坡，海拔約600公尺，可由優霞雲往大約（插角）之產業道路經過，亦可通往東眼山森林遊樂區，居民種稻，目前多數至外地打工維持生活。[7]

戰後的遷徙概況

Valagi 盆地，大豹人遷移到今日的志繼、佳志部落之前的暫居地

　　族人在 Valagi 居住了一段時間以後，因為人口成長與耕地的需求，才逐漸移動到現今的志繼與佳志部落。其中有些族人繼續搬移到山下其他地方，流動於下溪口台、角板山、復興區詩朗或者三民等地，有些則世代定居於此，不再移動。例如居住在志繼水圳最尾巴的烏勞‧西蘭（林宗三）提及，他的家族從大豹社事件以後，就遷徙來此，除了偶爾下山工作以外，一直都住在山上。跟巴樣相同，烏勞也是哈勇‧西侯的後代，雙方是親戚關係。烏勞 1969 年出生在佳志部落，雖然跑過遠洋漁船，當過裝潢工，但是一生的勞動、婚娶與生兒育女，基本上還是以志繼與佳志為主。事實上，類似烏勞這樣感覺上默默無聞，幾乎一生山居的當代大豹人，為數並不少。[8]

　　從文獻的人口記載而言，1909 年 6 月份「歸順」以後，有三十一戶，一百二十人居住在志繼（可能也包含了佳志）[9]。在 1915 年

森丑之助《臺灣蕃族志》的記載裡，志繼部落多為原大豹社（插角社）的人，而佳志部落則多為原金敏社人，共計約二十二戶。[10]當時的志繼部落有兩個gaga，[11]一個是瓦旦‧燮促的胞弟——阿豹‧燮促，另一個則是尤敏‧那輝所屬，[12]形成了兩個niqan（共食團）。到了1927年，志繼部落有三十戶居民，共計一百二十一人遷出，遷移到下溪口台地。[13]到了1931年，總計有五個家族氏群（gaga），計三十四戶居住在志繼與佳志之間，估計當時的人口數應該有一百五十至兩百人左右。

根據近幾年的部落訪問，可以明顯發現，瓦旦‧燮促的氏族大多已經移出了志繼與佳志；目前留在那裡的大豹人，如前所述，主要是來自於有木一百甲，也就是過去日本地圖上標示的有木、蚋仔、東麓等社之地。以漢人的姓氏來說，大致上以黃家、楊家、施家、田家、宗家、吳家、林家為主。其中，黃家可以說是志繼部落的主要「大姓」，先祖來自於三峽的有木一百甲。而佳志部落則以宗家——即哈勇‧西侯的後代尤敏‧樂信（宗民雄）為代表，來自相同的區域。

志繼與佳志這兩個迷你山村，像是孿生子一般，剛好位於大豹溪流域南方邊緣之外，翻一座山就到了。這樣「邊緣之外」的位置，恰恰見證了大豹社事件中大豹群「被驅離」的事實。橫貫在兩個部落上方，是平日遊客如織、重機車轟轟叫，通往東眼山森林遊樂區的桃119線公路。數十年前公路通車以後，為了分散人口成長的壓力，兩部落的部分村民開始移往119沿線居住，並另外組建了名為「Quri Tbali」（谷里得笆立）的部落。[14]

整體來說，居住在霞雲里的大豹群後裔，對於大豹社事件的過程，以及先祖為何從大豹溪遷徙到這裡的原因，是比較模糊的，對

志繼部落的日常

於「族群」的認同則是以泛泰雅族為主，而非「大豹群」。mama尤幹提及：

　　目前大豹社後裔可能百分之八十的人都不知道他們過去的歷史，到底為何而活，他們都不知道。以前志繼、佳志，我們本來就是同一家族，比如三光有田家，志繼佳志有黃家、楊家、宗家跟施家，其中施家是姻親。[15]

泰雅富—志繼—下溪口

　　除了志繼與佳志兩部落以外，其他族人也口述了隘勇線戰後大豹群的不同遷徙路線。

左：堂嘎・瓦旦（Tanga Watan）夫婦像；右：堂嘎・瓦旦（Tanga Watan，左）與樂信・
瓦旦（Lasin Watan，右二）合照（林富美提供）

　　根據瓦旦・燮促的孫子——前任復興鄉長林昭光指出，戰敗後
的1908年，祖父率領了一批大豹人撤往後山雪霧鬧溪北側，一個叫
做「泰雅富」（Taiyaf）的高坡地。[16]跟Valagi一樣，這是兩百多年
前大豹群北遷時，祖先所預先留下來的避難地。

　　然而，因為泰雅富的耕地面積狹小，無法養活族人，瓦旦・燮
促遂徒步從雪鬧霧走到角板山，隻身與日本人談判。之後，瓦旦・
燮促的兒子樂信・瓦旦（林瑞昌）被交給日方當人質，與同族人哈
勇・烏送（高啟順）一起，在日本的教育體系下習醫，成為泰雅族
任職現代醫生的先驅。瓦旦・燮促的另一位兒子堂嘎・瓦旦（林忠
義），則在1904年三歲的時候，為了躲避日本隘勇線的前進，就被
送到基國派（Kiakopai），後來輾轉住在泰雅富、義盛村的義興

下溪口台部落

（Gihen）等地。

　　大豹社事件之後，堂嘎與哥哥樂信‧瓦旦都被當做人質，交給日方。堂嘎後來在族人的接應下逃出來，於1912年返回志繼部落。

　　往後，在三井的允許之下，一批大豹人輾轉回到大豹溪流域的原住地生活（文獻稱為「緣故地」）。1923年，因為耕地不足等原因，堂嘎帶領三十三戶人家再度離開原本的大豹社域，至復興區的下溪口部落開墾：

　　1923年12月，大豹社後裔由瓦旦‧燮促的兒子堂嘎‧瓦旦（Tanga Watan）率領三十三戶一百五十人，離開大豹社流域故居，搬還到官方所指定的大料崁拉號地方。12月15日三井在角板山給與他們若干數目不詳的「搬還費」，以示切斷大豹社後裔與土地的「緣

248

故關係」。[17]

除了志繼和佳志，下溪口部落在大豹社遷移史裡，也具有重要的位置。主因是堂嘎帶領族人在這裡所付出的努力耕耘。1923年，日方將堂嘎所帶領的部分大豹人「指定」居住在下溪口台部落。強迫他們與素有歷史糾葛的泰雅族金納基群（Mknazi）為鄰，並在下溪口的外出處架設高壓電網，令居住在這裡的大豹人腹背受敵。然而，在堂嘎的領導下，這些大豹人仍舊在絕地一般的溪口台安身立命，開枝散葉。

角板山

角板山的泰雅語為Pyasan（比亞散），據說是為了紀念一位名為Pyasan的泰雅領袖，但也有一說是「交易之地」的意思。1907年日本發動插天山隘勇線前進以後，大豹群與北大嵙崁群（Msbtunux）敗退，角板山遂成為當時的總督佐久間左馬太繼續南進的基地。國民黨政權時期，這裡更成為所謂的山地模範村、蔣介石的行館，是一個戰略重地。大豹社事件後，儘管大豹人離散遷徙的路線有異，但是不少族人最終仍然選擇以角板山作為安身立命的所在，例如樂信・瓦旦的後裔林昭光、瓦旦・堂嘎（林昭明）、碧水・堂嘎（林富美）等人。

此外，與樂信・瓦旦一起習醫、戰後曾任復興鄉長的哈勇・烏送醫師，當時也是以角板山為主要工作地點。如今，他的次子高揚威醫師繼承了父志，同樣在角板山開設了「高揚威家庭醫學診所」，繼續服務鄉里的泰雅人。

曾任臺灣省臨時省議會議員的樂信·瓦旦，與角板山更有著切不開的淵源。當時的角板山可謂最現代化，同時也是最政治化的山地部落，泰雅族的重要人士很自然地便會匯聚於此。樂信·瓦旦的小兒子，現年七十多歲、居住在烏來的林昌運，回憶起小時候住在角板山的一個畫面。他說，大概國小三、四年級的時候，有一天放學回家途中，忽然看到角板山街上的電線桿，貼滿了父親被槍決的公告。那一刻，他才因此「被告知」失蹤一陣子的父親已經走了。從那個時候起，便開啟了他們家族的動盪命運。因為受到白色恐怖案件的牽連，生活充斥著有形無形的監控。事隔數十年，林先生回憶起這段過往時，仍然哽咽得說不出話來。[18]

整體來說，角板山周遭，包括東北方向約一公里的詩朗山區（觀音洞與水源地一帶），以及北橫公路旁的新村，目前還散居著不少大豹群的後裔。山地間的交通網絡相對單純，彼此間的往來則非常密切。例如居住在北橫公路旁新村的侯拉·樂信（宗新發），是佳志部落尤敏·樂信（宗民雄）的弟弟，而詩朗一帶更是瓦旦·燮促最後的身故之地。目前這一帶的土地，不少還是由大豹群後裔繼承並使用著，由此可知角板山與大豹群之間的淵源。

下基國派

另外還有一批大豹社後裔，幾經輾轉，來到今日三民的下基國派部落一帶——在日本五萬分之一蕃地地形圖裡，基國派的位置標示的是サロソ（詩朗社），推測是因為，這裡是由原本居住在三峽五寮一帶的詩朗社所遷移過來的。目前在部落裡開雜貨店、致力於泰雅文化復興的鐵木·樂信（王金財），以及兒子在美國太空總署

任職，現居於三民蝙蝠洞入口處的瓦旦‧樂信（黃肇宏）等人，都是詩朗方面的後裔。鐵木‧樂信曾提到，「基國派」的稱呼是日本人所命名的，整個基國派盆地以前的泰雅語叫做 Kujae（基價，「荒涼、易得瘴疾」的意思），附近還有一個叫做 Laksusai（拉蘇賽，「很亂」的意思）的地方，現在是墳場。可以看出，以前基國派的環境與生存條件並不佳。

如前所述，下基國派的大豹人，很可能是從五寮的詩朗社一帶遷移過來的。[19]鐵木的曾祖父是五寮詩朗方面的領袖（鐵木‧東岸），更證實了這點，還曾經參加過「蕃人觀光團」而去過日本，mama鐵木說：

我曾祖父過去是酋長，也到過日本，他本來是有紋面的，但是到了日本時期就被清除掉。他是不喜歡戰爭的。他去過日本以後，看到那邊的科技發達，回來後就不希望用刀、槍的方式跟日本對抗。為了繁衍子孫，不要相殺。也因為這樣，所以保住了三民（按：下基國派）這一塊地方。那時候我曾祖父在新竹州有一個翻譯的工作，他也是到處跟人說不要有戰爭。那時候也是在跟日本對抗嘛，從大豹社、枕頭山都有。[20]

那天我去拜訪mama鐵木的老家，客廳掛了一張曾祖父的畫像。我心中揣想，這張畫像，應該是目前所知第一張被保存下來、並且經歷過大豹社事件的部落領袖畫像吧。畫像中，鐵木‧東岸乾淨的臉龐，如果不經解釋，很難發現曾經有過紋面，更難想像他的紋面還是被「刮除」掉的。

除了mama鐵木以外，曾經擔任過立法委員、桃園縣副縣長的

大豹社後裔布奚‧哈勇（高揚昇），也是五寮詩朗社方面的後代。他是大豹社戰役之後，與樂信‧瓦旦一起被日本送去習醫的哈勇‧烏送的兒子，也是角板山高揚威醫師的兄長。mama布奚說，他們的舊部落是從「五寮對面」那邊過來的；並提到，附近還有一座「國小分校」——以現在的位置來判斷，可能是五寮對山的插角國小分校（金敏分校）一帶。

此外，mama布奚的祖父烏送‧和旦也是詩朗方面的領袖。根據口述，他的家族的移動如下：

關於我們家的遷徙過程，有兩個說法，我也不能證實。一個是說先到三民，但是比較可信的說法，應該是從志繼那邊再移到詩朗。但是我有一些親戚現在在三民，我就想，親戚應該都是一起跑的。所以最後過世的那位表哥，他算是書讀得比較多，他的說法是當時家族的人因為戰亂而跑，有一部分的人就是從志繼那邊跑過來，有一部分的人是直接從五寮溪這邊，翻過稜線就到三民，到基國派那裡。我現在還有一些姓蘇的親戚住在那裡，不過已經搬到街上了，所以他們也算大豹社的人。[21]

歸納mama布奚家族口述的戰後遷徙路徑，第一個可能的路徑是先到志繼、再到詩朗（可能是角板山的詩朗），然後抵達三民。不過，從五寮方面直接往三民移動，應該是最為可能的路線，從地理關係來說也是如此。

1906年10月13日，桃園廳與深坑廳的部隊會合以後，大豹溪流域宣告陷入日本人的手裡，同月的19日，日本匯集四支分隊往五寮詩朗方面前進，將隘線推往三民方面的牌子山。[22]這個過程中，

252

前詩朗社領袖鐵木・東岸的畫像

　　五寮與詩朗的大豹人大老遠繞道大豹溪流域，再翻上志繼部落的機率不高；直接往南過分水崙，再下到鄰近的三民下基國派，反而是比較合理的路線。

　　另外一位居住在下基國派的大豹社後裔是瓦旦・樂信（黃肇宏）。初見mama瓦旦時，他的情緒非常激動，拿著自己前一天預先謄寫的「大豹社滅社史」，微微顫抖地用不太流利的漢語，一字一句對著我們的攝影機念出來。他說，這份「大豹社滅社史」其實另有一個原始的版本，是父親樂信・尤勞（黃新輝）所撰寫。樂信・尤勞曾經加入日本高砂義勇隊，前往新幾內亞作戰，戰後回臺，卻捲入了白色恐怖事件。而mama瓦旦的祖父尤勞・烏蓋，則曾經參與過大豹社戰役。

　　mama瓦旦說，祖父尤勞曾經與族人一起出草日本人，由於個子較矮小，因此負責用竹籃背了三個人頭，誰知在撤退的過程中，

上：鐵木‧東岸的孫子鐵木‧樂信（王金財）；下：瓦旦‧樂信（黃肇宏）在基國派家中朗誦「大豹社滅社史」

大腿被日本人反捅了一刀。這個傷痕,在孫子mama瓦旦的記憶裡,還是非常清晰,每次和人談起這段口述時,他都會用手比劃刀插的地方,好像日本刺刀扎入的是他的身體一樣。[23]

那天,在下基國派的採訪結束時,我們坐在mama瓦旦的家門口閒聊。沁涼的風,從不遠處的蝙蝠洞徐徐吹來,放下手上的「大豹社滅社史」,吟唱起泰雅族的祭祖古調,幽微的歌聲飄向了北方流域的天空:

祖先我們來看你了

你去天國了我們心裡很難過

我的心很難過的想念你

無奈祖先把你帶到天國

我的阿公你已經跟天上的諸神在一起了

感謝你

你要一個人好好照顧自己

請放心

你的孩子都會來祭拜你

註釋

1. 巴樣訪談,復興區,2018。
2. 復興鄉志編輯委員會,《復興鄉志》,桃園:復興鄉公所,2000,頁82。
3. 西狩・馬賴(楊耀祖)訪談,優霞雲,2018。
4. 尤幹・達亞賀(楊崇德)訪談,志繼,2018。
5. 同上註。
6. 臺灣總督府警務局理蕃課,中央研究院民族學研究所編譯,《高砂族調查書・

蕃社概況》，臺北：中央研究院，2011，頁49。

7. 資料來源：「人·山川·海洋，原住民族環境知識匯聚平台」，官大偉老師研究室。

8. 烏勞·西蘭（林宗三）訪談，志繼，2018。

9. 臺灣總督府警務局理蕃課，中央研究院民族學研究所編譯，《高砂族調查書·蕃社概況》，臺北：中央研究院，2011，頁49。

10. 森丑之助，《臺灣蕃族志》（臺北：臨時臺灣舊慣調查會，1917），第一卷，頁48。

11. 泰雅古訓、律則，此處有家族，家群的延伸意。

12. 傅琪貽，〈泰雅族大豹群（mncaq）抵抗史〉研究報告，2018，頁1。

13. 今日羅馬公路上的溪口台地下半部分。

14. Quri（谷里）是泰雅語鞍部的意思，Tbali（得笆立）是大鍋子的意思，也有共享共食的意味。目前協會的所在位置「東眼山農場」，即為當時族人打獵、遷移的必經路線之休息驛站。資料來源：「桃園縣復興鄉國利得笆立文化觀光產業發展協會」網站。

15. 同註4。

16. 〈1998年7月11日林茂成先生筆述「依據林昭光先生口述及文憑資料整理」〉，資料來源：南島福爾摩沙網站。

17. 傅琪貽，〈原住民族大豹社土地正義政策評估研究〉，2019，頁57。林忠義的遷徙史，也同時參照〈1998年7月11日林茂成先生筆述「依據林昭光先生口述及文憑資料整理」〉，資料來源：「南島福爾摩沙」網站。

18. 林昌運訪談，烏來，2017。

19. 對照1916年臺灣蕃地地形圖的「詩朗」，可以確認其位置是在今日的五寮以南約五百公尺，從吊橋頭公車站旁邊的內詩朗產業道路下去的小村落。這個地方現在的名稱又名「西朗」，村落耕地裡有一個小型蓄水池，但無法確定是否為過去大豹詩朗社所遺留的。

20. 鐵木·樂信（王金財）訪談，下基國派，2018。

21. 布奚·哈勇（高揚昇）訪談，2018.10.17.，桃園市南崁。

22. 〈隘線第二期運動：隘線前進效果〉，《漢文臺灣日日新報》，1906.10.21.。

23. 瓦旦·樂信（黃肇宏）訪談，下基國派，2018。

雲裡的大豹

　　湯瑪斯‧卡萊爾（Thomas Carlyle）認為，歷史研究的趨勢是慢慢地從「英雄史觀」脫離，而逐漸朝向對一般人與群體社會之間的關注。[1]換句話說，逐漸從單一個人本位的觀點，慢慢地轉向「結構性」的研究。二十世紀前半段崛起的法國年鑑學派（法語：École des Annales），即被視為歷史學轉向的重要案例。此學派挑戰了以政治、戰爭以及外交為主流的敘事，挑戰了實證性的概念，[2]而更加注重和突出「社會」、「地理」、「經濟」等有機的互動因素。在這樣的發展下，可以預期的是，「個人」將逐漸取代「英雄」，而被納入歷史的書寫裡。

　　大豹人在隘勇線戰爭後的流離、遷徙與分布，只能算是「簡介」。相信還有更多不為人知的、也許更為破碎而不為人知的個人部分，需要進一步挖掘。隨著多次的訪談進行，我獲得了更多線索，也發現更多隱匿存在的大豹人，其他還包括散布在城市，或者遠至他縣的後裔——例如宜蘭大同鄉的崙埤村等，這些人，都有待進一步探訪。隘勇線戰爭之後後裔的流動，都蘊含著大豹群族群內部之間的互動關係，也可以依此一窺歷史結構性的關係。然而，若要對隘勇線戰後隱匿不明的大豹社的「社會結構」進行探索，找到人在

上：志繼部落一景；下：彩虹的故鄉志繼，照片中為黃林美惠。

哪裡，只是第一步，如何能夠貼近他們的日常生活，才是重要並且也是最大的考驗和任務。

在這個過程中，復興區霞雲里與我的「緣分」，應該是最深的。如前所述，霞雲里的幾個山村，包含了志繼、佳志、優霞雲、庫志、卡外，居住著一群相對無名的後裔，也埋藏著大豹社主體的重要密碼。而在霞雲里之內，後裔最為密集的部落，應屬志繼與佳志。這兩個村子，就像是隱匿在世界邊緣一般，每次來到這裡，總感覺好似來到另一個雲貴高原。其中，志繼是我過去最密集拜訪的地方，特別是部落裡的黃家，如侯林・馬信（黃永輝）、莫拉・侯林（黃興國）與太太黃林美惠。還有訪談開始的階段，帶領我在部落間穿行、我都習慣稱她「國寶」——傳承泰雅編織文化的雅幼依・馬信（黃秀珠）老師，都給了我莫大的支持與助力。另外，居住在山下優霞雲的里長哈勇・酉狩（楊米豐），更是在行政上、情義上，給了我有力的協助，他的父親酉狩・馬賴（楊耀祖），口述說明了許多他所知道的事物，對於釐清大豹社的舊地名與歷史有很大的幫助。整體來說，這裡的泰雅人接納了我，並給予我在部落期間非常大的協助。

部落的女性

他們說，這裡是彩虹的故鄉，雨後，七彩豔虹會出現在遠方的北插天山下。2017年我第一次到志繼部落時，雖然沒有看到彩虹，卻像是闖進雲霧中的香格里拉一般，令人印象深刻。

那是一個凜冽的冬日，車子從優霞雲岔往志繼的產業道路。陡峭的山路加上斑駁破敗的路面，一時之間還懷疑自己是不是走錯了。

上：黃林美惠於志繼天主堂；下：尤敏・樂信（左）與西狩・馬賴討論大豹社傳統領域位置

志繼部落天主堂

在這之前,我已經訪問過角板山的大豹社後裔,在一次偶然的對話間,聽說後山的志繼部落居住著更多後裔,因而促使我決定前往一探。那天,車行在志繼產業道路上,沿途顛簸,內臟也跟著一路攪動,然而,車外的景緻卻異常優美。山嵐掠過相思樹梢,舞動的樹像霧中的精靈,一旁的桂竹林錯落有致,層層疊疊綿延上山。後來才知道,那原本是日本殖民時期,為了推動山地部落種植蓬萊米,發動族人所開闢的梯田地,可以說是一種「殖民地景」。就這樣,不知道翻閱了幾層殖民桂竹梯田,過了幾個驚險的髮夾彎以後,初次來到了志繼部落。

由於部落鮮少有外人進入,剛開始,「陌生人」的標籤如同巨大的選舉看板般如影隨形,芒刺在背。也因如此,部落的人一開始對我也總是投以警戒般的眼神,好像又來了一位外來的「人類學者」。過去的經驗告訴我,部落雜貨店除了是最理想的地方訊息交

換所之外，對於一名初次踏入部落的陌生人來說，剛好也是可以用「消費」為藉口、行躲藏之實的避難中心。而總戶數約二十幾戶的志繼部落正中央，恰巧就有這樣一家雜貨店。

雜貨店簡單樸質，相當有「偏鄉」的感覺，店外斑駁的灰色鍍鋅鐵皮寫著大大的「臭骨雞」三字，是老闆娘的祕密料理。後來我才知道，所謂的臭骨雞是一道泰雅族的祕密料理，是鹹到不能再鹹的小米醃鹽豬骨。料理時，要先用水稀釋煮過一次，倒掉後，再加第二次水，丟進毛白菜一起滷，最後便成為一道還是很鹹、但很有風味的佳餚。

那天，我在雜貨店買了一罐蘋果西打，自認「完成了一個交關的動作」後，便興沖沖地向老闆娘黃阿月詢問，有沒有聽過「大豹社」，阿月阿嬤僅以淡淡的口吻回應不知道。過了一會，我詢問剛好在雜貨店，當時八十多歲的雅素‧樂信（黃阿桃），有沒有聽過「大豹」，沒想到得到的回應更冷淡了，好像碰到了某個神祕的禁忌一般。再轉頭問站在一旁抽著菸的雅素的兒子，他對此也不明究理，甚至拒絕留下聯繫電話。當時天也漸漸黑了，山區氣溫降得快，讓人感到志繼部落的冰冷。直到後來進部落的次數多了，才發現背後其實是有原因的。

阿月、阿桃兩位阿嬤，的確都是大豹社的後代，然而，「大豹」這個漢文詞彙，對部落大多數人來說，卻是未曾聽聞過的，可以說是一種外來的「借字」（loanword，或稱外來詞），目前所的文獻第一次出現「大豹」兩個字，還是在日殖時期，1903年〈內灣蘇澳間蕃地豫察圖〉裡。兩位阿嬤所熟悉的，其實是泰雅語「Topa」（斗霸）一詞。

他們都很清楚，自己的上一輩來自Topa，也知道自己是Topa的

上：臭骨雞雜貨店內的雅素‧樂信（黃阿桃，中）；下：臭骨雞雜貨店阿月老闆

雲裡的大豹

後代，但是對「大豹社事件」，卻多半不甚了解。隨著往後日積月累的相處，我逐漸發覺，自己對於部落的人應該如何「認知大豹」，存在著天差地遠的「偏見」。

我以為他們口中所說的Topa，直接指的是「大豹社」。然而，對於居住在霞雲的大豹人而言，Topa意味著「一個族群」（qutux qalang），可能只對了一半；另一半則是空間意義上的領域——也就是從湊合十八洞天一直到有木熊空的大豹溪流域，叫做Topa。因此，這是一個包含了空間、族群身分認同的混合詞。

有些志繼部落的人說，大豹溪的「樂樂谷」就是Topa，有些則說，有木國小一帶是Topa。總而言之，Topa一詞深深刻劃在他們腦中，聽過「大豹」兩字的人反倒不多，不少人更沒看過「大豹社事件」這幾個字長什麼樣子。原來我剛到部落時，問了最「外行」的話，難怪導致整個狀況就像鬼打牆一樣。

無論如何，臭骨雞雜貨店成了每次上山必去的點，總是一包一度讚泡麵、一罐蘋果西打，坐在店內和老闆娘聊天，順便等待志繼部落的人們上門聊天。阿月阿嬤的丈夫因心肌梗塞早逝，她一人長期孤守雜貨店，以及店後方的一畦田地。孩子原本在山下開計程車，這兩年承接了新興的「溪口吊橋—羅浮溫泉」的包車生意，因而較有機會上山陪伴阿嬤居住。阿月阿嬤得了顏面神經病痛的怪病（她說是「飛蛇」的一種），為了看這個「隨時都在痛」的病症，這些年下來，前前後後花了上百萬元。大部分的花費，是從志繼部落到龍潭804醫院來回包車的錢。部落醫療之不易，由此可見。然而，問她考不考慮搬到城市，比較方便些？她嫌惡地說，城市生活就是每個人關在一小間的水泥屋裡，就像坐牢一樣。

而阿桃阿嬤，也就是雅素‧樂信，她的冷淡，則是另有一個隱

264

藏的故事。部落的人告訴我,雅素的父親在她還是小孩子的時候有了外遇。在泰雅族的gaga裡,這是很嚴重的事,是malax gaga,[3]會受到utux rudan的懲罰。[4]據說,雅素的父親和外遇女子痛苦地選擇在志繼上方的山區上吊自殺,留下更為綿長的悲痛給在世的女兒。這件事使她變得沉默寡言,不太主動對外人發表意見。再加上,泰雅族的一般習慣裡,並不會引導女性去認識「歷史」,歷史敘述通常是由部落裡的男性來傳承的。因此,一如阿月與雅素這樣「理應知道很多」的女性耆老,對於Topa,也僅殘存著模糊的空間印象,既不知道曾經發生過「大豹社事件」,對Topa族群的未來,也沒有什麼意見或想像。

這樣的「緘默」情形,往後仍持續發生在我的部落訪問裡,包括後來幾次大豹社後裔的集體會議,女性族人的發言方式通常是「沉默地支持」,而非主動地陳述自己的意見。可是,日後有了更貼近的觀察機會時,我發覺,雖然女性對於歷史與政治雖然沒有太積極的意見表述,但是她們心中卻是有定見的。同時,她們的辛勤與勞動,毋寧也是撐起部落、令族群不致墜落的隱形網絡。這也讓我深深思考,對於大豹社事件的探討——無論是過去的「歷史」或者未來的「轉型正義」,如何能夠打開女性角色的敘述,或者讓她們開口說話,將會是很重要的事。

在我印象中,雅素・樂信一直保持沉默,直到她過世。那是2018年某一天,我們在角板山籌劃了百年來第一場大豹人重聚的會議,結束以後,心想不如順道繞上志繼部落看看。到了臭骨雞雜貨店門口時,忽然發現雅素的家門前面搭起了靈堂。棚子是用山上砍的粗大綠竹子做結構,上面披著藍白帆布,棚內的鐵桶燃燒著篝火,部落的泰雅們正邊烤著火邊守靈。坐在對面的阿月說,雅素前幾天

在睡眠中去世了，沒有什麼徵兆，好像也沒有什麼痛苦。聽到此話的當刻，我腦中急速運轉、尋找曾經訪問過雅素的畫面。但記憶中，雅素甚至未曾完整地對我說過一句話，雖然我知道她跟阿月經常聊天。

我相信，所有的一切她都看過了，包含大豹社事件以後族群離散的過程，以及發生在自己家族身上的悲劇，而且我也相信，總有一天，她會說些什麼。只是，那一天還沒到來，她就走了。阿月告訴我，雅素走了以後，她每天早上開了雜貨店的門以後，還是會對著雅素家的方向說話。過去她們兩人就是這樣隔著馬路互相聊天，幾十年來，從早到晚。現在，阿月的話撲空了，而對面的雅素也不見了，眼前僅剩下靈堂與篝火。

雅幼依・馬信

除了雅素與阿月，之後在部落進行訪問時，泰雅女性一直是我想要詢問的對象。例如，志繼水圳末端的比黛・候拉（楊雪芳）、阿黛・撒嘎（楊小萍），還有住在桃 119 線旁的耆老雅霧・西蘭（施阿鳳），但結果還是差不多，她們往往不主動表達自己的意見。女性在泰雅社會的位置，似乎比漢人社會的女性還要「隱形」。不過，我還是遇到幾位想法鮮明而清楚的族群意識者，志繼部落的雅幼依・馬信（黃秀珠）就是一位相當突出的女性。yata 雅幼依長期致力於泰雅文化的保存，她的爸爸也是大豹人。在訪談的過程中，雅幼依對我說：

小時候爸爸和部落的老人常常會講說：「Topa 那邊水很棒啊，以

前我們在 Topa 的時候⋯⋯我們小孩子聽了，就會想說：Topa 是哪裡啊？不知道耶。「Topa 啊，Topa 就是東眼山再下去。」爸爸說東眼山是 Ojia，爸爸在那邊有一塊地種東西。Ojia 是日文的「茶」（按：おちゃ）。爸爸常常對我說：「我們去 Ojia 好不好？」我說：「去 Ojia 幹嘛？」因為爸爸不會把我自己一個人放在家裡，女孩子嘛，他就說：「那邊我有放陷阱喔！有陷阱可以吃到肉。」[5]

　　Ojia 這個說法的由來，始自於大豹社事件後，整個山區幾乎都轉為三井茶場的事業地。日後，國民黨政權的台灣農林公司也繼承了三井的事業。yata 雅幼依的口述也驗證了，在失去土地以後，大豹人還是視大豹溪流域為獵場，至今依然如此。過去我在三峽本地進行探尋時，金圳里的王老先生（漢人）便曾具體指出：外插角山區一處名為「探索祈光花氣研發基地」的地方、旁邊的一塊溪旁大石板，是泰雅獵人們洗滌獵物的地方，這算是大豹社獵場文化相當清楚的空間陳述。

　　yata 雅幼依的一生，也可說是當代泰雅女性的人生簡史。她出生在志繼部落，霞雲國小第四屆第一名畢業。然而，或許囿於傳統觀念，加上受到白色恐怖的影響──有讀書的族人差不多都被抓去關了，父親馬信因此不讓她繼續讀書。這對雅幼依的人生，似乎造成不小的遺憾。但是，她並沒有氣餒，在十四歲的時候，雅幼依就離鄉背景，到內壢的永興紡織廠工作──[6]這也反映了許多大豹人前往都市謀生的相同軌跡。早期，外出工作的大豹人多集中在桃園縣八德區，桃園可以說是大豹人銜接山下「文明世界」的區域。1974 年以後的「區外加工」策略，造成臺灣的加工出口區零散化，有往西部的大城市周邊擴散的跡象。也就是這個時期，開啟了臺灣家庭

雅幼依‧馬信在志繼部落的家裡，開設紡織課，教導部落女性泰雅紡織。

工廠的時代。桃園的八德、中壢等地因此成立了許多加工廠，因地緣之便，許多大豹人因此前往謀職。如今泰雅人在八德或者其他桃園衛星城市置產的人不在少數，而不少人所從事的工作，就是紡織。

　　雅幼依曾是北原山貓的學生，也曾經出過唱片，目前更致力於傳承泰雅織布藝術與泰雅文化，可說是「國寶級」的泰雅文化傳承者。她曾經出過一張專輯，也寫過一首叫做〈泰雅人的一生〉的歌，講述一位泰雅女性的心聲。歌詞寫道：

　　想起少女時期，天真活潑可愛，經常給爸媽讚美，害羞的我不知如何是好，啊！可愛的我。

（Cipoq ku RaRal ungant nanu lungun mu kmal yaya yaba maku niux su hopa lawe blaq ktav pqiasav su maqas Sayux ku cikay mamau ku mgai musa tiqing la...）

　　有一天，必須按照傳統習俗紋面，經過一段時間，改變了我的
人生，要學習耕種編織、家事，唉，痛、累、淚，我該怎麼辦。
（Kia qutux Raix la yaya yaba maku ptasan nia lqes maku mxan
memau ku mqiRis Aeing kia lga cbaqan knia gaga memau ku m'gui
balai pswa Saku la we）

　　出唱片的經驗，讓雅幼依感受到文化的力量。從紡織廠退休後，
她開始以泰雅編織、語言為題材，將畢生所學傳授給泰雅族的後輩，
在全臺灣旅外原住民最密集的新北市樹林區，從事教學多年，為住
在城市的泰雅族子弟紮下文化的根。
　　泰雅族女性對於公共議題，雖然比較少主動發言，但是，在動
盪的歷史過程中，她們從未缺席過，只是以一種沉默的在場方式，
隨著父親、丈夫與兒子，經歷著一切。白色恐怖時期，許多原住民
政治犯的家屬，無論是太太或者兒女，都曾經在無數的白日時光，
受到情治單位的監控，而在同樣難以記數的暗夜裡，留下恐懼的淚
水。如今，部落的女性逐漸自主，也逐漸產生新的現代化角色，她
們開始承擔起文化傳承的任務，成為新一代書寫歷史的人。

志繼黃家

　　2017年剛剛踏進部落時，人生地不熟。住在志繼天主堂旁，從
爺亨部落嫁過來的黃林美惠，給了我許多協助。美惠的丈夫莫奈・
馬信（黃新國）也是大豹社後裔，過去曾跑過遠洋漁船，現在以務

農與作工為生。莫奈養了一群狗，偶爾帶著上山狩獵。在他身上還流有獵人的血液，有一次生病期間，到長庚醫院探望他。剛開完刀，躺在床上修養的他，還堅持要吃「飛鼠大便」來治療。[7]往後，美惠與莫奈成為我在志繼部落的朋友，透過他們的穿針引線，以及混臭骨雞雜貨店「守株待兔」、等待泰雅人進來聊天的策略生效，認識的人愈來愈多，讓我感覺到與部落人們的關係產生了「滾動」。然而，我初期在志繼部落經常被訪的還是黃家。

在日殖時期三角湧辨務所的記載中，大豹群對於後代兒女命名的方法非常特別：「孩子出生時命名不論男女，皆以第一次來訪者之名來命名其子女。」[8]在田野的期間，我很希望能夠找到大豹人如此特殊的命名案例，但是不僅難以找到，甚至許多人的姓名都逐漸同化成了漢語，並以漢語的姓氏為主。例如，志繼的大豹人基本上以黃家、楊家為大宗，而其中又以黃家人為最多。大豹社事件以後，日本人鼓勵旱稻耕作，勞動力的需求因而提升；然而，1918年全球性的西班牙流行感冒隔海影響之下，連續三波的感染，造成當時臺灣本島十餘萬人死亡，原住民社會因為醫療設施相對落後，死亡率高達3.5%──是日本人的三倍多。由於當時的黃家缺乏男丁，面對勞動力的缺乏，因此遂透過入贅的方式，從別的地方招納男丁來到部落協助開墾，從而成為志繼部落裡的大氏族。

侯林‧馬信（黃永輝）就是這樣到黃家的。他是目前志繼部落最老的老人，也是yata雅幼依的弟弟、莫奈的叔叔。他的姑媽（已逝）過去住在下溪口台，顯示了志繼與石門水庫旁的下溪口之間的關聯性。

首度遇到mama侯林是在阿月的雜貨店，距離我第一次到志繼部落約莫一個月以後了。當時在美惠的安排下，雜貨店聚集了幾位

大豹社的後裔，其中也包含沉默的雅素。我們開始展開第一次志繼部落的大豹社訪問。期間，侯林熱情的天性再加上酒精的催化，化解了初次見面的陌生感，他說：

Topa 的傳統領域是從樂樂谷（按：指的應該是插角）上去，我們稱那個地方叫 Hbun Ibuh，我很少去那邊。大豹溪附近比較出名的地名就是 Topa 和有木。Topa 再上去一點，快到烏來那邊，就在中和後面的山，我們叫「一百甲」，泰雅語是「Ga Kbhul」。「ga」是甲的意思，「kbhul」是一百。還有那個湊合橋。湊合橋好像是民國五十幾年左右才做的，以前那邊是山壁，路很窄，以前叫「湊合路」，是一條小徑。以前日本兵經過那邊，上面的原住民把石頭丟下來，就把日本兵丟死掉了。

mama 侯林認為，Topa 的位置在 Hbun Ibuh，推測大概是有木的八仙橋一帶的聚落。然而，他並沒有直接對於 Hbun Ibuh 的記憶，部落在他出生以前已經消失了，他對於部落以及對於大豹社事件的講述，多半來自於他的父親：

日本時代，日本人跟閩南人合夥，把原住民趕到山上這邊來。在大板根那邊有一塊地是原住民的地，閩南人偷偷去開墾，就這樣子一直衝突。以前都用矛箭，用矛箭射很準。我阿公和其他的族人，跟日本人打仗的時候打死了不少人。那時候，我們一個人可以對上日本一個排（按：約三十人），把一個排的日本兵全部殺死。日本人把我阿公趕到志繼以後，那時候開始做耕地了。我們本來有二十幾甲的地，後來被騙走了。聽說以前日本時代是怎麼搶我們原住民

的地？就是用酒跟一頭牛來換取。剛開始先不講，知道原住民會喝酒，就把酒跟一頭牛給原住民，就這樣把我們的地都拿走了。蔣公遷來臺灣的時候，就是按照日本人的資料在繼承，所以說變成是中華民國的地，我們要使用，必須跟中華民國租用。

　　在志繼部落裡，mama侯林對於大豹社事件的記憶算是比較完整的。縱使如此，還是會有一部分呈現跳躍的狀態，敘事之間也容易出現難以理解的情節，例如殺死一個排日本兵的狀況。如果比對文獻，即使是最激烈的1906年大豹社方面隘勇線前進，也沒有這樣的記載。這間接反映出，即使是目前志繼部落最年長的耆老，對於戰爭的記憶還是有點模糊。這種模糊感，可說是志繼、佳志部落等地的大豹社人的共同點。也許是因為經歷過戰爭的上一輩刻意緘口，不願意對後代談論大豹社事件，抑或是戰後白色恐怖事件的影響，讓上一輩的族人選擇緘口，這些都是造成記憶模糊可能的原因。

　　那天，志繼的天空飄著微雨。訪問結束後，侯林邀我去他的田裡採金針花。到了田地，整排的花似乎有人動過了，原來前幾天美惠已經先「幫忙」採過一次，拿回自己的廚房料理了。她開玩笑地說，怕金針花長得太大，到時候很難「除草」。這種原住民社會的共享習慣，今天仍然處處可見。侯林一手拿著剛開瓶的台灣啤酒，一手摘著橘黃色的成熟花朵，嘴裡還哼唱著〈一個泰雅人的一生〉。離開部落時，我手上的袋子裝載了沉甸甸的金針花與南瓜。這樣的分享，在往後的日子裡不斷發生。有時候，離開部落時，我的車上裝滿了青木瓜、柚子與桂竹筍，有時候是青江菜、生薑、小白菜、卦菜、刺蔥……每次到部落，都會被族人「強迫」攜帶許多的食物回家。

上：侯林・馬信（黃永輝）講述 Topa 的過程；下：莫奈・馬信與他的狗，
左後方為志繼天主堂。

雲裡的大豹

志繼部落每個人多少都有一塊耕地，種出來的作物大多是自己食用，或者分送給周遭的親朋好友。事實上，在我認識的許多居住在郊山的漢人小農裡，也都存在著這種自家的作物「只送不賣」習慣。例如三峽有木的余老先生，也在老家耕耘了兩分的菜園地，輪流種植常見的蔬菜與少量的果類，但是作物並不拿來販賣，而是分送給山下的兒孫。

　　亞蘭・傑吉（Adrian Jaeggi）認為，食物的分享是人類社會裡自我與他者接觸的希望。[9]而格林・艾薩克（Glynn Isaac）的「食物分享假設」（foodsharing hypothesis）更認為，分享是人類進化的重要表徵。我個人比較支持後面的講法，並且深深以為這是原住民社會相當迷人的一部分。這麼說來，我們當代社會孤立而不願意分享的生活，反而是人類演化史上退步的象徵了。

　　mama侯林對於大豹社事件的記憶雖然模糊，但是他卻扎扎實實地見證了志繼部落「現代化」的過程，特別是徒手挖掘志繼連通山下優霞雲的產業道路一事。

　　1970年代，志繼部落與外界之間仍處於半隔絕狀態，下山的路僅有一條羊腸小道，無論是求學或者工作的人，都必須像登山客一樣來回於狹小的山徑。後來，部落決定用徒手的方式進行「道路拓寬」工程。侯林回憶道，當時參與挖路的族人，大多數臉上都還有紋面，有些可能還經歷過大豹社事件。侯林的父親馬信・亞怒（黃正安）也參與了開路。就和當時大多數的族人一樣，不斷的勞動是住在山上唯一的出路，在侯林的印象中，爸爸馬信經常在自己的田裡勞動，常常做到天黑、燃起篝火繼續再做。侯林說，馬信常常在工寮裡對他說起Topa的事情，卻總是一開頭就陷入沉思，不然就是轉身走向田裡，在火光稀微的暗夜裡繼續勞動。

公墓的落成

　　除了黃家之外，我跟部落其他人的交流，到底還是處於有限度的範圍。尋找後裔的任務真正有比較全面性的開展，應該是參與了志繼公墓落成的那一天。對我來說，那樣的經驗很類似人類學所描述的「通過儀式」（rite of passage）。克里佛德·紀爾茲（Clifford Geertz）曾經在印尼峇里島參與一場非法鬥雞，因為警察上門取締而跟著村民一起翻牆逃跑。事後，這個共同經歷的過程忽然變成他們夫婦在當地村落的「通過」儀式。村民因此視他們為自己人，甚至還模仿、嘲笑他們逃跑的樣子。對我來說，2018年3月31日志繼公墓的落成典禮，就具有這樣的意味。

　　一般來說，原住民的喪禮祭典是不太歡迎外人參與的。我大學時期的攝影老師阮義忠，曾經在《四季》的攝影專題裡留下了一批居住在宜蘭四季部落、溪頭群泰雅族人出殯的照片。當時阮老師告訴我們，他是在部落「混」了很久，成為朋友以後才得到拍攝的允許。我倒是幸運許多了，在部落幾位耆老——包含佳志的耆老尤敏·樂信的同意之下，我得以用攝影機直接記錄整個公墓的落成儀式。對於百年來顛沛流離的大豹人而言，這是一個意義非凡的過程。

　　公墓的位置在志繼與佳志之間，算是兩部落的交界地帶。這裡過去已經有不少族人死去後埋葬於此，然而由於缺乏管理，日積月累之後逐漸變成了亂葬崗。對於這塊地的歷史，部落的人還有一個說法，相傳過去有一位女巫被放逐到這裡，度過孤獨的餘生，女巫死前留下了詛咒，使得這一帶逐漸成為禁忌之地。[10]日本的早期調查顯示了泰雅族有psbuci一詞，有「絕交」、「使其孤獨」之意，是一種懲罰的方式。據說，「絕交」不但是對人格的污辱，對當事

大豹人紅布包土（模擬拍攝）

人的生活也會造成極大的困難。因此，不管是多麼頑強的人，在面臨psbuci的判決前，通常都會低頭。[11]除了女巫的放逐地以外，另一個說法是，過去部落曾有已婚夫婦外遇而觸犯了gaga（malax gaga），女方被族人私下帶到這個地方吊死，因此造成大家不願意靠近的原因。[12]這不禁令人想到雅素的父親，因為涉犯了「姦情」而上山自縊的悲劇。我也猜想，過去這片亂葬岡的某個角落，可能有一個hnwai（哈尼外，拋棄死物或者不潔之物的地方）。早期在泰雅族的聚落附近，一般都會有一個丟棄死者生前所使用的衣物、刀械、銅鍋，乃至於槍枝的地方。[13]

　　還記得2017年剛到部落時，這處小山坳就給人這樣一種說不來的陰鬱感。那段期間，志繼公墓的工程正在「收尾」，區公所特別在路旁蓋了兩間小鐵皮屋，用來暫時安置從亂葬崗所挖出來的先

人遺骨。這兩間鐵皮屋，在浩瀚時空中簡直是微不足道，但卻是關乎著大豹社記憶的樞紐。裡面不僅存放著在兩個部落過世的先人骨灰罈，甚至也有大豹社事件期間，居住在大豹溪流域的祖先「骨灰罈」。只是罈裡裝的是土，並不是遺骸。

　　大豹社事件之後，在三井與台灣農林公司的經營下，流域山野的表土歷經了製腦、伐木，乃至於橘園、茶園與桂竹等作物的種植，插角的舊部落也從茶場、森林樂園變成了今天的溫泉度假村，這塊土壤不知道已經翻了幾回了，過去埋藏在此的先人遺骨位置，到底是不可考了。為了讓公墓的墓龕裡不至於空無一物，許多後裔特別私下回到大豹溪流域，在猜測的舊部落範圍內，慎重地抓一把土包在紅布裡，替代失蹤祖先的遺骨。後裔比黛‧侯拉（楊雪芳）就說：

　　今年（2018）我們在弄族墓的時候，我們有去大豹溪拿土，要立牌位。那邊有一間廟，我去挖土的時候也是先問一下土地公，不敢亂挖。我們是在放曾曾曾爺爺奶奶的骨灰的，沒有真正骨頭了，是拿土。

　　即使在隘勇線戰爭已經結束一百多年後的今天，我們依然很難想像，在大豹溪流域的土壤裡，可能還埋藏著泰雅先人的骨骸。如果從泰雅族過去的蹲踞葬（穴葬）的慣習來推想，這些先人的遺骸都還在舊部落的所在地附近，這點應該是確認的。

　　事實上，過去大豹社埋葬先人的方式，還有著不同於其他泰雅族的特色。例如日本殖民臺灣初期，在三角湧辦務所的檔案裡，便曾經出現過以下的描述：

該社（按：大豹社）風俗情形有與他社稍異其趣者⋯⋯當有死者時，於其起居之床下挖洞，以木片圍住四方，而不像他社覆以銅鍋，肩膀揹負槍枝，而僅讓其蹲踞穴中，再埋上土。

若是對照日本大正年《番族慣習調查報告書》裡的描述，便可發現，早期泰雅族的埋葬模式，一般是在死者的床下鑿洞，將死者以「蹲葬」的方式置入洞中，頭上覆以石頭或木板；而Mnibu'（宜蘭的溪頭群）等社，則會在頭頂放置銅鍋。三角湧辦務所的檔案則顯示，大豹人的葬法並不放銅鍋，而僅覆土，推測是對於鍋器特別重視之故。該份報告書裡，關於埋葬儀式還有一段生動描述，敘述活人如何離開埋葬現場：執行埋葬的人一旦完成屍體的覆土之後，常常不從大門離開，而是直接在牆上鑿一個大洞鑽出去，或者敲破屋頂從上面爬出去。離開之後，則必定要把洞補好，以免死者靈魂飄出去。據推測，過去泰雅人以這般奇異的方式封存死者，除了信仰以外，可能還隱含著衛生與防疫的概念。

那天的公墓落成典禮，由霞雲里的大豹社耆老尤敏·樂信領銜向祖靈獻花，緊接著，塵封多年的兩間鐵皮屋，開啟了老老少少的後裔開始接力將上百個骨灰罈移往新厝。當鐵皮屋開啟的那一刻，令人感受到一種不一樣力量的「出場」，祖先好像在遷移的過程中被釋放出來了。不只祖先，當天部落裡各個姓氏與耆老都出來了，甚至有許多遠從桃園平地專程返鄉的年輕人。泰雅族對於祭祖的重視，從返鄉者的人數多寡就可以得知。據說，在一整年中，清明節的返鄉人潮甚至勝過聖誕節或者農曆新年，顯示出部落對於祭祖，有著相當的尊敬與慎重。[14]

這次拍攝公墓的過程，之所以被我稱為「通過儀式」，是因為

上：搬移鐵皮屋中的骨灰罈；下：志繼公墓搬新家

雲裡的大豹

上：志繼部落分豬肉；下：哈勇・西侯骨灰罈（右）

整個儀式中，大豹社的楊家、黃家、宗家、施家……各個家族的老人及旅居外地的年輕人都出現了，大家的眼神交會間，大概都很狐疑，怎麼會有一個奇怪的「白浪」跑來拍部落的公墓遷移？[15]往後訪談他們時，許多人會想起來：「你就是那個來拍公墓的記者啊」，言談中，可以感到一股莫名的親切感。

回到公墓落成的祭祖儀式現場。儀式開始時，主桌上已經擺滿了鮮花與分解的豬頭、豬腳。族人說，當天早上他們是用活體豬來進行poda（殺豬）。不過，過去我曾在部落參與過幾次poda，[16]所使用的豬隻，大多是已經在桃園的平地預先電宰過後，再整隻運到部落，進行肢解、分送。其中一次便是在阿月的雜貨店前面的空地。莫奈帶領幾位年輕人，用豬刀分解豬隻，血淋淋的新鮮豬肝則當場抹鹽生吃。我也入境隨俗地吃了幾片，口味還好，像比較腥的生魚片——比起有一次莫奈拿出「私人典藏」的damamian（打馬面）款待我，滋味要好得太多了。[17]

那次在莫奈家裡，他說要給我嚐嚐招待上賓的食物，便從櫥櫃裡挖出一罐白色濃濁的液體，裡面漂浮著一些碎肉與小刺，那是小米醃生的苦花魚。莫奈打開罐子聞了一下並用力皺著眉頭說「好！」我當然是吃了，或者應該說還是硬「吞」下去了。那味道恰如曝曬在夏日豔陽下的魚屍，既濃烈又難忘。

那天，殺完的豬依不同部位分好以後，一部分當場下鍋煮食、款待賓客，另一部分則大致依照年齡為階級，分送給族人。典禮就在豬肉的饗宴，以及台上區公所主祕的滔滔政績發表之下完成，隘勇線戰爭以後一百多年後，大豹群的祖先終於有了一個安葬之地。

尤敏與酉狩

除了志繼以外，霞雲的其他部落也散居著大豹人。例如居住在優霞雲的mama酉狩（酉狩・馬賴，楊耀祖），他的祖先來自Ibuh。居住在佳志部落的mama尤敏（尤敏・樂信，宗民雄）則是哈勇・西侯的後代，他更是目前大豹社後裔裡最年長的一位，高齡九十四歲（2020年）。

尤敏說，自己是1927年出生在大豹社的Kadu（熊空山，或稱一百甲山，大豹人稱之為Gen Lawa，簡・拉娃），附近一個叫做的Ubu Para（推測為阿布・巴蠟，有山羌的山坳之意）的地方。他年輕的時候在大溪的工廠上班，因為工作不慎，被化學液體潑瞎了右眼，成為他一生的遺憾。結束了平地工廠的生涯以後，尤敏就回到部落務農。

mama尤敏也是至今唯一出生在大豹社土地上的後裔。雖然從文獻上來說，1923年堂嘎・瓦旦就已經帶領一批大豹人離開大豹溪，但根據尤敏在1927年前後出生的時間點來推敲，可能還有一些大豹人在當時仍然散居於大豹溪流域。也因此，在後續有關大豹社舊社與舊地名的探尋上，尤敏成為一個活的記憶庫。

至於Mama酉狩，曾擔任三屆的霞雲里長的他，祖父是西蘭・古雅，過去的部落是在Habun Gesuw，大致上位於今日大豹溪上游的水車寮溪一帶。Gesuw的意思是九芎，在泰雅族的觀念裡也是藥用植物一種。他對有木一百甲一帶仍有許多舊部落與地名的記憶。2019年，我們一起上原民台「部落大小聲」，由官大偉所主持的「重返Bng'ciq—菅芒叢生之地！大豹社事件之歷史轉型正義」專題節目，說起大豹社時他一度哽咽。他說，過去祖先失去土地的慘痛過

尤敏‧樂信（宗民雄），佳志部落。

往，對他而言實在「太痛了」。

　　西狩所屬的有木一百甲方面大豹人的犧牲，目前尚未受到歷史
的重視。可以想見的是，在過去大豹溪流域的「攻守同盟」（phaban）
體系裡，各個小社（qulaux）幾無例外地捲入大豹社事件，各社分
工抵抗，人員之間必然互相流動與支援。由於大豹社的抵抗超過預
期，日方曾經在1906年發出：「能使隘線前進隊，死傷多至六十人
者，大豹社之蕃人也」的驚嘆。[18] 蓋因大豹社的「總體戰」發生作
用之故。由此觀之，兩者間的「戰鬥團體」組成有著根本上的不同。
以馬克斯‧韋伯（Max Weber）的社會學概念來說，日本現代化部
隊是一種具有「科層化」（bureaucracy）意義的軍事組織，權威是
其運作的核心；相對地，泰雅族則是除了老弱幼兒以外，全社皆投
入戰鬥，並非以威權命令為主。文獻記載，原住民前線的戰士，從

哈勇·酉狩（楊米豐、左一）、酉狩·馬賴（楊耀祖、左二）、伊凡·諾幹（右二）等人，
參加官大偉所主持的「重返Bng'ciq一菅芒叢生之地！大豹社事件之歷史轉型正義」錄影
節目。

白髮老翁到十四、五歲的男孩皆有，女性則負責在後方籌備糧食，
看護傷患，並在敵人敗走時，負責前去敵地收刮物資。[19]因此，整
體來說，大豹群在戰爭期間的表現，是一個保衛家園的總體戰。

　　此外，從文獻上可以看出，當時有木一百甲方面的戰事之激烈，
可以相比於外大豹社（插角）。1906年9月底，日方意圖佔領中崙
山脈，一方面孤立外大豹社，並以包圍內大豹社（有木）為最後的
戰略目標。[20]日方在佔領中崙山脈後的文獻記載：「因而大豹溪左
岸之外大豹社，其門口為我扼塞，即油漠社（按：有木社）亦得俯瞰。
制彼兩社之死命，實為一好地點……自今以後，油漠社及大豹社，
早無反抗之餘力也云。」[21]從日本的戰略亦可以看出，有木社與大

豹社在當時是兩個大的部落，因而成為分割的對象。

　　至於在今日有木上方的熊空山，也多有許多戰事的記錄。當時有木社的主要對手，初期是臺灣總督府深坑廳的警察部隊。1906年9月11日到12日中午，在竹坑山北面，有木社突擊深坑廳前進隊的本部，該次戰鬥極為慘烈，造成日本方面沉重的死傷，文獻記載：「在前進隊，至有十數名之死傷者。」[22]

　　而熊空山更是有木方面大豹人與日本人爭奪的重點，除了先前提過的「熊空第二突角」曾有有木方面的原住民築大型掩堡抵抗以外，[23]日方在佔領熊空山以後，還繼而剷平山頂、設立砲兵陣地，目的就是為了控制有木。以上，都是屬於有木社方面的抵抗記載。[24]不過，文獻還是可能有所遺漏，必須輔以相關的後裔口述做為參考。例如，mama酉狩便曾明確指出，在今日「滿月圓國家森林遊樂區」內，位於滿東步道海拔1130公尺左右的三岔路口，是過去的古戰場。[25]該地離1907年插天山隘勇線不遠，按照地緣來判斷，應該是日本在推動該次隘勇線期間，大豹群的抵抗；也有可能是1908年日本從有木開拓連接插天山的檜谷分遣所的補給線時，[26]威脅到大豹人的最後根據地，因此引來原住民的反攻。

　　由此看來，關於大豹社事件，還有更多的口述與事蹟有待挖掘。這些是重建霞雲里大豹群後裔以及他們的先人，在大豹社事件中應有的位置，這也是mama酉狩與mama尤敏，還有大多數居住在霞雲里的大豹人的心願。

稻米、水圳與自力更生之碑

　　志繼部落森林裡有一座「自力更生之碑」，是為了紀念志繼水

圳的開鑿而設立。碑體以砂岩雕鑿而成，高約兩百五十公分，側邊刻有「大溪郡警察課長」的字樣，下方還有一個地基一般的碑座。水圳與「自力更生之碑」，代表了臺灣原住民面對多重殖民的幽微意識，陳列在森林裡，好像一座寂靜的歷史博物館。由於時代久遠，砂岩材質的碑體上已經長了一層苔蘚，底座石材也略顯凌亂。據說部落的人還會定期來這裡整理，把颱風過後傾倒的石塊排好，他們視這塊碑為部落榮譽的象徵。

1934年，日本政策性地教導族人開拓梯田、種植水稻，並且開鑿長約六公里的水圳，從東眼山麓引志繼溪（Gong Sqyi）的水灌溉。[27]至今，開鑿的過程仍是老一輩族人重要的記憶，並且內化為自我認同的象徵。mama侯林（黃永輝）回憶他小時候對於水圳的記憶：「水圳很——長——，寬度大概一公尺左右，兩岸由卵石砌成，裡面的水很乾淨，有魚啊，蝦子啊……」mama尤幹（楊崇德）則說，父親達雅賀在當時是負責分派族人挖掘水圳的工作，他說：「日本人能夠在幾乎水平的狀況下引水，而且終年不斷，很厲害。」他還提到，當時部落的人對於梯田耕地的分配，還是依照開鑿水圳的勞動比例來分配的，言談中，還是肯定了日本人的分配與組織能力。

小時候我對於當時當時的「復興鄉」的印象，源自於旅遊叢書裡的一張「爺亨梯田」的美照，出自1991年戶外生活出版社的《北臺灣機車旅遊手冊》一書。爺亨梯田階層有序、壯闊動人，彷彿人間仙境。那時候根本不知道，那片美麗的梯田在當時還負有「馴化原住民」的祕密任務。如今，假如你仔細尋找便可發現，梯田的痕跡存在於大多數的泰雅部落；有些甚至早於日本制度化地推動之前。例如，在1907年插天山隘勇線前進以後，才僅隔年就出現了水田，可見在日本的水田政策化形成之前，泰雅族居住的山區各地，已有

286

小規模的種植：

　　桃園廳 天山方面，臨勇線附近，從前雜草叢生，其間沒有人影，
僅存通行路跡已耳，近來已大進步，其平地殆皆化為水田，稍高者
亦開墾為園地，與向日大不相同。又角板山社中之水流頭附近，所
有水田，据該地蕃人，言其收穫額，比陸稻較多，惟其味稍劣耳，
然收穫類既豐，其希望耕作者，今後必益眾也，特彼等之耕作法，
尚屬幼稚，如插苗之法，甚不嫻熟……[28]

　　1930年代，日本透過「授產」（授予產業）的方式，試圖為部
落帶來新的經濟模式。其中，種植水稻成為大規模推廣的項目。由
於臺灣所產的在來米，並沒有受到日本「內地」的青睞，故水田的
開闢原本並非日本經營臺灣的要項。然而，隨著當時的蓬萊米改良，
米的需求量增加，加上「授產」能夠引發原住民對自身經濟利益的重
視，從而產生出不同效果的山地治理、內化殖民的效果；基於上述
的考量，日本動用了大量的理蕃人員投入蕃地水田的農耕與授業。[29]
日本學者松岡格認為，稻米改變了原住民的產業結構，使農業結構
單純化、地方化，甚至造成文化的單純化，並有利於資本主義制度
的引入：

　　稻作普及和裏以連動的其他經濟施政（授產、交易事業等）雖
並未給原住民的經濟生活帶來影響，但與其說如平地的甘蔗與稻米
般，居民因此被捲入市場經濟，不如說在農業型態的過渡和對於貨
幣經濟有限的接觸上更有重要意義。若一併考慮戰後情況，可知此
時蕃地開始被編入資本主義經濟體系的影響很大，若只看日治時期

雲裡的大豹

採摘陸稻的泰雅族（圖片來源：《臺灣寫真帖》01號，年代不詳）

結束前的狀況，則經濟上的影響仍有限，文化上的影響則較大。[30]

　　就文化的層面而言，水田的推廣與日人崇拜米的文化也有關聯。松岡格另外提及：「特別是第二次世界大戰中，日本的米，也就是內地米，成為日本人最強烈的自我象徵……其清淨純白，就是日本人自我清淨、高潔不穢的隱喻。」[31]而原住民過去普遍以小米為傳統主食，甚至以小米為交換的重要信物：舉凡部落中的喜事、慶典、祭儀，甚至是出草等時刻，小米在相關的儀式中皆扮演著重要的角色。而稻米在傳統臺灣原住民的社會裡，本來就不受重視。森丑之助還曾提及，布農族、鄒族及排灣族對於米有禁忌的現象，甚至有族裡的祭司終生不吃米的例子。日本將水稻耕作引入部落，不但在

志繼部落「自力更生之碑」

經濟層面改變了原住民的生產方式，文化的衝擊恐怕更為深遠。泰雅族傳統的稻作是陸稻，水田的引入不僅導致陸稻的逐漸消失，也打壓了以小米為主的文化，導致小米至今仍只能淪為「原民文化」的象徵之物，普遍成為祭典中攝影記者與觀光客拍照的焦點而已。

　　1930年霧社事件以後，為了徹底落實山地管理，總督府強迫不少山上的部落垂直遷移到山腳，兼以傳授水稻技術，推廣蓬萊米的種植，目的無非是希望原住民放棄傳統刀耕火種的生活，將「獵人」馴化為定居型態的「農民」，以方便管理。對於志繼部落而言，1934年水圳的完工，也讓「現代工程」的價值觀更穩固地扎根在部落裡。事實上，在當時的大溪郡警察課長高本三郎的管轄下，復興區山地前後完成了不少水圳。例如1926年打通溪口台水圳，並設立「溪口台開圳紀念碑」以為紀念，後續更陸續完成優霞雲圳、霞雲

溪口台開圳紀念碑，1926。

二圳等。1930年以後，隨著太平洋戰爭的爆發，山地梯田的種植除了提供更多糧食以外，集中式的管理也方便了往後戰爭人力的徵調。

　　詹姆斯・斯考特（James C. Scott）在《不受統治的藝術：東南亞高地無政府主義簡史》一書裡提到，高地民族的遊牧（nomadism）可能是一種「逃避與生存的策略」[32]。從消極面而言，原住民族在山上的遊牧移動是一種避免被國家體制「捕獲」的活動，而水稻種植則是一種中心化的文化，將原住民轉為「年年生產有餘的耕種者」。水田「吸住」了原住民，國家可以清清楚楚地對他們課稅，戰爭時期將徵用他們的勞力與糧食，甚至要求他們犧牲生命。就此而言，水稻是一種「匯集」（ingathering）的過程。[33]對於臺灣原住民而言，稻米養活了許多的家庭，卻也完全改變了他們的生活。如今，稻米的種植雖然逐漸在山地部落消失，原先的梯田也轉為桂竹、桃子等

經濟作物。

　　刀耕火種的遊牧精神難敵強勢的現代化以及「定居」文明。而「小米的消失」，不僅影響到收穫祭的內容，許多相關的文化內涵也跟著流失，這是我這幾年在泰雅部落期間，所感受到的重重危機之一。

註釋

1. 湯瑪斯・卡萊爾（Thomas Carlyle，1795年12月4日－1881年2月5日）是蘇格蘭評論、諷刺作家、歷史學家。他的作品在維多利亞時代甚具影響力。
2. 實證性（Positive）的概念，意思是在某物之中，所總是蘊含的某種隱匿而絕對的「正向性」。米歇爾・傅柯（Michel Foucault）的「系譜學」（geneaology）觀點，即是對於歷史實證性的批判。
3. 或 Ini bgaya（沒有順著 gaya 的規範行事），malax 有丟棄的意思。
4. Ataya的utux一般泛稱為「祖靈」，有著崇高的主宰力量。
5. 黃秀珠訪談，志繼，2018。
6. 現為遠東紡織廠。
7. 「飛鼠大便」事實上是飛鼠小腸內，富含益生菌與酵素的食糜。
8. 王學新，《日治時期臺北桃園地區原住民史料彙編之一：理蕃政策》，臺北：國史館臺灣文獻館，2011，頁161。
9. Jaeggi, Adrian V.; Schaik, Carel P. Van （2011-11-01）. "The evolution of food sharing in primates"（PDF）. *Behavioral Ecology and Sociobiology*. 65（11）: 2125. doi:10.1007/s00265-011-1221-3.
10. 哈勇・酉狩（楊米豐）採訪，優霞雲，2019。
11. 黃智慧主編，《番族慣習調查報告書第一卷：泰雅族》，臺北：中央研究院，1996，頁254。
12. 莫拉・侯林（黃興國）訪談，志繼，2019。
13. 同註11，頁132。
14. 侯林・馬信（黃永輝）訪談，志繼，2019。
15. 「白浪」是原住民對漢人的稱呼，間接有著台語「歹人」的意思。

16. 其理由很多，包含了訂婚、新居落成以及部落某戶的孩子在軍中晉升，某人的兒子考上研究所……等等。

17. Damamian 為泰雅族對於醃製物的稱呼。

18. 〈該社蕃人之戰鬥能力：隘線前進狀況〉，《漢文臺灣日日新報》，1906.10.6.。

19. 同註 11，頁 268。

20. 〈包圍內大豹社〉，《漢文臺灣日日新報》，1906.10.4.。

21. 〈隘線前進狀況〉，《漢文臺灣日日新報》，1906.10.6.。

22. 〈擊退敵蕃：隘線前進狀況〉，《漢文臺灣日日新報》，1906.9.14.。

23. 〈佔第二突角：隘線前進狀況〉，《漢文臺灣日日新報》，1906.9.30.。

24. 〈前面蕃情：隘線前進狀況〉，《漢文臺灣日日新報》，1906.10.10.。

25. 酉狩‧馬賴（楊耀祖）訪談，霞雲，2019。

26. 1908 年該條隘線即為今日的東滿步道。

27. 泰雅語 gong 為較小的河流之意。

28. 〈蕃人進步〉，《漢文臺灣日日新報》，1908.11.20.。

29. 松岡格著，周俊宇譯，《「蕃地」統治與「山地」行政：臺灣原住民族社會的地方化》，臺北：臺大出版社，2018，頁 157。

30. 同上註，頁 200。

31. 同上註，頁 171。

32. 詹姆斯‧斯考特（James C. Scott）著，李宗義譯，《不受統治的藝術：東南亞高地無政府主義簡史》，臺北：五南，2018，頁 30。書名原文 *The art of not being governed : an anarchist history of upland Southeast Asia*"，其中的「無政府主義」應對照「安那其」的含義，較為正確，因為狹義的無政府主義是泛西方所發明的產物。

33. 同前註，頁 68。

憂鬱的角板山

　　老一輩人說國民政府比日本人還殘忍。剛光復的時候，很多人想要回去大豹社，以前也都是祖先經營的嘛！但是二二八事件（與白色恐怖事件），泰雅族裡比較聰明的、主張土地正義的都被抓走，現在都不敢主張了。像我的孩子都不曉得自己是從哪裡來的，（歷史的失傳）受到二二八的影響很大，怕被抓，後代都被列入黑名單。二二八到白色恐怖之後，只要有讀過書的就全部打壓，要不抓起來，這個陰影還有在，未來還是靠下一代了，我們這一代很少有意見了。[1]

　　在霞雲里之外，角板山（payasan）是另一個大豹社後裔聚居的地方。他們有著另一段哀傷的故事，裡面不但埋藏著前人滅社的記憶，更有著白色恐怖所留下的刻痕。

　　2018年某個寧靜晨曦，角板山的人們像以往一般默默地忙碌著，準備迎接一整天海量觀光客的到來。自從新的溪口吊橋「通橋」以後，這陣子的觀光客數量突然暴增。遊客可以從角板山直接跨過優美碧綠的石門水庫，通往對岸的下溪口部落。事實上，以前就有一條舊的吊橋聯絡兩岸。那時的舊橋也聯繫著下溪口台與角板山之間的大豹人。

那天，我們在角板山加油站旁邊的多蜜‧堂嘎（林富美）家裡，架起三腳架，準備拍攝與採訪。yata多密是堂嘎‧瓦旦的女兒，也就是日本所記載的大豹社領袖瓦旦‧燮促的孫女。1923年，父親堂嘎帶領部分大豹社後裔離開原大豹社的故土，前往下溪口台開墾。今日的下溪口還遺留有一塊「溪口台開圳紀念碑」，同樣是由高本三郎所提款，然而這塊石碑，實質上紀念的卻是堂嘎‧瓦旦帶領族人胼手胝足、開鑿水圳的過程。

　　溪口台的水圳於大正十五年十二月開工（1926），在奎輝溪的中游設立取水口。水圳幹線總長一里卅町卅間，支線五町八間。[2]灌溉大豹社（下溪口）四十七戶，以及拉號社（上溪口）二十七戶之水田。整個開圳的過程相當艱辛，前後動員七千六百人次才完成開鑿。完工了以後，溪口台的「堂嘎‧瓦旦」等同於部落文明的象徵。[3]那天在角板山訪問女兒多蜜時，她以激動的口吻說著：

　　　　當時，爸爸帶領族人在下溪口台開水圳，在戮力合作之下，以當時的日本警察都不相信的時間蓋好。在父親的帶領下，那時候的部落（按：下溪口部落）非常整潔，生活秩序非常好，遵循不喝酒、不偷東西、不打老婆等三大紀律。部落的人都敬重他，記得有一次我跟父親一起下山，一位族人在遠遠的山路另一端出現，可是倏忽之間一個不留神，那位族人就不見了，很可能是懾於父親的威嚴而躲到一旁的草叢裡。但是，我爸爸小時候因為家貧，常常肚子餓到在地上打滾……

　　談到父親兒時貧困的情景，多蜜不禁眼眶泛淚地說：「哎呀，說這個幹嘛！」言談中交錯著驕傲與不忍。如前所述，在大豹社事

多蜜·堂嘎（林富美，後排左二）全家合照，父親堂嘎·瓦旦位於前排左（林富美提供）

件之後，日方為了擔心大豹群死灰復燃，特別將其遷往與之曾經有過歷史衝突的金納基社（Kinajii）居住的下溪口台地，三面臨河，背靠敵意部落，運用「以蕃制蕃」以及地理上的孤絕，來防範大豹群。此外，日方還特別在部落上方設置了高壓電網，煞費苦心地慎防著大豹群後裔的反抗。堂嘎就是在這樣艱困的條件下，帶領族人在絕地一般的下溪口台自力更生。

這些往事，讓yata多蜜掩不住心中長期的壓抑，她認為父親在日本殖民體制下，帶領族人奮發努力的事蹟，應該受到更多歷史研究的重視。後來，她給我看一張照片，穿著傳統服飾的堂嘎·瓦旦與他的哥哥——穿著西裝皮鞋的樂信·瓦旦拍攝於角板山。兩位都是瓦旦·燮促的兒子。一位留在部落打拚，一位在總督府體制下學醫，兩位都為自己的族群奠定了不同程度的影響。那張照片可以說

完整見證了當時的原住民邁向「現代化」的混合樣貌，也是大豹群後裔在隘勇線戰爭以後，面對文明衝擊的顯影。

mama 瓦旦的「叛亂案」

> Utux 在 Tayal（泰雅）的話裡代表看不見的力量，也就是神、真理、自然；Utux smpun 就是真理的裁決。年輕人要有追求真理的熱情，爭取族群平等的地位和權益，理性地掌握自己的命運。當年我們為了這個夢想受到決定性的打擊，是否將來能夠出現讓不同族群共榮共存的政治制度，我想還是要繼續努力吧！
>
> ——瓦旦·堂嘎（林昭明）

如果說日本殖民體系下，大豹群的慘痛經歷是「滅社」，樂信·瓦旦所承受的是日本與國民黨政權交替下的時代悲劇，那麼，多蜜的哥哥瓦旦·堂嘎（林昭明）的一生，更呈現出了大豹人所經歷的白色恐怖的悲劇。

2018 年 12 月 30 日，角板山的街道一如往常地熱絡，警察在那條唯一的商業大道入口處放置了橘色的三角椿，控制人流的進出。上頭的廣場上正在舉辦「戰鬥體驗營」，一群高中生模樣的年輕男女穿著鬆垮的迷彩服，慵懶地或蹲或坐在廣場，聽取領隊的訓斥。緊鄰著的復興亭，過去曾經是一柱擎天的「佐久間總督追懷紀念碑」，戰後被新的政權撂倒了，而一旁的巨大老樟樹還在，沉默地見證了山上的政權輪替。那一天，角板山形象商圈如常地繁華。街區上唯一的幹道中正路，兩旁店家門口依然堆滿了香菇、木耳、七葉膽與拉拉山水蜜桃，但是遠處卻可以聽見不尋常的天主教彌撒聲，

296

那是原住民運動先行者林昭明老先生，mama瓦旦的喪禮。

　　喪禮的現場，親戚後代大多出席了，復興區一帶的泰雅友人也來了不少。站在更遠的一群人，由於不是原住民的臉孔，特別引人注意。那是戒嚴時期政治受難者關懷協會的人，特地從臺灣各處前來為昔日的同志哀悼。另外還有一群身著深色衣物，表情肅穆而話卻不多的人，謹慎地聚集在更遠處，後來才知道那是臺灣勞動黨的黨員。當時的促轉會代理主委楊翠也到場致意，桃園市原民局局長林日龍、考試委員伊凡‧諾幹等大豹群後裔，也前來送老先生最後一程。

　　來自復興區天主教總部，三民天主堂的聖方濟教派神父，在靈柩前吟唱聖歌，就在哈利路亞的引導聲中，各路人馬依序向前捻香祭拜，靈堂牆上的泰雅族菱形「祖靈之眼」圖騰，睜大著眼睛看著。就這樣，mama瓦旦的喪禮在參雜了道教、天主教、泰雅祖靈信仰，以及各路跨種族、跨政治立場的人馬匯集下進行著。輪到臺灣勞動黨黨員捻香時，一行人在老先生的彩色照片前面排成兩列，像共黨游擊隊哀悼死去的戰友一般，他們唱起了《安息歌》：

　　安息吧死難的同學／別再為祖國擔憂／你們的血照亮著路／我們會繼續往前走／你們真值得驕傲／更令人惋惜悲傷

　　據說在白色恐怖時期，關在監牢裡的政治犯常常會在黎明破曉前被「死亡點名」。被點到名的囚犯從睡夢中驚醒後，幾乎沒有多餘的時間思考，馬上就會被五花大綁抬出牢房，押往刑場槍斃。這時候其他的獄友也都醒了，大家會一起吟唱這首《安息歌》，為獄友的最後一段生命路送行。那天，勞動黨的《安息歌》繚繞在瓦旦

的遺像前，對這位泰雅原運前輩行最後的致敬禮。然後，歌聲就像幽靈一般，鑽出了靈堂，在掛著山產、鱒魚與土雞的招牌之間盤旋打轉了一會兒，最後蒸發在燠熱的角板山的天空。

　　mama瓦旦出生於1930年，也就是霧社事件發生的同一年。或許是因為誕生於這個原住民自主鬥爭史上重要的一天，使得他的一生幾乎與原運脫離不了關係。十七、八歲的時候，青年瓦旦離開角板山，來到遙遠的臺北市的建國中學。在讀書的過程中，他與幾位同樣在都市求學的原住民青年，因為感受到生活的辛苦與受歧視而凝聚在一起。身為原住民的身分，雖然可能一生都存在著類似的壓力，但是在外地求學期間，抑鬱的感受也許特別容易被放大。身處異鄉的青年瓦旦，藉由讀書來排遣壓力。某一天讀到一篇文章，提到關於「社會主義經濟基礎的民族關係」、「少數民族的解放為無產階級革命的範疇」的字句以後，內心產生了極大的困惑以及震動。[4]他想，原住民的權益在當時的社會環境之下，可以說幾乎沒有推展的空間，未來似乎又更悲觀。如果說有一種思想或一種主義，可以在發展自己的文化主體性的同時，又能夠讓少數民族擁有自己的自治權，那麼無論外來與否，他都會毫不猶豫地對它效忠。就這樣，社會主義打動了他。

　　當時，青年瓦旦受到十九世紀廣泛的西方政治經濟學思潮所影響，閱讀著亞當・斯密的《國富論》、馬克思的《資本論》、黑格爾與康德等人的著作，像舉著一盞蠟燭一般，黑暗中尋找著當時原住民族的出路。那是1948年的臺灣，當時中國的國共內戰正酣，在很短的時間內，國民黨經歷了瀋陽、徐蚌（淮海）以及平津三場會戰的失敗，喪失了東北、中原以及華北的廣大土地，高達一百五十多萬的主力部隊幾乎全部被殲滅。社會主義的紅潮摧枯拉朽地席捲

而來。對於中國共產黨而言，取得整個中國的土地與政權，已經是指日可待之事，而這股樂觀的紅潮也像原子彈氣爆一般，遙遙震動著臺灣島嶼的上空，甚至影響到原住民青年們的政治思想。人們心底對於臺灣未來時勢，差不多都明白了，沒有意外的話，解放軍不久以後就會渡海來臺了。也就是在這樣的共識下，造就了島內共黨組織私底下迅速擴張。[5]

這段期間，瓦旦與簡吉的臺共系統的人意外地接觸上了，對方希望他挺身出來組織山地青年，協助臺灣共產黨的鬥爭。但是他以一貫清晰的辯證思維，認為原住民族的痛苦根源之一來自於貧窮。他雖然肯定階級鬥爭的作法，但是卻不願意輕易加入臺灣共產黨，而是主張原住民族要有自己的革命組織，也要有自己的思想準則。[6]後續，他結合了在臺北師範學院讀書的賽夏族同學趙巨德、烏來泰雅族的高建勝等人，以原住民族應該「自覺」、「自治」、「自衛」為原則，籌組了「臺灣蓬萊民族自救鬥爭青年同盟」，其中還特別強調了「自治」二字，可以說是掌握了馬克思主義對於「自治」（autonomy）的積極想法。另外，根據林傳凱對他過去所做的口述，當時的瓦旦還曾經密謀要炸掉復興山區的水庫，以製造在臺國民黨政權的混亂。而為了要組織山地游擊隊進行長期抵抗，他還將復興區一帶山區的地形地物、河流走向、山勢稜脈的發展等等，考察得相當完備。[7]

1952年9月6日，青年瓦旦在角板山自家門前被捕，被控涉嫌「預備於匪幫攻臺時為內應」，依照叛亂罪遭到判處十五年有期徒刑。先後關押在軍法處看守所（青島東路3號）與新店的軍人監獄，共計十七年。和當時的白色恐怖者一樣，在剛剛被捕期間，他經歷了慘無人道的刑求：

瓦旦·堂嘎朗誦大豹社神話，攝於角板山住處。

　　每當回憶起在保密局、軍法處和執行機關所受的精神、肉體上
的折磨，總是令我不勝感慨。……有些人站著被叫出去，由看守所
人員抬著送回來；有時雙手被刑具夾傷而腫痛難挨，吃飯時則靠難
友餵食；灌水、電擊、毒打都是稀鬆平常的刑求手段。……以我個
人而言，歷經兩年的偵察、十五年的牢獄生涯，出獄後尚褫奪公權
十年，工作、居住或出國都受限制。雖然，境遇結局比我悲慘的人
更多，更值得同情，但是我不得不反問：學生時代關心自己族群的
所作所為，有理由接受懲罰嗎？所有的痛苦難道是我應得的嗎？[8]

　　關押在新店軍人監獄期間，青年瓦旦展現出優秀而積極的工作
態度。在洗衣工廠做曬衣工時，他特別要求自己要「曬得好」，要
重視衣物的「製漿」、「拉平」。後來，瓦旦被調派為手工藝外役，

負責畫鴨蛋。這件工作，就是每天把鴨蛋底部戳洞，小心地讓蛋汁流出來，洗乾淨以後，用細筆在上面畫風景、美女圖，賣給外面的經銷商。另外還要做假髮。當時有非常大量的美國訂單，受刑人依據訂單的需求來編織、染製假髮，每一次假髮訂單的需求都高達一、二萬件。瓦旦說，由於假髮是以植髮器編織在PCV的軟皮上，但植髮器有時會故障，當時臺北沒有人會修理，而剛好理工背景的他懂得如何修理，還因此被留在新店軍人監獄負責維修植髮器，幸運地沒有被遣送到綠島。[9]另外，由於個性耿直、不會貪污，他被選為獄中的伙食委員，每天清晨都可以暫時「出獄」，去新店的中央市場採買。

1967年被釋放出來時，瓦旦已三十七歲了，獄中十七年，已經使青年變成了中年。出獄後有很長一段時間，他的生活都遭到警察的監控。瓦旦的太太烏擺（王碧珠）說，當時角板山的家門口外，常常會有人影出現在窗邊跟門邊，一晃一晃地，隨時窺視著屋內的狀況。政治犯的身分，使得中年瓦旦無論是婚姻與就業，都面臨著困難。最後還是和出獄的獄友一起經營工廠，生活才慢慢地步入正軌。

我們與老先生的會面，是在他九十一歲生命的最後兩年。差不多是一個人最蒼老、不堪的時期了，不過這並無損於我們對他的尊重。晚年的瓦旦老先生，臉上總是掛著淺淺的笑容，似乎有一種反璞歸真的感覺。他的說話速度很慢，有時候一個字與一個字之間的間隔也要經歷好幾分鐘，好像必須要鑽過複雜的記憶系統之後，有些字才能夠從嘴裡吐露出來。老先生去世前一個月，我們帶著幾則臺北帝國大學所記載的大豹社神話，希望老先生來朗誦，也當做一種延緩失憶的作法。就在角板山的房子裡，老先生布滿皺紋的手拿

起純白的Ａ４稿紙，第一句話「起風的時候」從他微顫的嘴裡發出來之後，接著就卡住了。「起風……」、「起……」、「起風的……」、「時候……」。字與字之間相隔了很久，之間的沈默階段，他的手抖得更嚴重，呼吸變得急促，似乎想起了什麼事情一般。而那則神話，雖然是臺北帝國大學所記載，口述者卻是來瓦旦的叔叔樂信・瓦旦：

那麼，據說刮風是住在深淵裡的鹿引起的。會吹風據說是因為牠洗身體的關係。刮起暴風時，則是從水面露出了牠的耳朵。風不大時，牠只有稍微露出耳朵，但是隨著牠慢慢地露出耳朵，風也愈來愈大。而牠耳朵露出最多時，也是暴風最為強烈之時。
——昭和十－十一年，樂信・瓦旦於角板山口述[10]

那天的朗誦之後，不出二個月，老先生就過世了。根據轉述，在他過世前十多天，已經開始選擇性地進食，只願意喝牛奶、水與少量食物，好像要把自己身上的穢物排出一樣，讓身體乾乾淨淨地離開世間。他的去世，確實也令我們思考，什麼是世間的純真思想。那天的角板山喪禮最後，在家人的陪同之下，老先生的遺體移往三民村的天主堂，由牧師進行了彌撒告別式，火化後的骨灰隨即移往大溪暫厝，等待良辰吉時入土。

約莫半年之後，我們在兒子林信安的帶領下，前往龍潭的墓地，為瓦旦進行「入土」儀式。車子從龍潭中興路九龍段的巷子右轉，隨即鑽入一條兩旁被丟滿垃圾的靜僻產業道路，最後在一處飄滿餿水臭味的養豬場前面停車。一行人穿起雨鞋、戴上帽子，穿越夏日的沼澤與鬼針草叢，來到瓦旦嶄新的墳前。入土之日，炎熱的陽光

灑在龍潭高地的紅土上。由於墓址鄰近陸軍直升機基地之故，天空中來回盤旋著數架阿帕契直升機，就像是為老先生做最後的巡禮致敬一般。

2019年夏天，在這片龍潭的沼澤荒野、在妻子烏擺與直系親友的環繞之下，曾經涉及「叛亂案」的瓦旦・堂嘎正式入土，過完了他悲喜交織的一生。隨著他的逝去，臺灣原住民界失去了一位原運的典範人物，大豹群也失去了一位重要的耆老。那些「滅社」的口述記憶，以及原住民白色恐怖的苦難經驗，隨著他的去世消散在憂鬱的角板山的天空。而做為研究與記錄者的我們，終究該如何承接他悲劇性的一生，成為了我們自己的課題了。

烏擺

那段往來於角板山的時期，我也間接認識了瓦旦老先生的太太烏擺與她的妹妹王碧珍，以及在角板山開餐飲店的兒子信安。他們的生命歷程，很大一部分是身為白色恐怖的家屬。他們不僅在一旁沉默地見證了時代，時代也毫不留情地將他們捲入。

Yata烏擺的父親王阿繁，原本是桃園員樹林國小的教職員，與瓦旦同樣捲入「臺灣蓬萊民族自救鬥爭青年同盟」案，遭到判處五年有期徒刑。關押期間，父親會從監獄寄給烏擺一些裁縫雜誌的頁面，鼓勵她學習紡織。出獄以後，還曾短時間和她一起從事裁縫工作，做一些簡單的活。白色恐怖受刑人出獄以後，受到朋友、家族與親人的疏遠，是常有的事。他們雖然已被釋放了，社會網絡、人際關係的重建之路，卻是遙遙無期。很多人因此只能靠一些簡單的打工過活。Yata烏擺說，即使都已經出了獄，父親還是會一直說「我

泰雅族女性抽取苧麻絲的畫面（圖片來源：《台灣蕃族寫真帖》）

沒有」、「我沒有」，否認涉案。[11] 或許因為身心靈皆受到沉重打擊，不到幾年，王阿繁即抑鬱而終。

　　烏擺說，她曾經夢到父親。父親還是像往常一般沉默，似乎欲言又止，然後就轉身離去。

　　瓦旦與烏擺由於是不同程度的政治受難者，後來結成連理，也是順理成章的事。當時，白色恐怖席捲了山地部落，風聲鶴唳之下，人人自危，是可以想見的。烏擺舉例說，過去的復興鄉山區流傳著一首改編的歌謠：「一二三到臺灣，臺灣有個蔣中正」，戲謔蔣介石到臺灣的落魄景象。警察還因此大規模搜山，試圖找出究竟是誰在傳頌這首歌。

　　生活在蕭殺的政治氣氛籠罩下，又有重重烙印在身上的政治犯

上：烏擺與妹妹碧珠，進行苧麻抽絲的工作，攝於角板山；下：盛裝「理線」的烏擺，攝於角板山。

憂鬱的角板山

家屬印記，在瓦旦的鼓舞下，烏擺決定重新拾起泰雅族紡織的傳統技藝，以文化行動來找回自己的認同感。剛開始她用一般工業用的線來織布，到了民國八十年左右，她才想到從最根本的苧麻（kgiy）種植開始。在母親的協助下，她們回到位於爺亨的舊部落，從以前種植苧麻的舊地裡刨出老根，帶回角板山自家的山坡地種植。從此，莖部極具韌性、耐菌，適合用來紡織的苧麻，便定期從自家的角板山土地上長出來了。之後，再以桂竹管自製的苧麻抽絲器（kgsaq）抽絲，一條條濕潤帶著汁液的苧麻絲（nuga，或者稱為mkgiy）就出現了，這是泰雅族最原初的織布線。

那天，我們在角板山林家門口拍攝yata烏擺紡織的畫面。她還特別為此穿戴上了自己編織的泰雅族頭巾與背心，耐心地從捻線、紡線、理線（或稱「框線」）依序做起。首先是捻線。將已經曬乾的米色苧麻絲，以手指頭一段、一段地揉捻起來，線與線的交接處，細絲一般的苧麻絲彼此交纏在一起，堅固地形成了一條很長的線。接下來是重頭戲的紡線。烏擺拿了一個錘子狀的苧麻旋轉器（tnaran，紡錘的一種），打陀螺一樣，讓幾條捻好的線彼此交繞在一起，如同求偶的蛇。她的手，每隔幾秒一次，以拋物線的弧度擲出旋轉器。紡織是泰雅社會裡女性溝通的一種方式，烏擺擲出旋轉器的手勢，想必裡面也有母親的記憶與手勢吧。在一次訪談中，烏擺回憶起母親：

　　她總是背對著我不說話。可是無論我想要做什麼，她都是默默地支持。像我想要種苧麻，人家說妳們種那個幹什麼，現在紡織技術那麼好了，妳們幹嘛回去種苧麻，好像我們的頭腦有問題一樣。可是我的母親還是帶我回去找苧麻的根，她就是不說話，但是就是

陪著我做我想做的事。[12]

　　在拍攝的當下，看到烏擺駕馭著手上的紡錘，我們都出神了。那樣優雅之身形，簡直超過任何歐洲古典繪畫中的女神。又不禁感到遺憾，這樣精湛而優美的身體技術，最終會往哪裡去？就在這時，烏擺一邊擲，一邊唱起了Tminun（德米嫩，《織布歌》的意思）。這首旋律優美的泰雅古調，也是母親教她唱的。過去織布的時候，在手起手落、穿梭引線之間，她就會哼唱著Tminun，也是一種跟母親對話的方式。

　　織布是泰雅女性在部落男女分工下所衍生出來的工作。在過去的歲月裡，這首歌不知道在多少女性的聲腔裡哼唱過。烏擺說，以前的泰雅女性會一邊紡線，或者一邊丟苧麻旋轉器，一邊哼著Tminun，甚至連走路的時候，也哼唱著。而今，織布不再是生活中必要的工作，Tminun的歌聲也逐漸在部落的生活裡流失了。現在大多只能在表演意味濃厚的慶典時，經由CD Player播放出來的原住民音樂專輯，才能聽到了。另外，據說過去的泰雅族在預知颱風快要來臨之前，會用織布的苧麻旋轉器來施行「緩颱祭」（pshway behuy）。這些意涵豐富的技藝與想法，都將在今日的現代世界中逐漸化為烏有。

尋找達下庫

　　曾曾祖父「喀義怒・泰默」出生於南投縣仁愛鄉萬大水庫附近之達下庫社（Tasiak）。大約公元1840年前後，經南投縣仁愛鄉力行村（Malepa）、臺中縣和平鄉佳陽（Sikayo）、大霸尖山（Papakwaka）

山麓、新竹縣尖石鄉秀巒（Makanagi）至玉峯（Malikowan）、桃園縣復興鄉三光（Gaogan）等地，沿著大嵙崁溪（大漢溪）往下流至復興鄉插天山東方山麓泰亞福社（Taiyaf）暫居。大約1841年在當地出生曾祖父「燮促‧喀義怒」，他在1860年時率領族人經復興鄉霞雲村志繼（Sikei）至三峽鎮五寮等地，然後定居臺北縣三峽鎮插角附近大豹社（Gutiak）。當時大嵙崁前山蕃分布在五寮（Kanabilu）、湧木（Iboh）、熊空（Kenlawa）、插角大豹（Gutiak）、大寮、新店、屈尺等地，清朝末年蕃人交易所設在成福，並在三峽鎮（三角湧）溪邊設壕溝以防蕃人進攻。[13]

上述是大豹社後裔，也是前復興鄉長林昭光老先生口述自己家族的北遷之路，其中記載了「達下庫社」一地，據說就在萬大水庫後方。說起大豹群的北遷，一般都會從泰雅族口傳的第一起源地Pinspukan（賓斯博幹，石頭裂縫的意思，位於今日的南投縣仁愛鄉發祥村）說起。以大豹群而言，從Pinspukan之後的遷移路徑，基本上都是以南投的不同地方做為起點，大部分的口述都都提到了「越過大霸尖山」，下一站則大多停留在雪霧鬧——但也有不同的，最後才來到大豹溪流域。[14]

例如下溪口的巴樣口述：他的家族當初是由巴度等五個兄弟，從南投越過大霸尖山，順著大漢溪而下來到大豹，但是並沒有提到雪霧鬧。從這裡可以推證，大豹群的北遷不是同一支家族集體所為，而是在不同家族、不同的時間與脈絡下北遷的。

總而言之，達下庫是大豹群的發源地之一，這點應該是無庸置疑的。

隔了一段時間，憑著唯一已知的線索「萬大水庫後方」訊息，

我與助手W決定驅車從臺北南下尋找達下庫。那天，車子從埔里下六號高速公路以後，一路往南方郊區的平原挺進。我們穿過成片的茭白筍田，潮濕的風景像極了席德進的水彩畫。抵達盆地邊緣的深湖坑以後，大片的金針菇寮就出現了，這裡是臺灣生產金針菇的重鎮。順著投71線蜿蜒上行，車子通過卓社隧道以後，神祕的武界部落就展現在眼前。後續，沿著濁水溪上游的投83公路，一旁是碧綠的萬大水庫與著名的曲冰遺址，北方的姊原部落依然埋藏著當年原住民之間大出草的祕密。

再前行了一段時間，我們在一個名叫松林的部落停了下來。那裡有一個「布蘭原民市集」，剛好肚子也餓了。我點了一碗牛肉麵，在擺著高麗菜、玉米、山苦瓜與馬告的攤販旁一張桌子上吃了起來。另一邊，賣著番茄與高山牛蒡的攤販旁，有一位正喝保力達B的德魯固老人。基於一股「田野」的直覺，我將牛肉麵整碗端向他的桌子，與他「同桌」湊熱鬧，順便聽他「口述」一番。老人喝了一口保力達B後瞄到我，不但不閃躲，反而大方倒了一杯分享給我，並悠悠地說起松林部落的特殊處境。他說，這裡的泰雅族長期以來夾在布農族與太魯閣族之間，兩邊都不討好，動輒得咎，是日本「以蕃制蕃」的策略所造成的。我想起大豹社在戰後一部分人被遷徙到絕地一般的下溪口，也是被這樣對待的。

喝完一瓶保力達B以後，老人又再「續攤」了另一瓶，並好客地問我，還要不要再來一杯。我搖搖頭說等一下還要開車，同時也趕忙切入正題，詢問「萬大水庫後方」達下庫的訊息。老人說，日本時代那裡確實有一個大部落，他還記得怎麼走。央請老人畫了路線圖以後，我問他能不能帶領我們前往舊部落，來一趟「文史之旅」。老人搖搖頭說不行，他還要去教會討論救助金該怎麼領，我

巴拉納灣（Plnawan）又稱為札吉斯（淺井惠倫攝，1938）

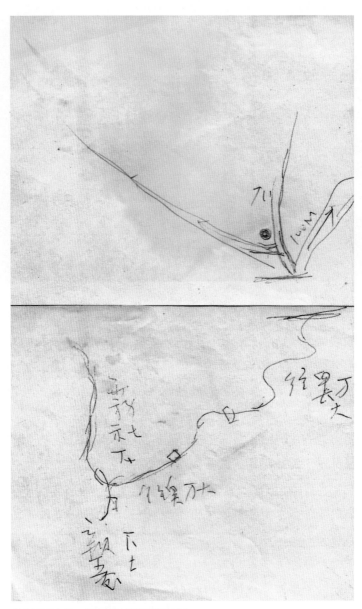

德魯固老人繪，通往巴拉納灣的路線圖。

憂鬱的角板山

萬大電廠出水口

覺得他可能是擔心我們是詐騙集團吧。轉過身來時，「布蘭原民市集」已經空無一人，市集攤位上的高麗菜、玉米、山苦瓜與馬告等蔬菜水果，還在等待尚未來臨的觀光客。再待了一陣子，等老人喝完第二瓶保力達 B，我們便相互道別，分道揚鑣。

　　按照老人畫的地圖前進，經過被布農族與太魯閣族「前後夾攻」的松林部落，跨過美麗的濁水溪與萬大電廠，路旁開始出現「前方小番茄」、「前方一百公尺高麗菜」等牌子。約莫五分鐘以後，來到一家外表塗滿浪漫紫色的「古典極限—楓香小站」。小站外凌亂的招牌上寫著，山產—咖啡—民宿—窯烤披薩—烤斑鳩—簡餐—和菜—小吃—冰沙，字體有大有小，有粗圓體、超明體以及華康綜藝體。W 小心翼翼地走進裡面詢問：「達下庫」在哪裡。老闆從黑暗中的躺椅起身說：「我就是泰雅族，我沒有聽過達下庫這個部落，

但是對面的臺電保線路上去，的確有一個我們過去的舊部落。」

中獎了！找到了通往水庫上方舊部落的臺電保線路，至少可以先到這個舊部落探一探。停好車以後，我們順著狹窄的保線路往上步行，一旁碧綠的濁水溪盡收眼裡。然而走了一個多小時之後，卻發現山路沒有止盡，兩側是荒草漫漫的中央山脈，究竟何處是舊部落？前進的步伐越來越疲憊，慢慢地心中也升起了一股「大海」撈針的心情，一旁的W眼神中透露出了絕望的感覺。眼看著天色逐漸暗沉，正準備放棄之際，路的盡頭忽然躍出一輛四輪傳動的得利卡。車上差不多像閃亮的救世主降臨一般，下來了一位穿著雨鞋的老泰雅。他在問明了我們的目的地後說：「舊部落正好在你們身旁啊，叫做『巴拉納灣』。」老泰雅邊說邊毫不猶豫地奪過我手上的山刀，一砍一揮地向草叢砍去——像摩西過紅海一般，通往「巴拉納灣」的路居然就這樣奇蹟似地出現了。

巴拉納灣（Plnawan）是泰雅族萬大社於1912年所設立的部落，又名「札吉斯」（Tsugeus），後來因為萬大水庫的興建而遷走，目前沒有人居住。部落遺址的範圍非常龐大，節次鱗比地分布在萬大山西麓的臺地上，現場除了許多房屋的石砌地基以外，還留有完整的蕃童教育所的水泥升旗臺臺座。從日本語言學者淺井惠倫留下來的照片，[15]可以看出當時的部落有近百戶人家，除了蕃童教育所與操場以外，一旁的最高點是萬大駐在所。昔日充滿人煙的部落，如今僅剩一座空寂的廢墟遺址。四處走動一下，可以發現酒瓶、碗、玻璃碎片，四處散落，杉樹從遺址的土壤裡垂直竄出，清風陣陣從萬大山上空刮過。

萬大水庫後方，確實只有札吉斯這樣一個舊部落，而這裡究竟是不是達下庫，實在很難確認。而且這裡與同是大豹社林家的瓦旦‧

上：前來指路相救的老泰雅；下：巴拉納灣的日殖時期蕃童教育所遺址

堂嘎所口述的「北遷之地」：南投北港溪上游，也相距甚遠。另外，目前在北港溪上游惠蓀林場一帶，仍有南、北東眼山的山名，與桃園市復興區的東眼山之間究竟有什麼關係？這種種疑問，目前仍是未知之謎。

回程，順著萬大水庫旁狹窄的投84線北上。一旁淤積的水庫湖上，星棋羅布著水上船家，他們以塑膠管搭建成浮筏，用改良過的強力馬達為動力，載著觀光客漫遊湖面，船家為此取了非常漂亮的名字：「萬大水庫之心動旅程」。更遠的山丘上，清境農場正在進行著更大規模，也許是更錯亂的「自願式文化殖民」的工程。所有的民宿不是取名維也納、普羅旺斯或者瑞典假期，不然就是諸如「麋鹿遇見松鼠摘星花園」，或者「辣妹子多肉咖啡民宿」這類文青風的民宿。夜幕低垂，高崗上的清境農場開始點燈，眼前的一片繁華榮景對我這名腦袋裡填滿「舊部落」、「遺址」、「遷徙」、「滅亡」的人而言，簡直格格不入。

以父之名

多年前的一個下雨的晚上，一位住在上巴陵部落的女子，帶著她的小孩騎機車騎了幾十公里，來到角板山我的診所敲門，說她的孩子生病了。當時她沒有錢繳健保費，不敢到大醫院，丈夫又喝醉酒，到不得已的情況下，只好硬著頭皮來敲門。那時候我就在想，當初我從城市回到部落看診的初衷，不就是為了成為一位「被需要的人」？從那個時候開始，我就毛遂自薦，向政府申請山地醫療巡診計畫，能夠深入部落，為那些更弱勢的人服務。[16]

2018年我與泰雅部落的數個記憶片段，是跟隨著高揚威醫師，前往遙遠的大漢溪後山部落，進行醫療巡診的路上。我很難忘記那些晚上蜿蜒在夜裡北橫公路的情景，沁涼的山風透過窗戶縫隙灌滿車內，遠方是無光害的原鄉星空。其中最美的一段，是在往新竹縣尖石鄉武道能敢（三光村）的路上。由於舊的產業道路已經被大水沖走，要前往哪裡，必須要開車沿著新鋪設的河床便道，顛簸地前進。那裡的地景極度洪荒，時空彷彿倒退回百萬年前，這座島嶼剛浮上海面的時期。約莫在晚上九點時，我們抵達了泰雅語中有著「集居之地」之意的武道能敢，那是當天高醫師後山部落巡診的最後一站。

　　高醫生的父親是曾任職復興鄉衛生所主任、鄉長與省政府參議員的哈勇‧烏送，祖父則是過去大豹群詩朗社的領袖烏送‧和旦。由於父親很早就去世，在採訪的過程中，他提到自己之所以會走上醫生這條路，是因為想要繼承父親的衣缽。而母親期許他「做一個被需要的人」的教誨，也產生了關鍵性的影響。他說，母親過世之前，以虛弱的口吻對他說，希望他能夠像父親一樣當醫生，造福原鄉部落。面對摯親的遺言，他毫不猶豫地答應了。這一答應就是三十多年的山地醫療實踐，而且用更深入的方式，來回於北泰雅族前、後山之間，照料偏遠山區角落的族人。

　　有一次，我們跟著他到下蘇樂部落巡診。高醫師開著那輛民間贊助的醫療車，從北橫公路左轉下到蘇樂產業道路以後，車上蜂鳴器隨即開啟，喔咿喔咿地宛若救護車來了，這個聲音是山地醫生與村民之間約定的看病信號。駛過迴紋針一般的陡降狹路後，來到好像化外之地的下蘇樂。停好車，高醫師一行人照例在一戶人家的客廳裡，像巡迴的攤販一般，擺開電腦與簡易的醫療器材，準備「開

診」。部落裡需要就診的病患早就乖乖地在一旁排隊，有胃痛的、感冒的、高血壓血糖的，其中以酒精過度的相關症狀者為最多。我看到高醫師為一位下肢因為痛風而腫脹變形的老者診療，老者關節扭曲的程度實在令人不忍卒睹，其外觀有點像痲瘋病一般。由於尿酸的結晶長期累積在足部與手部的關節，山地部落有許多人，在腳與手的關節部位，爬滿了大大小小的顆粒。

　　這段期間以來，這樣的例子著實看了不少。原住民因為生活空間的封閉以及鬱悶而長期酗酒，因此飽受肝病、痛風之苦，也造成了許多的家庭問題。我看過許多部落失意的青年，每天遊走於這家或那家，與其說是拜訪鄰居不如說是為了尋找酒精。有些人大概早上十點左右就一臉醉意地迎向陽光，或者躺在路旁，或者日日悶在家中的角落獨飲，像一輛破敗的爛車，承載著過重的憂鬱與煩擾。

　　以W部落為例，由於山居生活的封閉，有幾位年紀三、四十歲左右的青壯族人，如L哥、C與小Y，[17]白天時候總像幽靈般遊蕩在狹小的部落裡，有時候流連於雜貨店，有時候在彼此的住家客廳裡。他們的臉在酒精與失意的長期夾擊下，看起來總像是六、七十歲一般，神情衰老而遲緩。在一次對C的採訪中，我試著小心地問，難道他都不用工作嗎？「我在山上有父親傳下來的土地，現在租給漢人耕作。」C坐在他那黑暗中帶著霉味的沙發上說道。

　　在部落採採訪的三年下來，已經目睹了好幾位族人，因為長期酗酒，身體出了問題。截肢、失明在所難免，也有好幾個人去世了。例如Y因為飲酒的問題而患了嚴重的糖尿病，差一點整隻左腳截肢。我還記得健康時候的Y是怎麼對我侃侃而談大豹群的歷史。至於W，初次看到她的時候還是一位機靈的女士。那一次是大家在一起剝馬告的場合。俗稱山胡椒的馬告是泰雅族重要的經濟作物，每年結果

的期間，部落總是全部動員，一起摘採。那時候，平常少見的W也出現了，她教我泰雅人怎麼樣用鹽來醃存新鮮的馬告，也告訴我她所知道的大豹群的傳聞故事。我特別記得她雙眼之間的間距，比一般人還要寬——可能超過1.5倍，像電影《阿凡達》裡面的納美人一般。後來，某一次在部落採訪時，車子經過W家門前，發現她截斷了雙腿坐在電動輪椅上，整個身體被攔腰切除了一半，好像受過中國古刑的腰斬一般。她的嘴角泛著一貫的微笑，但身心顯然已經歷過巨大折磨，雙目空洞地望向不知名的遠方。族人說，糖尿病不僅奪走她的雙腿，也侵蝕了她的視力。從此以後她的雙眼總像是死魚一般，不再聚焦於任何物體。

還有H，記得是2017年聖誕節前夕的某一個晚上，我跟著志繼天主堂的信徒，巡迴金暖、佳志與志繼部落「報佳音」。身為天主信徒的老Y跟隨著報佳音的隊伍沿途串門子。報佳音隊伍每到一位信徒家門口時，會先在門前唱起「聖誕夜」歌曲。這時，室內馬上會亮燈，暗中等候已久的信徒就會出來迎接報佳音隊伍入內。屋裡客廳通常會盛大擺放著麻油雞酒、泰雅珍饈的黑豆燉羌肉、飛鼠以及舒跑、麥香紅茶與蜜豆奶。若是空間允許，有的人還會在自家的廣場生火來招待報佳音隊伍。那天晚上，復興區的山上覆蓋著一股濃重的霧氣，我們在溼冷中跟隨著報佳音的隊伍，在每一處民宅門前吟唱聖誕讚歌，大快朵頤信徒所提供的羌肉與米酒饗宴，在微醺之中繼續前往下一家。那時候，H還跟隨著我們一起。我還記得那晚，他慈祥地對一位生著重病在家的泰雅老人唱著聖歌的樣子。就這樣，僅有幾面之緣的H，不久後因為多重器官衰竭而於2018年逝世於板橋的亞東醫院。

跟隨高醫師巡迴部落期間，這些病痛的泰雅族人的臉孔，一再

318

浮現眼簾。幾乎可以說，在山高水遠的偏遠部落裡，他們是邊緣中的邊緣；而過度飲酒，背後則顯示著龐大而複雜的社會結構問題。高醫師說，部落人白天在山上孤寂地勞動，傍晚回家時總是會先到雜貨店門口坐著聊天，大家分著酒與食物，那幾乎已經是山上泰雅人生活中的一部分了。然而，酒畢竟是令人沉淪之物，高醫師說，原住民不是不會喝醉，而是DNA中對於酒精的耐受度（tolerance）較高，所導致的錯覺，事實上傷害還是一樣的。在其他部落巡診期間，我們發現中壯年男性的病症普遍都與酒精有關，痛風、肝病與糖尿病。他說，部落的孩童因為上一輩的酗酒問題而受到傷害，為了要脫離這樣的困境，下一代往往在國中畢業以後就選擇早早結婚或者外出工作，藉以脫離原生家庭的生活圈。然而，由於學經歷不足的緣故，他們到城市以後通常也只能選擇粗重的勞力工作，加上孩子一個一個的生出來，生活壓力也愈來愈大，長期下來只能再度依循著靠酒精來麻痺，走上與上一輩一模一樣的道路。

離開下蘇樂之後，乘著星空，我們再次往南前往武道能敢。穿過被蘇迪樂颱風所摧殘、廢墟一般的爺亨溫泉途中，高醫師說，臺灣最大的原住民族不是泰雅族不是阿美族，而是「忍痛族」，一語道出了偏遠山區醫療可即性的匱乏問題。自從那個下大雨的夜晚，上巴陵部落那位無力繳交健保費，背著孩子的婦女出現在他的面前以後。從此，他決定向國家申請參與山地醫療服務計畫，並將一輛四輪傳動的得利卡改裝成行動醫院，每週兩次來回於前山與後山的泰雅族部落，服務無法下山、無能力看病的族人。

高醫師是現代大豹人，乃至於原住民的典型代表之一，雖然他自己謙稱很不「泰雅」。他知道父親與祖父輩哀傷的過往，卻以父之名，用充沛的能量開拓生命，走出當代泰雅族的新路。

憂鬱的角板山

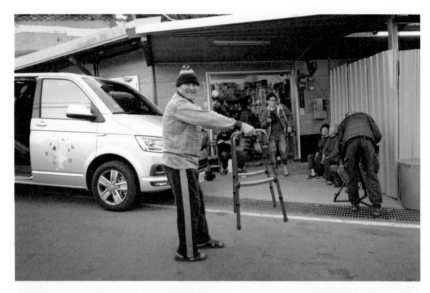

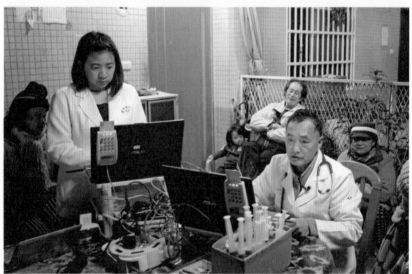

上：前往看診的義興部落居民；下：高醫師在武道能敢部落巡診的夜晚

註釋

1. 鐵木‧樂信（王金財）訪談，下基國派，2018。
2. 日本距離單位一「町」相當於109公尺。
3. 傅琪貽，〈重修復興鄉志人物篇〉，桃園：復興鄉公所，2017。
4. 參考：1950年代白色恐怖原住民受難者代表，Watan Tagna（林昭明）在2013年馬場町秋祭上的致辭。
5. 林傳凱演講，臺北藝術大學，2018。
6. 「林昭明口述歷史」紀錄片，景美人權園區出版，2017。
7. 傅琪貽轉述，2018。
8. 麗依京‧尤瑪採編，《回歸歷史真相—臺灣原住民族百年口述歷史》。
9. 摘自：「林昭明口述歷史」紀錄片，景美人權園區網站。
10. 臺北帝國大學語言學研究室調查，《原語によろ，臺灣高砂族傳說集》，〈刮風的原因〉，1935，頁73-74。該文記載的大豹社神話，是1931～32年於角板山訪問樂信‧瓦旦（當時名為日野三郎）所得。當時所記載的「大豹社」拼音為 βəŋtseq（音：奔恰克）。
11. 烏擺訪談，角板山，2018。
12. 烏擺訪談，角板山，2019。
13. 「依據林昭光先生口述及文憑資料整理」，復興鄉林照光先生〈老鄉長〉口述歷史，1998年7月11日由林茂成先生筆述。資料來源：「南島觀史—福爾摩沙 Formosa」網站。
14. 後裔李伊萬、多密‧堂嘎（林富美）、巴亞斯‧瓦旦（楊和成）等人，也口述了大豹群從南投—大霸尖山—雪霧鬧—大豹的相同遷徙路徑，2018，角板山。
15. 淺井惠倫、小川尚義合著：《原語による台灣高砂族傳說集》，臺北帝國大學言語學研究室，1935。
16. 高揚威訪談，角板山，2018。
17. 為了隱私之故，此處使用化名。

祖墳之地

　　臺灣光復，被日本追趕至後山之吾等，亦應復歸祖墳之地，慰祭祖靈，實乃之當然。既已光復，吾等亦應沐浴光復故鄉之喜，相信此乃明白之理。否則，光復於祖國之喜何在。吾等勢必復歸祖墳之地，自失地以來，對於故鄉一日也不曾或忘，戀慕之情滿懷。[1]

　　1947年，樂信·瓦旦這封交給國民黨政府的陳情書，不僅像鉛塊一般沉入大海，樂信·瓦旦是否因為這份陳情書而在幾年後遭到槍決，也引人猜測。這封信以「祖墳之地」形容大豹溪流域，如今讀來還是令人感到唏噓。1907年1月21日，日本總督府允許三井合名會社進入大豹溪流域，歷經多年墾殖後，「大豹」這個地名，在1932年時的海山郡文書記載中，已完全消失，[2]「蕃地」之名則轉成了「平地」，大豹社等於完全消失在正式官方的地籍資料中，成為了「歷史」。而今日，隨著轉型正義的風潮以及更多史料、資訊的發掘，重建「消失的」大豹群傳統領域生活空間，成為迫切的工作。而大豹社土地歸還的實現，等於是日殖時期被化為「平地」的土地歸還的首例，不僅可以作為臺灣其他的原住民族群在土地返還議題上的參照之外，對於同樣在日殖時期土地已經被的登記為「平地」

322

大豹溪流域醒心橋附近

的平埔族而言，更是一個啟示。

再探大豹社傳統領域

　　一般來說，原住民傳統領域的界定，會以河流發源地、祖靈地、聖地、獵場、祭場、採集範圍等各種類型的行為地來定義。其中，最具伸縮彈性的邊界屬於獵場範圍的界定。而最清楚的邊界，一般來說是山的稜線與啞口。

　　廣泛而言，大豹群傳統領域的範圍，大致上落在大豹溪以及五寮溪兩溪之流域，其中又以大豹溪為主。但是，由於狩獵與出草活動向外延伸之故，如果要把獵場與出草範圍也涵括在內，精確的傳統領域範圍是不容易界定的，三峽的大埔、橫溪流域的大寮地、新

店的獅子頭山下、平廣坑乃至於遠到烏來的桶后溪,都有大豹社出草的文獻。例如前面提過的文獻所記載:「在屈尺方面平廣坑桶后溪等,所有蕃害,多屬大豹社蕃人之所為。」[3]甚至遠至土城大墓公的碑文上,都有相關的「蕃害」記載。料想此處所謂的「蕃害」也是大豹社的出草。另外,文獻還可以看到大豹社人俘虜新竹關西(咸菜硼)腦工而生還的記錄:

咸菜硼腦蔡周源寶與其侄周源發及腦工三人,於去六月十九日俱被大豹社生番擄去,適值此際軍隊討伐番匪,搜索山林,該社番倉皇奔竄,幾有自顧不暇之勢。周源寶諸人窺乘其虛,即於月之五日相率逃遁無恙而歸,按生番見人大都殺戮馘首,雖間有被擒入社,亦終難免刀下之亡,而周等乃皆得生還,亦屬會逢其適真大幸也。[4]

在近幾年的部落訪問裡,大多數後裔耆老所指出的空間範圍,大致上也是大豹溪與五寮溪流域,其中更以大豹溪為主體。例如佳志部落的mama尤敏指出,Topa的活動範圍北至熊空山,東北到谷里達蓋(Quri Takai),[5]南至東眼山,往西北到「恩主公廟」(應為三峽行修宮),往西則到三峽的大埔。[6]與此同時,我們也發現,後裔們對於大豹溪流域有「前」、「後」的觀念。出生於羅浮、曾任介壽國中教師主任的後裔李萬伊曾提到,有木方面的部落有前、中、後之區分:前部落在插角,中部落在今日樂樂谷的山中傳奇河階地(熊空呂日雜貨店後面),後部落在滿月圓(蚋仔,鄭白山莊)。[7]其他還有mama阿華所提出,以有木的八仙橋為上、下部落的分界。這個區分比較接近於1914年五萬分之一蕃地地形圖上舊部落的位置。

紅河谷越嶺古道的最高點——谷里達蓋（Quri Takai），攝於古道踏查期間。

　　在1947年〈臺北縣海山區三峽鎮大豹社原社復歸陳情書〉裡，樂信・瓦旦也以文字註記了大豹群傳統領域。其範圍南抵大溪的十三分、三民水流東，乃至於今日石門水庫一帶的阿姆坪、新舊柑坪，往西以今日大溪與三峽交界的白石山、金面山系為主，往北到白石鞍（按）山、鹿窟尖與雞罩山，東北則到熊空山與加九嶺一線。由於是族裔的身分，客觀來說，樂信・瓦旦所界定的傳統領域應該被視為第一手文字記錄的資料。整體來說，其範圍廣涉了今日新北市與桃園市的轄區：

　　吾等角板鄉臺灣族，以自大溪郡關門為起點之大赤柯山、石龜

坑山、白石山、白石鞍山、大豹山、雞罩山、熊空山、加九嶺一線為境界，而居住於新柑坪、舊柑坪、阿母坪、八結、水流東、十三分、五寮、大豹（現插角、內插角、外插角、有木）。[8]

　　綜合多位耆老的口述，以及相關的歷史文獻後，目前我們對於大豹社的傳統領域有了稍微清楚的界定。西界應以今日新北市與桃園市交界的十三分—金面山系為主，西北方大致上是以現在的白雞—鹿窟尖山稜為主，這座山的泰雅語叫做「撒賓」（Saping，山棕之意）[9]，文獻記載是過去大豹人往三峽出草的必經門戶，也就是1905年發生惡戰的白石按山脈。但是，許多耆老的口述也指出，從這裡往外延伸出去的大埔、十三添、白雞與紫微坑等地，也是過去大豹社的活動範圍。文獻也有「桃仔園海山堡蘇園庄隘勇陳水……在二坪山大埔坪二隘寮之間，被大豹社蕃人二十餘名殺害馘首」，顯示三峽靠近十三添的二坪，延伸到大埔，亦為大豹群的活動範圍。[10]

　　至於北方的界限，則大體上依著雞罩山、牛角尖、紅龜面山的稜線，活動範圍並向北延伸到橫溪、大寮與成福一帶，但不超過成福以北的長壽山系。東北方向的界限以熊空山（Kadu）、竹坑山與加九嶺（Hluhiy Yahu Sqyuniy）一線為主，甚至延伸到東北端點的獅子頭山（Piyasal Maray），活動範圍廣及平廣坑以及廣興一帶。[11]東南方向則以北插天山（Buvu Takai，又名塔開山或者 Buvu Lupi，海拔1726）為界。其中，北插天山可以說是大豹溪的母親之山，雄峙在遙遠的天邊，也是1907年日本隘勇線前進的重要目標。

　　北插天山系有不少泰雅族的地名，例如在北插與南插的山稜岔路叫做「谷里魯培」（Quri Lupi，「草原鞍部」之意）[12]，泰雅語 Lupi 有「鋪在地上的草皮」之思，依照當地雲霧盛行的氣候看來，

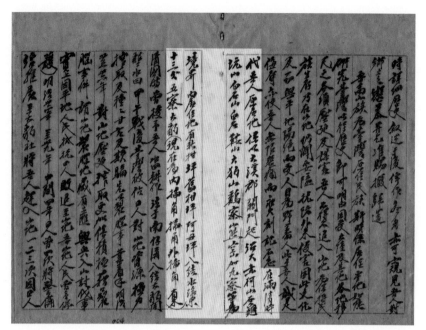

樂信・瓦旦（林瑞昌）的手稿，其中提及大豹群傳統領域範圍。

也可能是指高山芒草之地。Lupi是常見的泰雅族地名，新竹的上宇老部落也叫Lupi。谷里魯培是過去桃園復興區與臺北福山方面泰雅族的「姻親路」的中間點。根據大豹群後裔尤敏・樂信說，站在谷里魯培可以望見遠方的福山部落。由此可知，深山裡的泰雅族聚落與聚落之間，自古以來早就有著綿密的路徑互通有無。另外，在北插天山—拉卡山—東眼山的稜線上，有一個叫做「谷里哈維伊」（Quri Hwei，「很累的鞍部」之意）的地方，是過去霞雲里的大豹人前往大豹溪流域的有木、滿月圓所必經之路。

　　就聚落的分布而言，在文獻上，1889年劉銘傳在〈全臺生番歸化匪首擒請獎官紳摺〉裡則記載了「大壩七社」，許毓良從〈臺灣

由樹林遠眺白石按山脈（前景的第二層山脈）

內山番社地輿全圖〉來判斷，認為這「七社」可能包含了宜亨社、
插角社、白石腳社、金阿敏社、大壩社、敦樂社、梭落社。[13]在日
本時期的文獻則記載如下：

　　大豹社由四個小社組成，即大豹社、九歪社、伊仔社、老仔社。
大致東西約六公里，南北約十公里，即不到六十平方公里。以其戶
數而言，大豹社二〇戶、一〇九人，九歪社一九戶、九五人，伊仔
社一六戶、八二人，老仔社一三戶、六五人。[14]

　　然而，綜合史料以及對於後裔的口述，可以確認插角社
（Ng'caq）、金敏社（Knabi）、有木社（lbuh）、詩朗社（Silong）

北插天山頂

等四個社，是大豹群主要的四個大部落，其他則另外有十多個中、小型的部落或家群（qalang）。其中，如前文所述，插角社的Ng'caq是取自泰雅語「五節芒」（bngciq）的發音，位於今日的插角大板根。Ibuh則是「赤楊木之地」，位於今日三峽的有木一帶。上述兩處的詳細空間描述，後續另闢章節討論。

金敏社（Knabi，亦稱為金仔敏社），過去居住在大豹溪南岸。在1908年〈三井會社樟樹造林無償承貸地名義變更案〉的附件地圖裡，金敏社的位置則遷移到今日大豹溪金龍橋對岸的大平台聚落，顯然是日本為集中管理之故。而在後續1913年五萬分之一番地地形圖上，今日東眼山產業道路的山區，整個都標示為カナビラ（kanabira，卡那比拉，即金敏）。該份地圖上的金平山位置，即為カナビラ山（卡那比拉山），判斷金平山是當初金敏社的重要象徵，

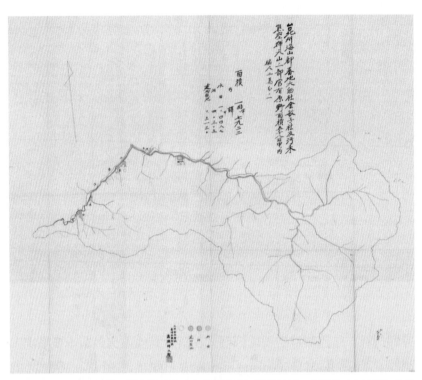

荒州海山郡番地火○社金敏十社及汚未
但炭押天山二部尚有野面積各當内
編入二高地二一

面積　一周九三

　　内譯
　水田　一、○四八△○
　畑　　一、一五五
　建物敷地　○、三二五

1908年〈三井會社樟樹造林無償承貸地名義變更案〉附件地圖，金敏社（金敏子）位於圖中的上中右方，但研判不是隘勇線戰前的居住地。

如同北插天山之於大豹社一樣。今日大豹溪的南岸，還有留有金敏、金敏子山等地名，另外還有過去號稱三峽八大煤礦的金敏煤礦遺址也在附近，見證著早期山區的礦業發展。

至於詩朗社（Silong，亦稱為六寮社）[15]，日本地圖上表示的位置，是在今日臺七乙線吊橋頭巴士站下方，靠近五寮溪左岸的一處凹地聚落。但是整個來說，五寮一帶的山區都是過去詩朗社的範圍，以金平山往西北方的山稜為界，分為北方的外詩朗以及南方的內詩朗。過去在五寮地方進行口述時，聽聞前幾任的有木里老里長，曾

經在五寮的農地整地時，挖出了原住民的蕃刀與首飾，間接證明了詩朗舊部落的存在。

然而，從近幾年族人的交叉口述裡，則指出了除了上述四大社以外，還有更多的小社（或qalang，家群）的存在。大豹群聚落的分布與社內的道路，與其他的泰雅族部落也有點不同：

> （大豹群）蕃社不如其他社般離散，大致每五、六家聚集在一處，其結構概以草鋪於屋頂，以木片為壁，不像他社用竹。道路於社內頗有開鑿，往來稱便，但至境界時，道路卻故意弄壞，故同行不便。[16]

「每五、六家聚集在一處」可以說是一個很重要的線索。不同的後裔皆共同指出，大豹群「部落」的界定頗為模糊，除了上述幾個大社以外，其他的小型部落可能只是「每五、六家聚集在一處」的規模，因此以「部落」稱之可能較為勉強，以「家群」來定位可能更為精確，也符合qalang的家族意義。已故的大豹社後裔林昭光、林昭明兄弟提及，當時大豹群各大、小部落的總戶數共計約有一百戶，人數達到千餘人。除了上述的大社以外，大豹社上游的左岸有三個小家群，分別為位於今日阿習坑的「阿傑」（Agiq）[17]、位於今日東麓瀑布附近的「盧烘」（Luhun，「像臼的地方」）[18]，以及位於今日東麓山區的「墩樂」（Tonung，「樹下有水池之地」）[19]，還有可能在外插角山區的「撒賓」（Sopin，「山棕之地」）以及位置至今不明的庫斯（Quss）。此外，根據上述的口述，一百甲山區是燮促・給義怒（Syat Kenu）的異母兄長瓦旦・給義怒（Watan Kenu）的gaga部落，附近有「敦樂辛婆蘭」（Tunuq Sinplan，「樹

下有水池的富庶之地」）和「得笆立」（Tbali,「大鍋子、共享食物之處」）等部落或家群，其位置亦不明。

但是，根據這幾年我在霞雲里的訪問，有木一百甲方面的大豹群後代則更進一步提出了更多的部落與獵場的地名，例如位於八仙橋下的「哈盆伊霸」（Hbun Ibuh），Ibuh是赤楊木的意思，表示過去有很多的赤楊木。泰雅族過去習慣在休耕的土地上，種植可以快速生長的赤楊木，赤楊木樹根的根瘤可以與放射菌共生、形成固態氮，能夠增加土地的肥沃度，[20]同時也可以作為建材和烤火材料。可以說，赤楊木與泰雅族之間的關係相當密切。1906年大豹方面隘勇線前進時期，日方曾在有木一帶攻破大豹群的耕地與穀倉，顯示有木在當時是富饒的種植地。哈盆伊霸附近，在日本蕃地地形圖標示為イボ（Ibo,「伊霸」），往滿月圓方向的大豹溪左岸是ラガ（Raga,「拉嘎」），再往南到今日的滿月圓森林遊樂區第二停車場的蛾仔聚落（鄭白山莊附近），同一份地圖所記載的是ラハ（Raha,「拉哮」），應該是泰雅語Lahau（濃密的森林）之意，這確實也符合滿月圓豐富的森林面貌。再往上走，今日的滿月圓遊客服務站販賣部的蛾仔溪與支流匯合處，則標示為「溪谷」，這顯然是日本人佔領以後才命名的。

此外，霞雲里的mama尤敏以及mama酉狩也曾口述，有木、一百甲、水車寮一帶，還有非常多的泰雅族地名。例如位於李山神廟附近的「阿布巴蠟」（Uba Para,「有山羌的山坳」）、[21]熊空橋附近的「簡拉娃」（Gan Lawa），是過去大豹群的重要獵場。居住在庫志部落的大豹社後裔阿華‧阿桂（陳忠華）表示，泰雅語Gan是「上游、深處」的意思，Lawa則是一位女性的名字，因此簡拉娃有「深山的拉娃之家」的意思。水車寮溪方面則有「光巴夏」（Gun

約莫為該時期泰雅族住家的穀倉（《臺灣寫真帖》）

Bsyal，今日的水車寮溪上游一帶）[22]、「哈盆給素」（Habun Qisu，今日的水車寮溪下游一帶）[23]，此處也是mama酉狩祖先的舊部落所在地。

　　至於其他的舊部落（家群）的位置，分別有大豹溪與五寮溪交匯處一帶的「褒懂」（Sbudoug，「碎火石之地」）、東麓山區向天池一帶的「比東」（Pidung，「水池」的意思）、東眼山北麓一帶的「東眼」（Tongan）、熊空的「拉娃」（Lawa，女子名）。另外，大豹人口中，傳統領域裡面相關的地名有「谷里哈維伊」（Quri Hwei，「很累的鞍部」，位於東眼山附近）、「光哈令」（Gun Hzing，「有很多蜜蜂的地方」，位於東眼山附近）、「本督努喝

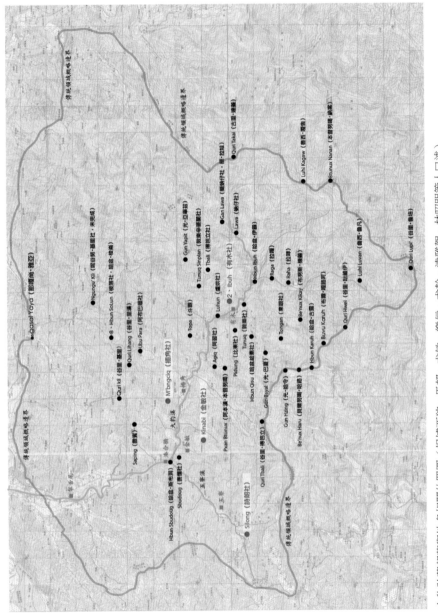

大豹社舊社部落與地名相關位置圖（根據西符・馬賴・尤敏・樂信・尤幹・達雅賀・林昭明等人口述）

納案」（Btunux Nanan，「石頭上有楊梅」，位於樂佩山附近）等地。

　　總而言之，大豹群的部落與地名，還有更多有待釐清之處。舊部落地圖與文化空間的發掘與重建，是一種柔軟但具有韌性的轉型正義過程。到目前為止只能算是起步的階段，未來必然還有更多舊部落、古道與獵場的空間，等待探索。[24]

插角：Ng'caq

　　插角社（Ng'caq，一般也以此稱為大豹社），位於今日的三峽插角里一帶，與有木並稱當時大豹溪流域的兩大部落之一，而其規模可能更為集中。因是之故，大豹群以Mng'ciq稱之。日方文獻所報導的「雞罩山脈之中腹，有蕃屋點點布置，即大豹蕃社」，所指的應該就是插角社。[25]

　　根據三峽文史工作者林炯任過去對在地耆老的訪問，基本上可以確認：Ng'caq的聚落是從今日插角國小後方的森林，一直延伸到大板根森林溫泉酒店的左翼。站在今日金碧輝煌的溫泉酒店遙望西北方，1905年日本砲擊大豹社的白石按山脈就在遠方。1906年，日本佔領了鄰近的中崙山脈，取得置內、外大豹社於死地的優越位置以後，位於插角的瓦旦・爕促以及附近的副頭目西蘭・瓦旦的家屋，隨即遭到砲擊，內山的有木社也受到山砲的威脅，並在不久以後，進一步被包圍、擊潰。

　　如果我們從插角離開，順著北114線往大豹溪上游前進，約莫一公里左右，就會來到悠峽山莊。印象中，過去這裡似乎有一個叫做「番仔厝崎」的公車站牌，可以說是大豹社存在相當明確的證據，但是後來無論怎麼找都找不到了。根據地方人士表示，悠峽山莊過

去也是大豹社的部落，隘勇線戰爭以後則成為三井會社的宿舍，今日轉為私人產業，平常大門深鎖。[26]根據1906年《漢文臺灣日日新報》大豹方面隘勇線推進的報導來推測，這裡有可能是日本文獻中所稱的「副頭目」西蘭・瓦旦的家屋所在地。

昭和十年出版的《原文與註釋：臺灣高砂族傳說集》裡，記載著樂信・瓦旦口述「大豹社」的發音，為βəŋɛtʂɛq（音近於奔恰克）[27]，有「芒草之地」的意思。根據下溪口部落的林德桃表示，Ng'caq是指bngciq（音同樣近於奔尼恰），是一種很硬的、連牛都不吃的芒草，有別於一般牛會吃的lmiquy（音：「樂米桂」）。在行政院的原住民族語言線上詞典裡，bngciq指的是「四節芒」（按，應該指的是「五節芒」）。此外，林德桃也說，bngciq還有一個意思是「危險要避開的地方」，類似於「山頂的崩塌地」之類的。

在《臺灣地名辭書卷16：臺北縣（上）》一書裡提到，「插角」的地名來源可能對面的「塞口坑山」的閩南語讀音Saikau而來。[28]然而，個人則反過來推測，「插角」與「塞口坑」之讀音，來自於漢人對Ng'caq的臺語發音。之所以如此推測是因為，大豹溪流域的許多地名，事實上都隱藏著原大豹社地名的密碼。例如前面提過的，「有木」的臺語發音與泰雅語Iboh相當接近、大豹溪左岸的金敏，地名來自過去的「金敏社」（Knabi）、阿習坑來自「阿傑」（Agiq）[29]，東麓之地名則來自「墩樂社」（Tonung）、詩朗來自於「詩朗社」（Silong）、鄭白山莊一帶的蛃仔與蛃仔溪，則來自於「拉哖」（Raha）等。

事實上，「插角」周遭的山野，還有更多消失了的泰雅地名。例如白石按山脈的「撒賓」（Saping），從命名上判斷，這裡過去似乎長滿了山棕。往西北方向是現在著名的郊山登山聖地白雞山，

上：悠峽山莊；下：插角老街

祖墳之地

附近的山坳叫做「谷里吉力」（Quri Kli，豹之鞍部之意）[30]。再往東南方向，有一個叫做「谷里里漢」（Quri Llihan，野桐鞍部之意）[31]。這幾個山坳（Quri），形成了大豹社的北方邊界。今日大豹溪與五寮溪的會合處，也就是九空與十八洞天一帶，泰雅語叫做「哈盆斯布東」（Habun Sputong），是「有燧火石的匯合處」之意。[32]伊能嘉矩在〈臺灣土蕃之土地命名〉裡指出，新竹的內灣一帶也有一個地名叫「布東」（Putong），也是「引火奴」（火種）的意思。[33]由於五寮溪盛產文石，此石是不是當初大豹人燧石取火的材料，目前不得而知。倒是如果我們回到今日九空一帶的大豹溪，便可發現，這裡是一個天然隘口，一個寧靜而優美的谷地。兩岸的巨岩，潔白中有著柔順的線條，恍若這座島嶼的皺紋。

　　二戰以後，隨著日本人撤離臺灣，樂信·瓦旦隨即提出歸還大豹社的主張，並聯合了一百零二位族人共同連署，[34]呼籲政府能夠歸還「祖墳之地」，據說當時還有不少大豹人返回三峽的傳統領域要地。

　　關於這件事，我在2017年訪問過住在中崙產業道路的前台灣農林公司張姓老佃農。他提到，在戰後確實有許多大豹社的族人，盛裝帶刀經過他家門前，要求歸還土地。[35]現居住在一百甲山區的耆老王溪明先生也說，當時確實有一群泰雅人返回插角；由於時值戰後山區的無政府狀態，插角一帶武裝的漢籍地痞流氓還曾投擲手榴彈反擊。下溪口部落的大豹後裔林德桃也說，戰後族人一度盛裝帶刀前往插角，要求當地的漢人移民還地。這可能是臺灣史上最早的原住民「還我土地運動」，但是因為攜帶刀器的關係，驚動了警察，而遭到制止。[36]

啊！Topa

今日大豹社的後裔，普遍並不講「大豹社」為 Ng'caq，而是稱為 Topa。前述提過，這個詞在空間上，指的是湊合橋到插角、有木乃至於滿月圓的大豹溪，族群上的意義比較接近於「住在大豹溪流域的人」（大豹群）。經過數年的田野訪詢，Topa 一詞的泰雅意思仍然未解。有一說是接近於泰雅語的 Tuba（音：堵霸，「魚藤」之意），然而與多位耆老研究探討後，皆認為兩者的發音不一樣，因此應該不是「魚藤」的意思。也有認為 Topa 是「高處之地」的意思；已故的瓦旦・堂嘎則提及，Topa 是「花豹猛獸」的一種⋯⋯但這些解釋似乎都屬於個人說法，還未有一致性的答案。

目前初步歸納出來的是，Topa 一詞應該並非泰雅語。是否為一般坊間的說法：「大豹」一詞是來自北112公路大義橋對面的「豹飲水」巨石，或與漢語「土壩」有關，部落的耆老皆認為可能性不大；依照大豹溪的險峻地形以及每年雨季暴增的洪流量，我個人對「土壩」一說暫持保留。倒是馬偕在1872年就已經記載：「當地（三峽）的居民因為附近的山上住著一大群的無賴和強盜，日子過得很不安寧。」[37] 三峽山區早有土匪是事實。由於大豹社與土匪（漢人反抗軍）的關係素來不錯，Topa 一詞，會不會像熊空的「簡拉娃」（Gan Lawa）一樣，與清領時期混居在三峽山區的某位「土匪」（或土霸）有關？總而言之，由於地名乃關乎族群的認同，取得族群內部認同的看法很重要，所以每一個地名的推敲，我都希望最後能夠回問部落的人。釐清 Topa 的意思究竟為何，目前還有賴更多的意見提供。

文獻上對於 Topa 相關發音的記載，自清領時期即有。1887年臺灣發生了一場重大流行疾病，北部「番地」遂發動出草來化解災

難。當時的「大垻怡磨社」（Topa lbuh，應為「大豹有木社」）也參與了行動。後續，「大垻社」的敦樂、插角等社又擊殺多位入山的漢人，導致清國的劉銘傳進一步發兵討伐。[38]該筆記錄，是相近於「大豹」這個地名發音較早的記載。8月26日，清軍從紫薇坑出兵，從大豹群北邊的牛角坑進軍，遭到大垻等七社的抵抗。清軍最後透過成福與屈尺兩路的進攻，擊毀外插角的大垻本社。當時的頭目亞威‧燮促決定出降。

如前所述，當時所記載的「大垻」共有七社，據稱人口達到千人以上，可謂勢力龐大的泰雅族社群。[39]清國在擊敗大豹群以後，漢人在時任大嵙崁撫墾局要職、板橋林家的林維源名下，進入大豹社領域開墾。後續，隨著林維源辭去職位，漢人也離開了，大豹群又重新奪回土地。清國在引兵大豹溪流域之後，留下了幾個地名，最著名的是有木國小上方一個叫做「大營」的地方。另外，附近的二十四甲、一百甲等具有「開墾面積」意味的地名，應該也與當時漢人的入駐屯墾有關。

2018年，mama尤敏與mama侯林帶領我們回到有木一百甲方面尋根。mama尤敏說，他是1927年出生在大豹溪流域，這表示1923年以後，仍有部分大豹人居住在原大豹社領域。老先生出生在一百甲一帶，一個叫做「光亞畢茲」（Gun Yapit，「高處又有很多飛鼠」之意）的地方；[40]而下溪口台的林德桃先生也曾經聽過他家族的上一輩來自光亞畢茲，顯示這是大豹社一個重要的部落（也可能是一個空間範圍），位置大概在熊空山下一帶。

那天，載著老人們從佳志部落出發以後，不到三分鐘就到了桃119線與東眼產業道路（前復興戰備道）的Y字型交會口。左轉下產道，就是通往插角的大板根森林溫泉酒店的路了。過去東眼山區所

上：熊空山（一百甲山），山頂已於1906年被日本剷平為砲兵陣地。下：位於東麓口的東麓瀑布，大豹人稱為luhung（「臼」的意思），上方約一公里的東麓小聚落，應為過去大豹社的Tonung（墩樂社）。

祖墳之地

砍伐的樟樹與檜木，就是從岔路口旁邊的林務檢查哨後方，運用流籠將木材滑到對山下方的插角，再透過輕軌車轉運到平地。而今物換星移，流籠已經消失了，過去的「復興戰備道路」（東眼產業道路）——用來防衛角板山蔣介石行館後山的任務，也解除管制了。

　　續行，濃霧像山鬼一般如影隨行。車行到半途，忽然撥雲見日，翠綠的大豹溪若隱若現。看著眼前景象，mama尤敏忽然以複雜的口吻感歎道「啊，Topa！」像是遇到了久未謀面的老友般。事實上，從老人的家到大豹溪，車程不過半個小時，但是老人已經數十年沒有來過了。年輕的時候，他還會跟著父親回到流域的山野打獵。他還記得蜂蜜、野菜，乾淨的泉水與源源不絕的山肉。但是，自從逐漸年老力衰以後，他就再也不曾回去過了。坐在後座的mama侯林則又開了一瓶酒，一邊喝的同時，一邊悠悠地吟唱起姊姊雅幼依所寫的歌：〈一個泰雅人的一生〉。

　　不久，產業道路接上了現代化的大豹溪北114線道路。這是北臺灣正在風行的單車山徑之旅的「輕旅行」路線，蜿蜒於公路上方的，是已消失的1906年大豹社方面隘勇線推進的「滅社」之路。一路上，老人驚呼連連，北114線在他小時候的記憶裡，還只是臺車道而已，如今全都成為柏油路了！

　　我們首先要去的是Hbun Ibuh，也就是今日有木的八仙橋，由於這裡是溪流的匯聚點，現代臺灣的地圖上大都以「雙溪」標示。下車後，已經帶著幾分醉意的mama侯林馬上本能地將手上的米酒罐對著八仙橋路面澆淋了一圈，嘴裡流出與祖靈溝通的泰雅語。隨後，尤敏也跟著念了起來，對著心裡面依然住在三峽大豹溪的祖先致意。侯林說，這裡就是哈盆伊霸了，在水泥的八仙橋還沒蓋好以前，這裡是一座長長的紅色木板橋，橋下的大豹溪是他們曾經的漁

侯林與尤敏重返哈盆伊霸，在大豹溪的八仙橋路邊祭祖。

場。他還說，以前族人還會在橋下進行射魚比賽。比起當時漢人經常大規模的濫捕，這算是相當溫和的方式了。我想起小時候，父親帶我們到哈盆伊霸往上一點的樂樂谷玩水時，忽然間岸邊出現一些「游得很慢」的魚，徒手就可以抓到。過了一陣子，開始出現大量的魚群往岸上湧上來的「奇景」，大小都有，有俗稱「闊嘴郎」的粗首鱲，有我們經常抓到的，宛若小鯉魚一般嘴邊有兩條小鬚，身體側邊有著黑色條紋的「石斑仔」（臺灣石賓），俗稱「苦花」的臺灣鏟頜魚，「狗甘仔」的褐吻蝦虎，以及赤斑吻鰕虎，有著銀色魚身，數量最多的平頜鱲、長臂蝦……那湧上的魚群，簡直如同要逃離水面一般。整個河段的魚都死了，大小不分。那是一個電魚、毒魚仍然盛行的年代，人們用劇毒的氰化鉀放入水中，殘殺所有水中的生靈，近一步將數以百斤、千斤的有毒「漁獲」，轉賣給山下

祖墳之地

的山產店，製成一道道「炸溪哥」或者「炸溪蝦」的料理。

比東（Pitung）

那天，兩位老者結束八仙橋的祭祖後，循著尤敏的記憶，我們來到百甲產業道路旁的佛山寺，一處位於山中祕境、經過大肆挖山填土的精緻廟宇。尤敏說，這裡可能就是他的出生地：光亞畢茲了。然而，因為數十年未曾返回故地，老人的印象變得稀薄，加上地形地貌的改變，要指認出精確的位置，恐怕是不可能了。

後來我們又再度折回八仙橋，轉往水車寮產業道路的方向，尋找一個叫做「比東」（Pitung）的山中湖泊。老人說，比東是他們過去狩獵時重要的休息處，附近也曾經有過聚落，是大豹社重要的傳統領域地點。我們向橋邊的雜貨店問路，老闆娘說，由於2015年蘇迪樂颱風的影響，水車寮產業道路已經崩塌了。至於山中湖一事，她說附近確實有一個叫做「向天池」的地方，只是土地已被某一位民進黨前新北市議員買走了。老闆娘面露無奈地說，山上的湖已經被填平，這也直接影響到山下水源的供應。路斷、湖毀，尋找比東之行，也就因此打住了。

在大豹溪流域一帶的山野探索，我已進行多年了，為何從沒看過老闆娘口中的「向天池」？帶著這股疑惑，一段時間以後，我決定再次前往尋找。從地圖上看來，「比東」應該就座落於東麓的山區，也就是敦樂社舊部落附近。從北114線往有木的方向前進，在一個「往有木里259號、東麓」的路牌右轉通過東麓橋，隨著產業道路盤旋向上，寧靜的東麓聚落就展現在眼前了。路邊正在整地的農人告訴我們，到了產業道路的終點再步行二十分鐘，山頂有一個

叫做「三口鼎」的地方，那裡有可能是我們要尋找的向天池。

　　循著農人的指引，來到了廣闊而美麗的三口鼎山頂。果然，平坦的高臺上出現了三個大型的地形湖，好似三面巨型的圓鼎鑲嵌入地表一般，也像是外星球航空母艦登陸地球時所留下的痕跡，是一個非常有意境的地方。此時，山區慣有的濃霧再度襲來，一股神祕的感覺不期然湧上，山高水遠，這裡簡直像是化外之地一般。好不容易，遇到一位種植蘿蔔的當地農人，他說，過去的「三口鼎」不只有水、也會噴出泥漿，國民政府時期還曾經有軍隊駐紮過。但是，如今山頂平坦的地方已經被開墾為菜園與薑園，數十公尺深的山坳（鼎內）看來乾枯已久，已經長滿芒草了。

　　由於無法當場確定三口鼎是不是就是向天池，在這仙境裡逡巡了一陣子後，只好帶著一股不確定感下山。途中，忽然間撞見東麓村莊上方正在進行的超級大型土地開發。雖然四周以鐵皮圍籬擋住，但是還是可以聽到怪手唧唧嘎嘎的金屬聲響，劃破地表。一車一車的廢土從鐵皮圍籬的破口運出，像是裡面住了一隻怪獸一般，嘴裡不斷地吐出碎屑。住在隔壁一位種植五葉松的當地老農說，那塊地已經被前民進黨議員L買下來準備蓋廟。他還說，土地開發的工程已經進行兩年了，大家都知道是違法的，但是這兩年來，他的眼睛從來不敢正眼看這山地，原因是怕看到了，未來有一天會遭到報復。他還說，更往裡面的地方，還有一個高山湖泊被填平。踏破鐵鞋無覓處，居然找到了！原來我們要找的向天池，比東，就在眼前這塊怵目驚心的濫墾區裡面！

　　獲得水池明確的地點資訊後，隔了一段時間，我又再度前往，這次選擇從山的另一面——已經半廢棄的蟾蜍山步道步行上山。那是一條傳統的登山路線，從地圖上的顯示，可以通往向天池。那一

祖墳之地

三口鼎，中上方為「最大的一口鼎」（山坳）。

天，在木里的水車寮橋停好車以後，沿著被颱風摧毀的木棧道，一路穿越刺人的黃藤叢，再垂直爬升三百公尺的高度以後，大汗淋漓下，來到了海拔621公尺的蟾蜍山頂，盤據腦海已久的向天池，終於出現在眼前。「找到比東了，尤敏爺爺！」我的心中同步響起這個聲音。然而，眼前的濫墾景象卻是怵目驚心。雖然因為所謂的風水考量，向天池被前議員L勉強保存下來，但是，怪手已經將自然的湖泊「整地」成為一座死氣沉沉的人工湖。蟾蜍山的山頂，更是被硬生生地挖掉一大塊，傷口般的地表上覆蓋了龐大量體的水泥，上面敷塗了一層廣闊的金漆，成為一個極度荒謬的地景。在那金色的地表上，L還雇人用咖啡色油漆塗上「招、財、寶」三個超級大字，每個字的長寬大概都有一輛公車那麼大。我站在施工的圍籬外偷偷監看，一旁，鐵皮搭建的廟體已經近乎完工，施工人員似乎正在做

346

最後的收尾。廟的前面掛了一長串的紅色燈籠，上面以黑字寫著「海蟾法師」。

原來，這塊金色水泥大地被 L 命名為「三清萬甲仙境」，供奉著中國傳統觀念中，象徵招財納寶的劉海蟾（海蟾法師）。回家後上網一查，發現「三清萬甲仙境」的網站還寫著，這裡是「北臺灣深山新鮮豐富的負離子與高氧」、「臺灣之寶、地球之珠」。

2018 年年初，「仙境」遭到民眾檢舉，濫墾的行為因此受到媒體大肆報導。新聞裡，前議員 L 在媒體電話連線採訪時，堅稱蓋廟是受到「神明的指示」，還說那塊地是「朋友的地」、「朋友已經願意配合調查」、「人家都配合拆啊」。但是，經過後續的查證，除了證實「仙境」確實是 L 的地，也才知道向天池居然還是國有地。L 因此被以違法開發建廟，以及佔有國有地等罪嫌起訴，新北市政府在媒體報導的壓力之下，派出了拆除大隊深入山區拆廟。最後，三清萬甲仙境的劉海蟾廟雖然拆了，但是受傷的山林地表，再也無法復原了。

身為大豹社古道遺址與舊聚落的研究者，見證了如此驚心動魄的過程，前議員 L 的開山行為，就像在我自己身上劃了一刀似的。由於受到這樁山林遭到開膛剖肚的事件所震撼，在廟體遭檢舉並拆除以後，我便找了臺灣聲音藝術家澎葉生（Yannic Dauby）以及幾位學生，一起做了一件名為《劉海蟾》的創作行動，試著讓整起事件轉化到另一個層次。那段期間，因為搜尋劉海蟾的傳說典故而側面得知，在四川的川北一帶，特別是南充縣，至今每年正月十四日，會舉辦「蛤蟆節」。儀式的過程有點像臺灣西部沿海的燒王船：正月十四日那天，川北的人們會製作各式各樣大大小小的紙紮蛤蟆，然後再由村莊的人們一起抬到郊區燒毀。「蛤蟆節」的由來，據說

上：東麓山上的Pitung（向天湖）；下：Pitung被開發為水泥宮廟

上：2018年4月7日《自由時報》A1版報導；下：《劉海蟾》行動，錄像截圖。

祖墳之地

與數百年前四川的一段「屠蜀」事件有關，人們藉由焚毀象徵不潔的紙蛤蟆來去除黑暗的記憶，同時也透過火來淨化土地。我們因此也製作了一隻巨大的金色紙紮蟾蜍，在學生與大豹社後裔的協助下，抬著蟾蜍越過三清萬甲仙境下方的山野，之後再逆著河流而上，進行焚化的儀式。這段行動影片後來有機會巡迴臺灣與韓國的展覽現場播放，並在2019年受邀於法國的龐畢度中心（Centre Georges-Pompidou）呈現，將當代臺灣山野複雜的訊息傳遞出去。

樟腦—茶場—樂園

從三清萬甲仙境違法濫墾的例子，可以清楚地看到大豹社傳統領域的變化，相信這也是整個臺灣原住民土地發展的縮影。兩百多年前大豹人分別從南投的不同地方北遷，經過漫長的時間，逐步地抵達了當時仍屬無人之地的大豹溪流域，並定居了幾個世代。而日本隘勇線像刀一般侵略、分割了他們原本的聚落。從此以後，大豹溪流域的山野腦寮林立，樟樹香味的蒸氣處處裊昇。據金敏山區已故的張兩才老礦工說，當時日本除了砍伐樟腦以外，他也親眼看到成噸的千年烏心石在他所居住的山上倒下、運出。[41]除了製腦、伐木與製碳等產業以外，礦坑也在那個時候開始挖鑿，打開了後續百年三峽礦業發展的榮景。

1920年代，因為樟樹砍伐殆盡，日方開始種植高經濟價值的茶葉，並發展成「日東紅茶」，戰後再由台灣農林公司接手茶場的事業，最終在該地區茶產業沒落了以後，台灣農林公司開始販賣土地給「有管道」的私人，其中以跨黨派的地方民意代表為主。慢慢地，大豹溪周遭的許多土地，逐步成為私人廟宇、樂園，從而進入了光

怪陸離的後現代式土地開發。

　　溯源來說，確實是1900年到1907年日本的隘勇線前進，打出了資本主義進入山野的空間，「框架」出了今日大豹溪流域從產業殖民（山產）到文化殖民（樂園）的面貌。隘勇線戰爭以後，環繞大豹溪的山頭，從北插天山、熊空山、塞口坑山、內詩朗山、鹿窟尖、加九嶺……，至今到處可見日本總督府作為測量土地之用的圖根（補）點（山頭的三角點）。1906年，三井以「樟樹造林」為理由，用極為有利於自己的低價「貸渡」方式，從總督府手上獲得了雞罩山、熊空山、崙尾寮、竹坑山、五寮山、十三分安山所包圍的範圍以內，面積廣達2385甲3分的大豹溪以北土地，[42]作為樟樹造林與製腦之用。

　　1907年插天山隘勇線前進以後，插天山一帶被納入日本的官有地管轄內。1908年，三井進一步取得當時桃園廳轄內蕃地，包括：大豹溪以南的內大豹社、今敏仔社、汗來、熊空、插天山，總計5800甲的官有林野。當時總督府是以三十年免費的條件「貸渡」給三井這塊土地，等於是免費贈送的意思。加上陳國治與周源寶兩位民間製腦業者，光是1906年從大豹社領域所產出的樟腦總計約三十五萬斤、腦油約三十萬斤，其中三井佔大多數的產量。根據另外一份長期的統計，從1899年到1914年間，大豹社領域所產出的樟腦計有8,468,306斤，[43]是一筆相當龐大的數字，許多百年老樟樹被連根刨起。瓦旦・堂嘎（林昭明）老先生就曾經說過，當時砍伐下來的樟樹根上面可以睡好幾個人。

　　後續，隨著樟腦產量慢慢下滑，1909年三井成立合名會社，並開始向茶葉生產的方向發展。[44]1931年，三井物產茶行部的平井已代治等人前往英國考察紅茶市場，返臺途中經過錫蘭。之後，大豹

上：日殖時期雪白的腦砂倉庫，地點不明（《台灣寫真大觀》）；下：台大植物學系博物館裡，日殖時期所採集的樟葉標本。

三峽熊空山區，以新式設備製腦的三井物產合名會社（《台灣寫真帖》）

溪的大豹茶場就開始推動紅茶的種植，[45]並以臺灣首次的商業品牌「日東紅茶」為名，打出一片天。根據昭和八年（1933）的文獻，當時位於插角的大豹茶場共有茶園六百多甲，位於橫溪以南的大寮茶場則有兩百多甲，可以說是當時臺灣頂尖的製茶地。不僅如此，三井合名會社的茶場事業地，更進一步擴張到獅子頭山腳下。日殖時期臺灣山岳協會創辦人沼井鐵太郎，在1929年〈臺北附近の山〉裡記載：獅子頭山下的礦窟左岸，已經有三井新的製茶工場以及臺車道。沼井還浪漫地強調，這裡在不久以後將會成為「樂土」，獅子頭山將堪比日本國內的「上信國境」裡，那座著名的荒船山。[46]

　　二戰以後，國府的台灣農林公司於1950年設立茶葉分公司，接收了日本三井所留下來的茶場事業。1954年台灣農林股票上市，公

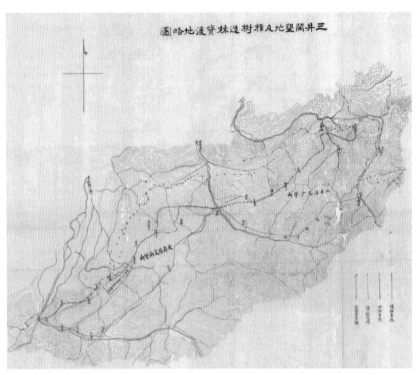

1906年大豹方面隘勇線前進後，三井所取得大豹社領域的樟樹造林貸渡地。

股即佔了百分之三十（五千萬元股權），顯示當時實質上仍是一家官方的公司，換句話說是屬於「公共的」產業。在北部，台灣農林公司從三井手中接收了五千甲土地，除了大豹溪流域以外，還包含了深山的滿月圓、三民水流東以及復興區山地。[47] 1953年，為了配合「耕者有其田」、「三七五減租」等政策，大豹溪的部分土地開始轉為私人所有。1956年更委由太平洋公司進行規畫，希望重新定位大豹溪土地的發展方向。1978年，完成了「海山茶場遊樂區」的土地測量，投資兩、三千萬，將插角一帶的森林，開發成所謂的「高效能遊樂區」，這是今日插角大板根溫泉森林度假村的前身。

從竹坑山脈遠眺獅子頭山，山塊平台的造型頗似日本的荒船山。

　　在我1980年代的孩童時期印象中，海山樂園不僅早就成立，而且還已經荒廢了。1990年，在熊姓業主的主導下，台灣農林公司售出了包含海山樂園在內的十七公頃土地，由蔡姓經營人買下，並準備經營觀光業。初期頗為慘澹，一直到挖到溫泉以後，遂一夕之間翻身，成為今日大板根時尚風行的精品化綠野飯店。西元兩千年前後，台灣農林公司擴大釋出土地並由私人承購，促使土地私有化的狀況切分得更加細碎。後續，私人所有的山坡地因為地方錯綜複雜的政商關係，以及政府單位消極的放任態度，山坡濫墾的情形更加嚴重，上述「三清萬甲仙境」違法蓋廟只是其中的一個例子。據敢怒不敢言的在地農民說，已經有好幾位北部三峽選區的地方政客（藍綠都有），以低價買進、高價賣出的方式，專門從事大豹溪流域的土地轉手買賣，供臺北人蓋度假別墅。歸納下來，歷來大豹溪的土

祖墳之地

〈台灣農林公司茶葉分公司接收日資企業單位及經營概要〉，顯示了戰後台灣農林公司接收三井茶場的景況（資料來源：國史館臺灣文獻館）

地變化過程，就這樣由傳統領域改變為商業地、國家地，最後變為私人地。百年前日本發動的隘勇線前進，透過戰爭佔領空間，並導入資本主義的運作，是今日大豹溪無論在物產或者地形地貌的發展上，最關鍵也最原初的起點。

今天，大豹溪的樂園化、觀光化與私有化，雖然是一個看起來不可逆的趨勢，但是，重新調查日本的隘勇線，回復 Llyung Topa（泰雅語：大豹溪共同體）的舊部落與獵場的名稱、位置，甚至在隘勇線研究告一段落以後，反過來重走過去大豹社的古道、姻親路，這樣的文化行動，是在觀光化、後現代化的土地上，大豹人「返鄉」的重要方法。

「內、外」大豹之再商榷

清領時期，大豹社域的地圖已經有「大垻」、「內大垻」以及「外大垻」等名稱之分，當然還有其他的社名，顯示出大豹社在當時以漢人為中心的地圖裡，大抵仍是以各自分散的小社為主。然而，至少在1903年日本的《內灣蘇澳間蕃地豫察圖》的「大豹社」一圖裡，從圖的標題可以看出，「大豹社」是以整體的概念被看待的。只是，隨著日本隘勇線的前進，在戰爭期間的相關地圖以及文獻裡，可以看到，「內大豹」及「外大豹」逐漸被重點性地區分出來了。日殖時期關於大豹群的「內、外」之分，或許跟清領時期不一樣，而有著更多關於「分化」的考量。

例如1905年白石按山隘勇線前進期間，日本警察部隊攻下了福元山以後，相關報導記載著：「福本（元）山，則可視總目哇祖魯亞每居宅，在於射距離內，單不能觀望內大豹蕃社耳」[48]。文中表示了福元山的佔領，已經足夠目視位於插角大板根的外大豹社，但是無法看到有木一百甲的內大豹社。1906年大豹方面隘勇線前進時，日本更以佔領中崙山脈為戰略目標，將大豹溪流域一分為二，俾能一面「包圍內大豹」，一面砲擊外大豹社：

去三十夜，第一部隊所佔領地點（按：1906年9月，日本佔領大豹溪中段的中崙山脈），欲制壓內外大豹社，實為主要地點。彼外大豹社聚族之溪谷全部，全在指顧間。且土目瓦旦·阿毛及其兄弟三人之家屋，約在一千五百米突地點。其餘之蕃屋點點散在，皆在目前。……大豹社之土目，與副土目，彼此住居之處，中間有一崎腳。[49]若其崎頂為我隊佔領，則瓦丹·阿毛之家屋，僅在三、四百

祖墳之地

米突之地，立得俯瞰之，因而大豹溪左岸之外大豹社，其門口為我扼塞，即油漠社亦得俯瞰，制彼兩社之死命，實為一好地點。[50]

綜合上述，除了可以確認，當時的外大豹社位於插角，以及大豹溪左岸的一部分，[51]而內大豹社則是油莫社（有木社）之外，也可以看到日本方面分割大豹群的戰略。1907年日本發動插天山隘勇線前夕，當時內大豹社的頭目毛溪・馬萊，曾經向日本總督府呼籲停止砲擊：

> 我社雖為蕃人，然若無食物，將何以生存。所為常食者，除開墾耕種而外，無從得之。政府對於我社蕃人，頻為威嚇之砲擊，苟出至耕地，欲為焚火，政府立以舉煙之點為標的，加以砲擊。吾等不得安然作業，各自戰戰兢兢，為此作物之成積，大受影響。收穫無多，生計為難。外大豹社之事情，可別置之。惟浴許歸順恩典之我內大豹社蕃人，願勿為砲擊。其陳述窮狀，娓娓動聽，當局者亦以為可憐，惟是內外大豹社之境界，自何處始，至何處止，今尚不能明確。故若內大豹社歸順，終不能停止砲擊，乃告之曰。若內大豹社望停止砲擊，須使外大豹社亦輸誠於政府，全社一致。該土目諾之，約因時制宜，而誘引之也云。[52]

在這一篇報導裡，刻意突顯出了內大豹社受到外大豹社所牽累，希望能夠藉此收「因時制宜，而誘引之」的效果。同時，這份報導也透露出，內大豹社的毛溪・馬萊在1907年插天山隘勇線推進之前，已經對日採取和解的態度。在這裡，內、外大豹社因為戰爭而被分化為兩股意見相左的團體了。類似這樣的分化描述，頻繁地出現在

日本的文件裡。

此外，從1907年日本甫完成插天山隘勇線時所繪製的「插天山之新隘線」圖看來，當時內大豹社已經遷移到東眼山的正北、今日的水車寮溪上游一帶，即mama酉狩所說的「光巴夏」（Gan Vasai）舊部落的位置；而外大豹社則大致位於今日的志繼或者佳志部落一帶；詩朗社的位置大致上位於下基國派一帶。

另外一張圖，是1908年臺灣總督府發給三井的〈三井會社樟樹造林無償承貸地名義變更案〉的公文附圖，[53]除了公文上記載了三井擁有大豹溪以南、北插天山—污萊監督所—東眼山—金敏仔社—水流東的分水崙隘勇分遣所以北的五千八百甲土地之外，[54]由相關的附圖更可發現，1908年大豹群各社之間的位置。其中，內大豹社的位置大致和前一年的地圖位置相同，而外大豹社則明顯遷移到復興區的詩朗（水源地），詩朗社也遷移到了角板山一帶，另外，在東眼山南麓則出現了東眼社（位於現在的卡外一帶）。

雖然上述地圖上的描繪並不是很精確，但是其中所顯示的部落位置，相信還是具有一定的可信度。而這也凸顯出隘勇線戰爭後（1906-1908），大豹群是分別移動的，而且各社應該還保有各自的gaga，具有一定的獨立性。

不過，總結上述過程，「內、外」大豹社的劃分是本有其事嗎？對於共同生活在同一個大豹溪流域的大豹群而言，相信彼此之間的生活是交互而綿密的，比較像是一個「共同體」。因此，所謂「內、外」大豹的區分，應該本來並不明顯，而多半是透過外人的視野所造成的「離間」。尤其是日本在戰爭時期對於大豹群的劃分，本身就是一種戰略意圖，這點也必須予以考量的。再加上日後國民黨的白色恐怖，對泰雅族的從政菁英進行無情的打壓，造成了山地部落

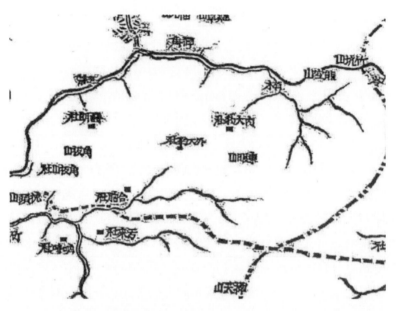

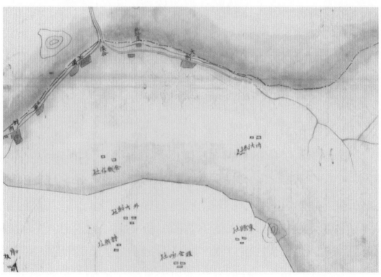

上：1907年，「插天山之新隘線」中內、外大豹社的位置[55]；下：〈三井會社樟樹
造林無償承貸地名義變更案〉附圖中內、外大豹社的位置。

的全面噤聲，也錯失了大豹群之間重新凝聚的可能。今日，應該如何打破這樣的隔閡，在多重、複雜而糾結的歷史外力裡，尋找再次的認同，是未來最重要的議題。

意外的探索：有木戰俘營

在研究隘勇線期間，我會經常帶著學校的學生前往隘勇線實地踏查，讓他們體驗一下臺灣森林戰爭的遺址。2019年，我就帶著一群研究生，前往新店獅子頭山踏查1903年的隘勇線。上山的過程中，一位學生眼尖發現了新潭路三段的路邊，有一座小巧的紀念碑。那是二戰期間新店「礦窟戰俘營」（Kukutsu Camp）的位置。1945年5月中旬，在太平洋戰場面臨絕對頹勢的日本，為了事先避開從臺灣東北海岸登陸的盟軍，因而將金瓜石戰俘營（久久津／Kinkaseki Camp）的俘虜遷往內陸。一百多位英、美戰俘，經過臺北的「總督府戰俘營」（Taihoku Camp）中繼站以後，繼續往新店的方向行軍六英里，抵達了獅子頭山下的礦窟，準備等死。[56] 1999年，「臺灣戰俘營紀念協會」在礦窟戰俘營遺址的現場設立了一個石碑，上面寫著：

> 僅此追念二次大戰期間
> 被日軍囚役於礦窟戰俘營的所有戰俘們
> 此地為戰俘營舊址
> 「我們永遠記得他們」
> （1942-1945
> In Memory Of All Men

Who Were Interned

By The Japaness During WW2

In The KUKUTSU Prisoner Of War Camp

Formerly Located On This Site

"We Will Remember Them")

　　當時，礦窟戰俘營飢餓的俘虜們，除了吃蛇、老鼠、蝸牛、野菜以外，為了在瘧蚊叢生、潮濕而絕境一般的森林中存活下來，他們將廢棄的茶園土地刨掉，改種馬鈴薯與花生。巧合的是，同樣的戰俘傳說，也出現在大豹溪流域。近幾年調查大豹社隘勇線的過程中，意外地從三峽在地老人口中得知，在日殖時期，有許多「紅毛外國俘虜」在大豹溪旁的臺車道推車勞動。[57] 熊空雜貨店的呂日老先生還說，二戰時期，三峽有木一帶的深山裡曾經存在著一座神祕的戰俘營。由於新店的礦窟和三峽的有木，都曾經是三井合名會社的茶場所在地，讓人對於日本是否動員戰俘來充當三井的奴隸，感到十分好奇。

　　過了一段時間，我將這個訊息傳給素昧平生的加拿大人Michael。他是「臺灣戰俘營紀念協會」（Taiwan POW Camps Memorial Society）的發起人，在臺灣從事戰俘營研究已有三十餘年。Michael提到，從文獻記載與戰俘的口述可以證實，三峽有木的山裡確實有一個戰俘營，戰俘們叫它Oka戰俘營，文獻上是「臺灣戰俘收容所第一分遣所」（以下簡稱有木戰俘營）。[58]

　　然而，知道戰俘營的存在是一回事，實際找到位置完全又是另外一回事。往後幾個月，我跟Michael曾經二次前往探尋，卻無功而返，最後由住在一百甲一帶山區的耆老，王溪明先生的指引之下，

上：臺灣俘虜收容所第一分遣所遺址（有木的Oka戰俘營位置）；下：過去戰俘洗澡的小瀑布

祖墳之地

終於在佛山寺下方不遠處，發現了有木戰俘營的遺址，也找到了文獻所記載，當初戰俘們洗澡的小瀑布。該處遺址在戰後經過了幾次人為的開墾，目前已成為竹林；俘虜營舍、警衛室以及相關的跡證都已經灰飛煙滅，現場僅留下少數的日本陶碗與瓷器可供佐證。

　　前面提過，由於有木戰俘營與礦窟戰俘營的所在地，都是三井茶場的所屬之地，不禁令人推測：是不是因為三井合名會社與日本總督府之間的密切關係，使得戰俘們最終被遣送到這偏遠山區「等死」？我也曾經懷疑，戰俘們是為了替三井茶場做奴隸而來的，但是Michael根據他們所留下來的諸多日記判斷，認為這個可能性不大。他主張日本將戰俘們帶到三峽有木的山區，是為了能夠隱祕地將他們殺害。縱使如此，我認為其中可能存在更為複雜的原因，不排除在當時——臺灣處於太平洋戰爭末期的全島要塞化期間，日本將戰俘遷移到深山，具有保存有限的戰爭勞動力的用意。

　　當時的戰俘們稱這裡為「Oka」，根據傅琪貽老師以日文脈絡來解釋，Oka（日文：丘）除了有山崗的意思之外，也隱藏著「不潔之處」之意。她認為，當時三峽的山野大多屬於三井的事業地，Oka的用語，有可能為了區別戰俘營與三井所屬的「乾淨」空間之不同。毫無疑問地，當時的戰俘生存條件非常惡劣，甚至一直到二戰末期，三峽仍是個瘧疾流行之地。疾病、飢餓，加上潮濕鬱悶的氣候，短短兩個多月之間，一百多位戰俘就死了超過十位以上。據我所看到的兩份死亡證書，死因全是瘧疾。

　　由於少有人知道戰俘營，王溪明老先生說，他這輩子以來，從來沒有人向他詢問過關於戰俘的事。訪談期間，孩童時的回憶瞬間回到他的腦海。他說，印象中的戰俘和一般西洋電影裡面的「外國人」差不多，高高瘦瘦、乾乾癟癟的。當時，戰俘們常常從山下扛

著木頭上山，用來搭建寮房，押隊的通常都是一位兇惡的日本兵。他們還經常因為飢餓而跑到附近漢人的田裡，偷拔蘿蔔來吃，王先生就曾目睹過他們被當地農民抓到圍毆的過程。當敘述這段畫面的時候，眼淚悄悄從他充滿皺紋的臉龐滑落。他說，這是七十多年來，第一次向外人描述他記憶中的戰俘印象。

註釋

1. 樂信・瓦旦（林瑞昌），〈臺北縣海山區三峽鎮大豹社原社復歸陳情書〉日文手稿，由伊凡・諾幹翻譯。
2. 傅琪貽，〈泰雅族大豹群（mncaq）抵抗史〉，2018，頁1。
3. 〈生擒蕃酋〉，《漢文臺灣日日新報》，1903.5.28.。
4. 〈番擄生還〉，《漢文臺灣日日新報》，1902.8.10.。
5. 「很高的鞍部」之意，位於加九嶺往紅河谷的十字鞍部，是大豹群與屈尺群（Taranan）的傳統邊界。
6. 尤敏・樂信（宗民雄）訪談，佳志，2017。
7. 李萬伊訪談，角板山，2018。
8. 1947年，樂信・瓦旦（林瑞昌）手稿，〈臺北縣海山區三峽鎮大豹社原社復歸陳情書〉，伊凡・諾幹翻譯。
9. 耆老表示，過去泰雅人會運用山棕的纖維部分來製作蓑衣，羽狀的複裂葉可以製作掃帚，或者臨時覆蓋工寮的屋頂，是一種多用途的植物。山棕葉柄會分泌糖分，花開時香味濃郁，據說常會引來蛙類或蛇類棲居在山棕叢之中。尤敏・樂信口述，2018，佳志部落。
10. 〈桃園蕃害〉，《漢文臺灣日日新報》，1903.6.19.。
11. 參考森丑之助，〈蕃地地名考〉，1910。引自，鄭安晞、許維真譯著，《烏來的山與人》，臺北：玉山社，2009，頁48。
12. 酉狩・馬賴（楊耀祖）訪談，霞雲，2020。
13. 許毓良，《光緒十四年（1888）臺灣內山番社地輿全圖所見的新北山區：一段清末開山撫番的歷史追尋》，臺北：遠足，2019，頁78。
14. 王學新，《日治時期臺北桃園地區原住民史料彙編之一：理蕃政策》，臺北：

國史館臺灣文獻館，2011，頁161。另外，根據許毓良教授的考證，九歪社是雙溪社，伊仔社是蚋仔社，老仔社是有木社。

15. 「六寮社」的稱呼來自於〈三角湧隘線前進狀況〉，《漢文臺灣日日新報》，1906.9.22.。

16. 王學新，《日治時期臺北桃園地區原住民史料彙編之一：理蕃政策》，臺北：國史館臺灣文獻館，2011，頁161。

17. 今日大豹溪東陽橋對面的阿習坑、阿習產業道路一帶。Agiq是一種可以治療麻疹的茅草類，可能是「白茅」。楊耀祖，2019，霞雲。

18. luhun是「臼」的意思，應為今日大豹溪東麓瀑布一帶的河階地。

19. 應為今日大豹溪左岸的東麓山區。

20. Bisazu Nakaisulan（黃泰山）口述，〈布農族人與臺灣赤楊〉，林業研究專訊，Vol.24，No.3，2017。

21. Adupara位於今日的北109鄉道內插角與竹崙之間的越嶺處，也就是李山神廟附近，酋狩・馬賴（楊耀祖）訪談，霞雲，2020。

22. Gan Vasia是「有很多赤皮（樹）的地方」之意。

23. Habun Qisu為「有九穹木的匯流之地」，酋狩・馬賴（楊耀祖）訪談，霞雲，2020。

24. 根據霞雲里的大豹社後裔尤敏・樂信（宗民雄）酋狩・馬賴（楊耀祖）尤幹・達亞賀（楊崇德）等人的口述，目前大豹群相關的聚落、舊地名如下：

較大的部落（四社）：（一）M'bngciq（插角社，五節芒之地，Bngciq：五節芒。地點：三峽區插角）；（二）Ibuh（有木社，赤揚之地，Ibuh：九芎的匯流處。地點：三峽區有木一帶）；（三）Kinabi（金敏社，地點：三峽區金敏山區）；（四）Silong（詩朗，水塘之地 Silong：水塘，地點：五寮的詩朗一帶）。

較小的部落（十五社）：（一）Sbudoug（褒懂社，碎火石之地，Sbudoug：碎火石，地點：大豹溪十八洞天一帶）；（二）Saping（撒賓社，山棕之地、Saping：山棕。地點：外插角山區一帶）；（三）Uba Para（阿布巴蠟社，有山羌的山坳，Uba：山坳、Para：山羌，地點：外插角山區一帶）；（四）Hbun Solun（梭落社，地點：竹崙山區一帶）；（五）Agiq（阿習社，茅草地，Agiq：茅草，地點：阿習坑一帶）；（六）Luhun（盧烘社，臼之地，Luhun：臼，地點：東麓瀑布一帶）；（七）Pidung（比東社，水池之地，地點：東麓山區的向天池）；（八）Tunuq（敦樂社，樹下有水池之地，地點：東麓山區

366

一帶）；（九）Hbun Qisu（哈盆給素社，有九芎的匯流處，Hbun：匯流處、Qisu，九芎，地點：水車寮溪一帶）；（十）Tongan（東眼社，地點：東眼山北麓一帶）；（十一）Lawa（蚋仔社，拉娃之地，Lawa：女子名，地點：熊空一帶）；（十二）Gan Lawa（簡蚋仔社，拉娃之地上方，Gan：上方、Lawa：女子名，地點：熊空橋附近。）

（十三）Tunuq Sinplan（敦樂辛婆蘭社，樹下有水池的富庶之地，Tunuq：樹下有水池、Sinplan：富庶，地點：熊空山一百甲附近）；（十四）Tbali（得笆立社，共享食物之地，Tbali：共享食物，地點：熊空山一百甲附近）；（十五）Ngungu' Kli（呢谷努・基里社，豹尾之地（最後一個未完成的部落，Ngungu：尾巴、Kli：豹，地點：大寮地附近）。

傳統領域地名：（一）Quri Kli（谷里・基里，豹尾的埡口，Quri：埡口、Kli：豹尾，地點：白雞山附近的埡口）；（二）Quri Lihang（谷里・里漢，有野桐樹的埡口，Quri：埡口、Lihang：野桐樹，地點：雞罩山附近的埡口）；（三）Saping（撒賓，Saping：山棕，地點：白雞山到鹿窟尖山系、白石按山）；（四）Hbun Sbudoug（哈盆・斯布洞，有燧石的匯流處，Hbun：匯流處、Sbudoug：燧火石，地點：大豹溪與五寮溪交匯處）；（五）'Pxan Btunux（阿本漢・本督努喝，被石頭壓住的地方，Pxan：壓、Btunux：石頭，地點：阿習坑附近）；（六）Raga（拉嘎，駐在所，Raga：駐在所，地點：蚋仔溪左岸山區）；（七）Lawa（拉瓦，女子名拉娃，Lawa：女子名拉娃，地點：熊空一帶）；（八）Gun Yapit（光・亞畢茲）很多飛鼠的地方，Gun：很多、Yapit：飛鼠，地點：熊空山一帶）；（九）Gun Bsyal（光・巴夏，有很多赤皮（樹）的地方，Gun：很多、Bsyal：赤皮（樹名），可做鋤頭的把、木槍，地點：水車寮溪上游）；（十）Be'nux Kikay（布努斯・機蓋，有機器的地方，Be'nux：平台、Kikay：機器，地點：東眼山北麓、滿月圓裡）；（十一）Quri Tbali（谷里・得笆立，大鍋子之地，Quri：埡口、Tbali：大鍋子、共享共食的意味，地點：東眼山119公路與復興戰備道交界處）；（十二）Gun Hzing（光・哈令，有很多蜜蜂的地方，Gun：很多、Hzing：蜜蜂，地點：東眼山森林遊樂區內）；（十三）Hbun Ibuh（哈盆・伊霸，有赤楊木的匯流處，Hbun：河的交會點、Ibuh：赤楊木，地點：有木八仙橋）；（十四）Be'nuxHaru（貝爾努喝・哈路，哈路的平台，Be'nux：平台、Haru：人名，地點：東眼山森林遊樂區內）；（十五）Hbun Karuh（哈盆・古露），鋤刃頂孔（東眼山）下的匯流處，Hbun：匯流處、Karuh：鋤刃的頂孔（東眼山），地點：東眼山下的水源地）；（十六）Buvu

祖墳之地

Karuh（布霧‧嘎路呵，如鋤刃頂孔的山頭 Buvu：山、Karuh：鋤刃頂孔，地點：東眼山）；（十七）Quri Hwei（谷里‧哈維伊），很累的埡口，Quri：埡口、Hwei：很累的，地點：東眼山森林遊樂區內）；（十八）Quri Lupi'（谷里‧魯培），草蓆（短草坪）一般的埡口，Quri：埡口、Lupi：草蓆（短草坪），地點：插天山附近，往南插天山的鞍部）；（十九）Luhi Luvan（魯西‧魯凡，山崩綿延之地，Luhi：崩壁、Luvan：山跟山銜接的地方，地點：樂佩山附近）；（二十）Btunux Nanan（本督努喝‧納案，石頭上有楊梅，Btunux：石頭、Nanan：楊梅，地點：樂佩山附近）；（二十一）Luhi Kagaw（魯西‧嘎告），懸崖上長有 Kagaw 懸崖地，Luhi：山、Kagaw：一種做掃把的植物，地點：樂佩山一帶）；（二十二）Quri Takai（谷里‧達蓋），很高的埡口，Quri：埡口、Takai：日語：「高」。地點：紅河谷越嶺古道最高鞍部）；（二十三）Topa（斗霸，地點：十八洞天到滿月圓的大豹溪流域）；（二十四）Ngasal Yaya（那嘎尚‧雅亞，媽媽的家，Ngasal：家、Yaya：媽媽，地點：成福、九鬮一帶）。以上資料口述、整理：高俊宏、周心瑀、林彥翔。

25. 〈大豹蕃社之位置〉，《漢文臺灣日日新報》，1905.7.26.。

26. 前有木里長游慶嘉訪談，有木，2017。

27. 臺北帝國大學語言研究室調查，《原文與註釋：臺灣高砂族傳說集》，南方資料館，1935，頁34。

28. 林聖欽等著，《臺灣地名辭書卷16：臺北縣（上）》，臺北：國史館，2013，頁859。

29. Ajea 是一種可以治療麻疹的芒草類。楊耀祖，2019，霞雲。

30. 推估其位置，可能是今日白雞山、鹿窟尖山系中間的凹陷稜線，也是白雞行修宮經由裕峰煤礦，右轉直上山的山頂鞍部。

31. 酉狩‧馬賴（楊耀祖）口述，2019，霞雲。推測位置可能在今日的北109鄉道（牛角坑路）上的越嶺處以西的某個鞍部。

32. 林德桃口述，2017，下溪口台。

33. 〈臺灣土蕃之土地命名〉，原文為〈臺灣土蕃の土地命名に就き〉，《東京人類學會雜誌》，1908。本文引自滿田彌生、蔣斌主編，《原住民的山林及歲月：日籍學者臺灣原住民族群生活與環境研究論文集》，臺北：中央研究院，2012，頁194。

34. 根據民國36年8月2日臺灣省政府民政廳事由：〈據山地人民林瑞昌等陳請書請求遷回大豹社原址居住等情希查明報憑核辦由〉之公文，其中一百零二位「舊

臺北縣三峽鎮大豹社居住者戶長名簿」裡，依照漢名家族姓氏統計，計有林姓、江姓、李姓、簡姓、彭姓、王姓、羅姓、黃姓、陳姓、顏姓、高姓、劉姓、郭姓、呂姓、廖姓、郭姓、宗姓、楊姓、施姓、田姓、徐姓等，其中以林、劉、黃、田、宗、楊、施、劉等姓為較大宗。但這只是初步的統計，相信有更多後裔族人在這份名單以外，尚待調查與釐清。

35. 張姓老佃農口述，2016，中崙。

36. 林德桃口述，2017，下溪口。

37. 馬偕著，李晚生譯，《福爾摩沙紀事：馬偕臺灣回憶錄》，臺北：前衛，2007，頁148。

38. 劉銘傳，〈全臺生番歸化匪首擒請獎官紳摺〉《劉壯肅公奏議》卷四，光緒十五年（1889），頁230-233。引自傅琪貽，〈大嵙崁流域北泰雅族抗日始末〉精簡版，國科會計畫，2009，頁81。

39. 同上。

40. 把尚訪談，臺北南門工場，2019。

41. 張兩才訪談，金敏，2017。

42. 傅琪貽，《泰雅族大豹群（mncaq）抵抗史》，頁49。

43. 同前註，頁52。

44. 傅琪貽、高俊宏、李依蓉、莊馨旻，〈原住民族大豹社土地正義政策評估研究〉，2019，頁46-52。

45. 傅琪貽、高俊宏、李依蓉、莊馨旻，〈原住民族大豹社土地正義政策評估研究〉，2019，頁94。

46. 摘自鄭安晞、許維真譯注，《烏來的山與人》，臺北：玉山，2009，頁54。

47. 傅琪貽、高俊宏、李依蓉、莊馨旻，〈原住民族大豹社土地正義政策評估研究〉，2019，頁104。

48. 〈佔領樞要地點，隘線前進狀況〉，《漢文臺灣日日新報》，1906.10.6.。

49. 指的應該是中崙崎腳，今日大豹溪大德橋一帶的山腳聚落。依此推測，頭目居所在插角，而副頭目的居所應該在今天的悠峽山莊一帶。

50. 〈隘線前進狀況：隘線前進狀況〉，《漢文臺灣日日新報》，1906.10.6.。

51. 可能包含了對岸的阿習、金敏一帶的大豹群。

52. 〈內大豹社之請求〉，《漢文臺灣日日新報》，1907.3.24.。

53. 王學新，《日治時期臺北桃園地區原住民史料彙編之二：蕃地拓殖》，臺北：國史館臺灣文獻館，2011，頁439~441。

54. 文獻中所預計的無償承貸年限，從明治四十一年七月到明治六十年六月計。
55. 圖片來源：〈插天山新隘線（三）〉，《漢文臺灣日日新報》，1907.8.31.。
56. 資料來源：「臺灣戰俘營紀念協會」（Taiwan POW Camps Memorial Society）。
57. 呂日口述，2018，熊空。
58. 依據該戰俘營相關的死亡診斷書，上面的住址是「臺北州海山郡三峽街插角字有木」。

後裔之路

　　在追索大豹群的「線」與「人」的過程中，我曾不只一次思索著，會不會有年輕一代的大豹群後裔想要一起參與？因為這才是「對的」方向。2016年出版《橫斷記》之後的某一天，我接到一通陌生的電話，手機那端傳來略為激動的口吻說，他是大豹群的後裔，因為在書店看到《橫斷記》以後，想要探索自己的歷史，並且希望能夠投入族群的運動。他是現任的霞雲里里長哈勇‧酉狩（楊米豐）。後續，在哈勇里長以及他的父親mama酉狩的協助之下，我們開始一步一步推動大豹群的轉型正義以及歷史文化的工作。

土地返還之路

　　2018年，有機會在角板山舉辦了大豹社事件一百多年以後、第一次的後裔座談會。與會者包括：志繼部落的尤幹‧達亞賀（楊崇德）、佳志部落的尤敏‧樂信、角板山的李萬伊、樂信‧瓦旦最小的兒子林昌運、大豹群下溪口台時期頭目林忠義的女兒林富美、哈勇‧烏送的兒子高揚昇……，總共二十多位後裔。這場會議，雖然無法邀集全部的大豹人出席，但是整體來說，也算是跨出第一步了。

會議中，最年長的尤敏・樂信說道：

　　我們的祖先是從大豹溪來的，過去，因為部落的其他家族不檢點，發生了不好的事情（偷竊），所以被日本人趕到志繼跟佳志部落。雖然這些事情過去了，但是還是對政府（按：日本政府）感到很不好意思。前一陣子，我們回到Topa，一到插角以後，看到現場非常驚訝，現在的城市跟以前部落完全不一樣，那邊的山上是我們過去傳統的狩獵場，溪流是我們射魚的地方。後來到了有木一帶，我看到的地方確實是以前祖先居住的地方，本來要繼續往上去一個叫Pitung的地方，但是因為在開發，導致無法進入。比東在山頂，有一個水池，有很寬敞的空間，是過去族人狩獵、耕種的地方，（現在）有一大片土地是種植茶葉。

　　mama尤敏所說的，正是上一次我們一起回到大豹溪的印象。他口中的插角城市，指的是大板根溫泉森林度假村。在他遙遠的記憶中，大豹溪從不曾出現過這樣一座雄偉的現代建築。想來上次我們帶他重回Topa的經驗，讓他相當難忘。至於尤敏所說的，關於族人「發生了不好的事」，指的是偷東西。有可能是文獻所記載的，大豹群在1907年撤到東眼山舊社成為所謂的「線內蕃」之後，族人在角板山「換蕃所」發生的偷竊事件。[1]當時日本要求大豹群交出偷竊的行為人，但是大豹群認為應該由自己的gaga來處理而悍然拒絕。據說，這個衝突是當年（1907）族人針對插天山隘勇線進行反攻（日本所稱的「大嵙崁蕃匪騷擾事件」）的原因之一。而關於「偷竊」一事，在各個耆老之間也都有所描述，無論內容如何，至少可以確認這是一件影響大豹群不小的事件。

大板根溫泉森林度假村，過去是插角社（Ng'caq）的所在地

　　在這次的會議中，也可以發現有不少的族人，早就已經前開始投入尋找舊部落的工作。例如五寮詩朗方面的大豹群後裔高揚昇提及：

　　過去在修祖墳的時候，我的堂哥（高伯道）告訴我，說祖墳裡面有一包紅布，打開來裡面有一把土，那就是你的祖父。從那時候開始，我更清楚自己和大豹社之間的關係。我的祖父是詩朗社（Silong）的人，從地緣關係來說，目前在復興區三民村一帶有很多的親戚。因為許多長輩都在大豹社事件中犧牲，讓我對大豹社有更深的情懷，我曾經試圖回到大豹溪尋找舊部落，但是到了一個國小以後就上不去了。[2] 過去大豹社犧牲的長輩，過程中沒有人知道他們做過什麼，相關的經驗也沒有傳承下來。我們不要任何賠償，但歷

史不能被遺忘。

　　總而言之，2018年第一次的角板山大豹群後裔座談，來參加的大豹人，無論是來自鄰近部落或者大老遠從平地而來，彼此都體認到，非常難得能夠有這樣互相見面的機會，這也等於是各家族後裔百年來第一次的大聚首。樂信・瓦旦的後裔林日昌與多蜜・堂嘎（林富美），就曾在會後驚訝地說，他們從來不知道大豹群原來還有那麼多其他社的人存在，特別是志繼與佳志部落方面的族親。

　　後續，2019年6月5日，行政院原委會在霞雲里辦公室舉行了「泰雅族大豹社紀念碑建碑研商會議」，霞雲附近部落的族人與耆老大概都參與了。該場部落會議決定了：要在大豹溪流域的山野建立紀念園區，並以一百甲山區的Adupara舊部落作為設置的地點。會議中，另外一批前次沒有參與角板山會議的大豹社耆老，也表達了意見。其中，林恩成表示：「紀念碑上應明列出英勇抵抗、犧牲奉獻的大豹社祖先名字」，田盛輝鄰長則表示：「我們的族人小孩都在成長，小孩不要辜負祖先的犧牲，希望（政府）不會讓族人的期待落空，大豹社紀念碑能實在的建設。」而mama尤敏則再一次激動地表示：「到現在還是在想念著過去的家人、族人，我已經是老人了，你們要去做這件事。」[3]另外，同為大豹社後裔的伊凡・諾幹教授在會中發言，除了敘述自己的身世以外，並提議以「系統性或複合型文化資產」來重新界定複雜的大豹社傳統領域問題：

　　我是Tayal（Mng'ciq，泰雅族大豹社群）後裔，我的祖母阿泰・布塔（Atay Buta），出身桃園縣復興鄉霞雲村qalang Habun（霞雲部落），其父母均係Tayal（Mng'ciq，泰雅族大豹社群）人，跨越

日本及中華民國兩個殖民政權，臺灣原住民族政治領袖、白色恐怖政治受難者樂信・瓦旦（日野三郎、林瑞昌）的父親瓦旦・阿眉（瓦旦・變促）的三姊碧水・阿眉（Pisuy Amuy）是我的外曾祖母。建議以 Tayal（Mng'ciq）傳統領域（至少含括新北市三峽區今大埔里、嘉添里、添福里、竹崙里、安坑里、金圳里、五寮里、插角里及有木里）及其後裔現今主要定居地（桃園市復興區霞雲里、三民里、義盛里、羅浮里）為範圍，依據《文化資產保存法》第四條第二項：「前條所定各類別文化資產得經審查後以系統性或複合型之型式指定或登錄。如涉及不同主管機關管轄者，其文化資產保存之策劃及共同事項之處理，由文化部或農委會會同有關機關決定之。」規定，以「Tayal（Mng'ciq）（泰雅族大豹社群）抗日戰爭紀念園區」為名申請指定或登錄為「系統性或複合型文化資產」。

　　伊凡教授對於大豹社傳統領域提出了「系統性或複合型文化資產」的見解，試圖超越一般對於紀念園區的空間概念，也將傳統領域「主權範圍」難以明確施行、以及被民間私有化而呈現出土地持有破碎的狀況，轉換為文化資產的所有權概念，是一個相當具有前瞻性的看法。

　　後續，雖然返還土地以及興建紀念園區的計畫，因為族人內部的意見而暫緩，但是大豹群的凝聚，卻有了繼續的進展。2020年4月15日，在時任桃園市原民局長林日龍先生（鐵木・諾幹，也是大豹社領袖瓦旦・變促的後代）、後裔楊合成以及阿勇里長等人的號召之下，召開了大豹群後裔的籌備會，預計往申請社團法人的方向前進。當天，聚集了數十位來自各部落的大豹群代表，計有霞雲里的志繼、佳志、庫志、卡外，更往內山的義興部落，以及附近的下

泰雅族大豹社紀念碑建碑研商會議，霞雲里，2019。

溪口、角板山、新村、下基國派等部落。數十位來自各地的族人代表，共同參與了這場籌備會。歷經了一百多年前的隘勇線「滅社」，以及不同殖民政權的撕裂。大豹群已經決定要從苦難的過往裡重新凝聚，新的一頁歷史即將展開了。

重返姻親路

　　而就在後裔協會還在籌備的階段，事實上，年輕一代的大豹人已經開始展現旺盛的企圖心，想要藉由相關的文化行動，走出一條新的路。

　　重新上山狩獵，就是好例子。過去我向哈勇里長切磋部落文化的那段時期，有幾次與他一起入山「打獵受訓」，學習泰雅獵人的

技藝。那真是不可思議的體驗。有一次我們在打獵途中坐下來休息，頭燈熄滅以後，闇黑森林裡的聲音瞬間變得清晰起來。過了一陣子以後，哈勇一下子說，遠方的蕨叢有 para（山羌）的動靜，一下又說，剛剛頭上有聲音劃過天際，像工業織布機一般唧唧唧唧的，那是大赤鼯鼠，泰雅語叫 yapit。而我們身為都市人，除了自己的喘氣聲以外，什麼都沒聽見。獵人的聽覺、嗅覺比起城市人的我們，不知靈敏多少。

不僅如此，他們的眼睛也超乎常人，除了像一具高倍數望遠鏡一般，我覺得那已經是某種「統覺」，一種混合著「感覺」的看。獵人常常在一瞬間看到（感受到）遠方草叢的動靜，瞬間起手、拉膛、放槍，數十公尺外的 para 便應聲倒地。哈勇說，在山裡面遇到 para，你只有三到五秒的時間決定。超過時間了，機警的 para 就會逃走，並在抵達安全距離以後，發出類似於臺語「靠」、「靠」的叫聲，好像在抗議人們的闖入一般，也因為這樣的聲音，para 又稱為「吠鹿」。

《山豬・飛鼠・撒可努》一書的排灣族作家亞榮隆・撒可努說，獵人是和土地連接的人，孤獨，是他最重要的特質，大山是獵人的試煉場。因此，真正的獵人絕非山林的掠奪者，而是與山野萬物共榮共亡。究竟是一條什麼樣的臍帶連繫著獵人與山之間？在今日「貨幣交換」成為最高「真理」的社會，「打獵」基本上已不是為了賺錢，其背後有著更為複雜而深刻的動機。

哈勇里長在一次部落的篝火聚會裡提到，有一次，他黑夜單獨上山狩獵。行走在森林途中，一隻貓不斷地在身後徘徊，跟著他行走了好一大段山路，走到他都有點發毛了。一旁坐在篝火邊的老人說，那一定是你入山時沒有準備米酒祭拜，祖先不高興了。老人說，

那些死去的祖先們其實都還住在山裡面，他們不曾離開過，他們都在看。因此，在某一個層面來說，狩獵是當代原住民走入祖靈世界的一種方式。這就更突顯孤獨的重要性了，也唯有一個人在森林中沉靜下來的時候，「人」才真正開始與萬物接軌，開始感受到自己與祖先的距離，反思自己作為「人」在星叢般萬物之間的位置。

2019年12月，在大豹社土地返還暫時還沒有明確進展的階段，哈勇里長決定開啟一場探索古道的文化尋根行動。預計以東眼山為起點，重走過去霞雲里原住民通往烏來福山的泰雅族「姻親路」。那次的活動名為「霞雲里大豹社事件隘勇線初探」，由大豹社耆老瓦旦、阿華、烏浪，青年世代的冠中、里長以及林務局隨行人員等，組成了探勘的隊伍。可以說，這是大豹社事件一百一十三年之後，首次且正式的族人「返鄉」探勘行動。

一開始，我們走在平日旅人如織的東眼山步道上，耆老mama阿華卻不斷帶我們「偏離航道」，往兩側的叢林搜索。林場過去的伐木聚落遺址，包含：人字砌駁坎、石器的灶臺，殘鼎、破碗以及為數頗多的酒瓶……，紛紛在老人的指引下，魔術一般從荒煙蔓草底下浮現出來。阿華說，那是一個叫做「阿宗」的舊聚落，過去是由一位名叫阿宗的漢人，所帶頭的伐木工作群，許多的山地泰雅族人，也都曾經在這裡工作過。當然，泰雅人怎麼樣在日殖時期，像奴隸一般地被迫上山勞動，期間又經歷了多少危險與苦難，死了多少人，這些時常聽到耆老敘述的零碎故事，都是未來要努力記錄的方向。

站在雜草蔓延的遺址現場，mama阿華說，十四歲的時候，祖父曾經帶他走過一次姻親古道，沿途所看到的事物，至今一直烙印在他的腦海中。祖父還特別告訴他，不要忘記眼前所見的事物。現

年六十多歲的阿華，說起這段祖父的叮嚀時，眼睛張得比平常要大，黑色瞳孔綻放著光芒。如果以mama阿華的年紀來推算，阿華的祖父應該是經歷過大豹社事件的。雖然我們無從得知祖父要他「記住」的究竟是什麼，但是想必其中包含了族群滅亡的記憶吧。而當阿華在森林遺址裡，窸窸窣窣地翻找時，天空不時傳來大冠鷲先短後長的咯——咯——咯——咯——咯聲，像是祖父在遠方的呼喊。遠方，竹雞洪亮的「雞狗乖」穿越蕨海而來，山羌在高處低吼著，森林為之翻攪。

離開林場遺址，繼續往烏來的方向前進。阿華沿途指出一路上的泰雅語地名，例如位於拉卡山步道上的一個鞍部，那就是Quri Hwei（「很累的鞍部」的意思）。耆老瓦旦也忍不住跳出來補充，這裡是過去霞雲里泰雅人往Topa的中途休息站，因為地處高處，爬到這裡的時候大家都很累了，故取名之。再往前約半個小時，一行人抵達了一個三岔路的大平台，據傳這裡曾經是大豹社事件的古戰場之一。里長說，有一次夜闌人靜的時候來到大平台，忽然之間聽到大豹社方向的森林，隱約傳來了口簧琴聲。想起祖父輩慘烈的過去，不禁激動而淚下。我想，這或許是引領他走向大豹社歷史重建之路最主要的動力吧。

後續，一行人繼續往姻親路的古道前進，並開始爬升到盛行雲霧帶。隨著坡度愈來愈陡峭，喘息聲也愈來愈濃重。陸續通過幾個伐木遺址與可能的日本駐在所地點後，路旁的草叢裡，忽然浮現了一個非常隱密的圓形足跡。此刻，阿華馬上以老獵人銳利的眼光說：「你們看，這個足跡圓圓的，前面還有幾個小圓點，這是臺灣黑熊！」我想起過去爬三峽的逐鹿山時，曾經發現樹上有明顯的爪痕，當時還不敢確定是不是黑熊，現在回想起來是有這樣的可能性。也

上：mama阿華在古道上回憶往事；下：泰雅族人升起篝火

曾聽志繼部落的獵人說過,這兩年曾經在雪霧鬧一帶發現熊蹤,以此推敲,雪霧鬧應該是臺灣黑熊活動的北界。而現下的深秋季節,又是青剛櫟結果期間,或許是因為跟著食物移動,黑熊才會出現在比雪霧鬧更北的三峽山區。事實上,在1907年插天山隘勇線前進的文獻裡,就已經有了黑熊誤觸高壓電網的記載:

> 深坑廳插天山附近,古來常有大熊出沒,異常猙獰,受其害者已不乏人,該隊前有兇蕃,後有大熊,前後交迫,誠有萬分為難者,乃本月八日天色未明時,有一巡查為出視隘勇線,于該山監督所管內第十分遣所,見其所張鐵條網,似有黑物罹焉,朝霧濛濛,初疑為行蕃人誤觸電氣,因前而視之,則非蕃人而大熊也,手足皆攣屈而死。[4]

「古來常有大熊出沒」,而今依然,只是數量少了許多。此時,中級山的濃霧再度繚繞,里長似乎聽到遠方低沈的熊吼,於是催促我們趕緊上路。最後,在日暮時分抵達海拔一千兩百多公尺的溪邊營地。此時,迷霧散盡,夕陽從山毛櫸的樹叢篩落下來,金黃色的光點漫爛地灑在高山的溪床上,染黃了姑婆芋、山棕以及蕨海。老獵人們四處忙著伐倒枯立的樹幹,鋸木分段,準備著一整夜篝火所需要的燃料。馬上就夜幕低垂了,森林裡忙碌的身影逐漸趨緩。山區氣溫下降得快,大家紛紛湊到溫熱的紅火周圍,伴著剛煮好的大鍋麵與炭烤豬肉,故事就這樣從火的周圍流傳開來了。

阿華講述著某一年,他在熊空山區如何「傳奇地」遇到白曉燕命案主嫌之一陳進興用來藏身的汽車,裡面有棉被、牙膏與牙刷,還有一卡皮箱裝滿手槍與子彈。老人說著陳進興怎麼流竄熊空、竹

團隊攝於霞雲—福山姻親路古道上（右起：大豹社耆老瓦旦、阿華，青年冠中、彥芳、烏浪、龔卓軍、筆者、林務局吳小姐、哈勇里長）

坑山區的過程，精彩萬分，彷彿他是當時天上的一顆探測衛星一般。一旁，二十多歲的冠中靜靜聆聽，偶爾為篝火增添木材，盡年輕泰雅的本分。而就在離我們生火的營地一公里外左右，1907年插天山隘勇線正靜靜地躺在黑暗的森林裡，像切過亞熱帶森林的刀疤，難以計數的酒瓶、礙子、破碗片，依然原封不動地散布在線上。

　　夜，愈來愈深了。族人紛紛睡著，打鼾聲此起彼落。篝火孜孜不倦地劈劈啪啪，遠方的大豹溪一如往常地低鳴著。回想起2015年第一次爬上鹿窟尖，尋找隘勇線遺址，四年來，前後進出大豹溪森林那麼多次，當時就很希望有一天能邀請大豹社後裔回到這些古道遺址。畢竟文化空間的尋找以及歷史的詮釋權，應該在部落裡落實。這樣的想法終於在這次與族人合作的過程中跨出了第一步。

註釋

1. 伊能嘉矩編纂，《理蕃誌稿》，第二編，頁560。
2. 應該是今日三峽的金敏國小。
3. 上述族人意見，摘自「泰雅族大豹社紀念碑建碑研商會議」記錄，羅瑞鴦記錄。
4. 〈大熊誤觸鐵條網〉，《漢文臺灣日日新報》，1907.12.20.。

Llyung Topa

北

後記

從線到人，再回到舊部落文化空間的探索，大豹社的歷史研究龐大而沉重。對我而言，這也是一段由實證主義式（positivism）的戰爭、政治結構與英雄史——換言之，即所謂的「大歷史」——轉向以日常、社會結構、後裔個人為主的追索。四年下來，所累積的相對調查成果，未曾想要整理為「學術發表」，累積credits。目的只是希望有一天能夠完整地分享踏查的成果給需要的人，並且慢慢地從隘勇線調查、寫作、紀錄片拍攝，擴展到舊部落、姻親路的探索，以及更多大豹社遺族之間的對話，尋找更多微光角落中的大豹人。

　　由於整個大豹社歷史的尋訪與踏查，除了歷史研究與轉型正義的運動以外，同時也涉及了錄像與寫作，加上我的背景是當代藝術的研究與創作者，因此，在本書的後記，我還是希望補充一下自己的背景與觀點。對於有志投身於書寫創作與研究的人，接下來的討論也許仍有一些參考的價值。

如果有「田野」，
我很難告訴你我所經歷的

　　2019年4月底，我到了志繼部落，敲了敲M大哥的窗戶，他房子裡的電視嘎嘎在響，顯然沒睡著。過一陣子M出來了，我說：「大哥好，今天順便繞過來看看你。」剛在長庚醫院開完膽結石的他正值恢復期，但是已經不耐煩地偷偷上山打飛鼠，希望用飛鼠大便來進行「另類食療」，對他們而言，那是極富營養的珍饈。M起床後，走到廚房從冰箱拿出只剩上半身的去野狸，邊拿嘴中還邊喃喃說：「你好久沒來了，你們這些「教授」都是騙人的啦，研究做一做就走了。」雖然嘴巴很壞，但是他還是將那半隻狸子拿到料理臺，準備以泰雅人用來招待來賓的最高級料理來招待我。我說哎呀大哥最近山下的事情太多了，想上山想很久你都不知道。想起M還在長庚醫院的時候，那瘦得不成人形的樣子，一度我還擔心他出不了院，而如今已經生龍活虎。「還喝嗎？」我問，他靦腆地笑說不喝還能算是原住民嗎？野狸是被從中間切斷，上下分離地塞進冰箱。他邊切薑，邊用愛一般的眼神望著野狸的剖面，說，這隻狸子有十五斤，肉下的脂肪最紅嫩，是最補的部分。看著實際如人類嬰兒一般的狸，

M大哥，志繼部落。

怵目驚心下我不禁脫口而出「阿彌陀佛」。「沒禮貌，這是我們原住民的傳統。」他說。後來，我們把一鍋狸肉湯擺在戶外，旁邊襯著自種的桂竹筍與玉米，以及自己用鹽醃的青梅、阿月雜貨店拿來的啤酒，就這樣吃起了午餐。住在隔壁的Y伯伯以及H大哥也聞香而來，他們都是大豹社的後代耆老，我們開始聊起那些聊不完的泰雅家族故事，而這是我人生第一次吃狸子。

上述是我的「田野」的一小段記錄，大部分而言，也僅是日常的對話而已。可以說，我並不總是有著充足的「田野」意識。我對「田野」二字的定義並不指向人文科學的畛域，而是關於社群（或族群）的運動。所有的田野對於研究者而言，都存在著一種超越個體性的

聯因，一般人類學的用語是「親因性」（affiliation）。而作為一位非專業人類學、民族誌學的人，我是在反思當代藝術制域的狀況下，間接強化了「田野」的特性。一切都混在一個既混沌又具整體性的視域裡。

　　由於長期的幽暗與疲憊，2006年起，意外地開啟了自己山野踏查的起點。說是「踏查」，其實也許更像陳傳興在《未有燭而後至》展覽訪問中，提到那段期間他帶著相機在「本島流竄」的經歷。[1]對比起來，我在三峽一帶的山野更像是一種逃亡，以大概一週一次的頻率入山，這一竄就是十多年。三峽周遭的山嶺也差不多都走過了，譬如鹿窟尖、逐鹿山、卡保山、鹿窟尖、內外詩朗山、北插天山……等等，山林成為了重建自我的途徑。

　　差不多也在這個過程中，開啟了自己對於「隘勇線」探索，並且敲開了一道自己從未想過的門，通往曾經在日本文獻以「滅亡」稱之的「兇蕃」——泰雅族大豹社的過往今昔。現在冷靜想想，還是覺得這是一個不可思議的田野過程，或者根本無法稱之為「田野」，而是緊密連結著自己動盪生命中的一段「共振」。慢慢地我才理解，原來圍繞著北臺灣的諸多山巒，不少的稜線上仍然有著過去日本用來討伐原住民的隘勇線遺址。於是，從2016年起，我開始計畫性地踏查三峽、新店乃至延伸到宜蘭的大豹社事件隘勇線，試圖透過書寫以及紀錄片的拍攝，呈現出它的面貌。與此同時，因為隘勇線研究的成果陸續為人所知，我的生活中開始湧入許多關於大豹社後裔的訊息，因此還密集地前往桃園市復興區的山上，拜訪大豹社「滅亡」後的遺族。包含自己與三峽插角的那間萬善堂，裡面所埋藏的大豹社先人遺骨的遭遇。種種驚奇的過程，超乎自己的想像。

如果有「田野」，我很難告訴你我所經歷的

一般我們所認為的田野，比較被視為人文科學裡面的某種「方法」或者「過程」，不過這個詞對於我目前在進行的創作計畫（寫作、拍攝、當代藝術展）並不適用，甚至還可能有所扭曲或者曲解，所以個人傾向於小心使用。如果從「如何選擇田野」的問題，對我來說，毋寧說是我被選擇的，是被丟擲進入一個關於「被滅者」的歷史黑洞裡。所謂的黑洞，並不是形容一個無止盡的調查，無邊際的資料填充的過程，或者沒有回聲的消耗。反而比較是在描述自己在這個過程中，處於一種很特別的時間性裡面，就像天將亮之前，昏暗的黎明時刻，黑暗之中存在著一股微明。

這幾年下來，往往在經歷一段單獨而刻骨的山林踏查之行以後，在回到工作室的夜闌人靜時刻裡，我會想，這些反覆上山的調查並不只是為了找出一條又一條的隘勇線而已，面對海洋一般的文獻，也不是為了自己的「學術」生涯。關於「線」的意義，在自己現階段的生命中已經內化到了一定程度了，變得非常複雜，卻也相當迷人。如果再加上參與大豹群相關的轉型正義運動在內，與大豹群後中之間的交往，那又更不只是一般「田野」概念中，所暗示的「調查」的意義了。

因此，那還是黑洞一般的田野，或者處於一種永恆的微明時態中的調查。以隘勇線而言，除了現場的探勘以外，史料的分析與推敲亦極為重要，那甚至是一種「武器」。這幾年下來，我花了不亞於戶外踏查的時間，進出國家圖書館、臺灣圖書館或者新北市立圖書館。得益於日殖時期報紙的數位化，我跟學生助理以關鍵字的方式，將日殖時期大豹社事件可以搜尋得到的文獻找出來，並完成了約十萬字的文獻數位化工程。特別是臺灣日日新報以及國史館的臺灣總督府公文類纂的系統，裡面往往有意想不到的珍貴資料。這些

資料的分析讓我具備了基本的專業性，然而這所謂的專業的知識，適逢大豹社轉型正義議題啟動之際，更是用來與政府以及官僚體系對話所必須的。

因此，創作、書寫或者出版，並不是現階段個人所特別執著之處。畢竟，在往來於志繼、佳志、優霞雲、角板山等幾個部落之間，你認識了一群人，彼此之間成為了朋友，很多事情的輕重順序變得不一樣了。我與年輕的後裔、耆老朋友交往的方式，比較像是浸泡的方式，在部落到處訪問找人，到處喝酒聊天，跟著上山打獵，這些都是最愉快的部分。

最後，作為漢人的身分，在與大豹群後裔共同追尋的路上，面對大豹社事件的逝去的祖靈，以及當代大豹人交錯的關係，我期許自己能夠謹守本分，並作出一點自己也能覺得有意義的事。

（本文為回答《文訊》雜誌，〈給文學人——回應當代的田野功課〉的提問本文經修改，原文刊載於《文訊》404期，2019年6月號）

註釋

1. Youtube頻道：陳傳興攝影展：《未有燭而後至》個人精神史第一部。

如果有「田野」，我很難告訴你我所經歷的

國家圖書館出版品預行編目(CIP)資料

拉流斗霸：尋找大豹社事件隘勇線與餘族/高俊宏作. -- 初版. -- 新北市：遠足文化事業股份有限
公司, 2020.12
　　面；　公分
ISBN 978-986-508-082-2(平裝)

1.臺灣史 2.日據時期 3.臺灣原住民

733.283　　　　　　　　　　　　　　　　　　　　　　　　　　　　　　109019164

特別聲明：有關本書中的言論內容，不代表本公司／出版集團的立場及意見，由作者自行承擔文責

遠足文化　　　　　　　　　　　　　　　　　　讀者回函

見聞‧影像visits & images 9

拉流斗霸：尋找大豹社事件隘勇線與餘族

作者‧高俊宏｜責任編輯‧龐傑娣｜協力編輯‧林文珮｜封面設計‧林宜賢｜出版‧遠足文化
第二編輯部｜社長‧郭重興｜總編輯‧龐傑娣｜發行人兼出版總監‧曾大福｜發行‧遠足文化
事業股份有限公司｜電話‧02-22181417｜傳真‧02-86672166｜客服專線‧0800-221-029｜
E-Mail‧service@bookrep.com.tw｜官方網站‧http://www.bookrep.com.tw｜法律顧問‧華洋國
際專利商標事務所‧蘇文生律師｜印刷‧凱林彩印股份有限公司｜排版‧菩薩蠻數位文化有限
公司｜初版‧2020年12月｜初版2刷‧2021年11月｜定價‧580元｜ISBN‧978-986-508-082-2